고대 동북아시아 교통사

王綿厚·李健才 지음 ㅣ 동아시아교통사연구회 옮김

고대 동북아시아 교통사

지은이 王綿厚 · 李健才
옮긴이 동아시아교통사연구회
펴낸이 최병식
펴낸날 2020년 12월 16일
펴낸곳 주류성출판사
서울특별시 서초구 강남대로 435 (서초동 1305-5)
TEL | 02-3481-1024 (대표전화) • FAX | 02-3482-0656
www.juluesung.co.kr | juluesung@daum.net

값 20,000원
ISBN 978-89-6246-430-6 94910
ISBN 978-89-6246-394-1 94910 (세트)
잘못된 책은 교환해 드립니다.

■ **일러두기**

본서는 王綿厚 · 李健才, 1990 『東北古代交通』, 瀋陽出版社(1版 1刷)를 編譯한 것이다. 편역의 범위는 제1장 선사시대부터 제4장 隋唐代까지이다. 직역을 원칙으로 하였지만, 문장의 의미를 분명히 하기 위해 의역하기도 했다. 방위표기 및 용어는 한국학계의 통례를 따르고자 했고, 인명과 지명 등은 한국어 한자음으로 적었다. [역자주]를 두어 원저의 주석을 보완하고자 했고, 색인을 첨부하여 독자의 편의를 돕고자 했다. 아울러 한국학계의 다수설과 다른 견해가 적지 않지만, 일일이 역자주에 소개하지는 않았음을 밝혀둔다.

이 책의 일부에는 나눔명조체, 서울남산체가 사용되었습니다.

고대 동북아시아
교통사

王綿厚 · 李健才 지음 Ⅰ 동아시아교통사연구회 옮김

주류성

목차

저자 서문 \\\

독자에게 내놓을 이 책은 〈동북역사지리東北歷史地理〉나 〈북방역사지리총서北方史地叢書〉의 일환으로서, 여러 선배와 학우의 격려 아래 앞선 연구 성과를 참고하여, 10년 가까운 노력 끝에 동북지역 교통역사 연구에 관한 하나의 시도로 선보이게 되었다. 중국 동북지역 고대 교통이라는 하나의 과제는 내용이 광범할 수밖에 없는 주제이다. 시간상으로 보자면 위로는 먼 태고시대 "산동지역과 요동지역이 하나의 육지로 연결되었던膠遼古陸" 시기로부터 아래로는 근대 교통제도가 출현하기 이전인 청대淸代 동북지역의 교통망이 구축되었던 시점까지 해당한다. 또한 공간상으로 보면 현재의 요령遼寧 길림吉林 흑룡강黑龍江의 세 성省 및 내몽고 동부와 하북성 북부뿐 아니라 인접한 한반도 지역 그리고 러시아 극동지구 및 몽골초원지대도 망라하여 실제로는 동북아시아지역 대부분을 포괄하는 교통지리 역사라고 할 수 있다.

위와 같은 시간의 길이와 공간의 범위를 고려해 보자면, 교통지리를 연구한 전문 서적은 마치 동북지역의 역사지리학이라는 광활한 숲 가운데 새벽녘의 별 보기처럼 희소하게만 보인다. 이러한 현상은 후대에 고대 동북지역의 교통지리를 연구하려는 후학들에게 많은 어려움을 줄

것이다. 저술에 뜻을 둔 후배 학자들은 오랜 기간 문물과 고고발굴의 역군으로 종사해야 할 뿐 아니라 역대의 문헌도 탐독해야 하고 동시에 기회 있을 때마다 많은 고고자료와 주요한 조사보고서를 직접 확인하고 파악해야만 할 것이다. 이런 사정 등을 고려하여 이 책에서는 가능한 몇몇 분야에 관해 새로운 탐색을 시도해보았다.

첫째, 이 책 집필의 형식은 종래 교통지리 분야의 서술 형식에 따랐으며, 모든 저서를 통해 들어나고 있는 역대의 교통노선들을 각 시대별로 나누어 시간과 공간으로 분류하였다. 또한 점과 선을 결합하여 공간상의 교통망을 나타내고자 하였다.

둘째, 이 책에서 제시한 각 교통로선의 거점들은 교통로 상의 간선 가운데 중요한 요지라고 할 수 있다. 이들 교통요지(요새·관문지역 포함)의 정확한 위치를 고찰하여 각 역사시기의 교통지리에서 뚜렷한 좌표를 만들고자 하였다.

셋째, 이 책에서는 고대 교통의 역사적 자취에 대해 주목하였는데, 특히 교통로와 관련 있는 역대의 고고유적에 관해 고찰하였다. 이것은 본 저서가 최근에 이루어진 고고발굴이라는 더할 나위 없이 유리한 환경의 도움을 받은 탓이다. 그 중에는 우리가 직접 답사하고 조사하여 성과를 거둔 것도 있지만 많은 부분이 현대 고고학자들이 함께 노력하여 성취한 결과물이다. 따라서 이 책의 어느 부분이 선학의 연구를 능가한 곳이 있다고 하더라도, 그 공로는 마땅히 현대 고고학과 역사지리학 분야에 종사하는 동학들의 헌신적 노력 탓으로 돌려야 할 것이다.

넷째, 이 책에서는 고대의 교통지리와 관련이 있는 자연지리에 대해서도 관심을 기울였는데, 특히 교통에 많은 영향을 주는 산천山川지리를 검토하였다. 고대의 교통인 탓에 시대가 앞선 시기로 소급할수록 자연지리의 영향은 더욱 밀접하였다. 현대 교통망이 형성되기 이전 산이나 하천 골짜기 등을 통하여 고대 육로 교통의 주요 노선이 정하여졌음은 세계 교통역사에서 볼 수 있는 보편 현상이다. 이 책에서는 자연지리와 관련되었을 경우 특히 역점을 중시하였다.

다섯째, 이 책에서는 고대 교통의 주요 노선에서 발생한 사건에 관해 비중을 두어 기록하였고 교통로에서 확인할 수 있는 옛 인물들의 활동자취에 대해서도 기술하였다. 여기에는 국가나 민족끼리의 전쟁, 경제활동과 문화교류, 그리고 상인의 활동이나 사절의 왕래 등이 포함돼 있다. 하나의 지리서 저술을 통하여 동북지역 고대 역사의 주요 사건과 인물이 밀접한 관련이 있으며 교통지리가 인문지리의 특징을 여실히 보여주고 있음을 증명하고자 하였다.

그렇지만 관련 자료의 부족과 저자 지식의 한계로 인하여, 이 책에서는 동북지역의 고대 교통제도에 관한 고찰이나 교통의 도구 등에 관한 내용은 소홀하게 기술되었다. 부족한 부분은 훗날 필자의 여건이 가능하다면 미력을 다해 보다 심도 있는 연구를 통해 고대의 교통제도와 교통 도구의 변천을 파악하여 수정본에 보충함으로써 동북지역 고대교통사 연구를 완성할 수 있기를 기대해본다.

이 책은 왕멘허우王綿厚가 큰 틀을 초안하고 이를 분리 편집하였다. 체제는 장章 절節 목目의 세 단계로 나누어 모두 9장 32절이 되도록 하였다. 이 가운데 제1장에서 제6장에 이르는 주요 부분은 왕멘허우가 집필하고, 제7, 8, 9장 및 제3장에서 제6장에 이르는 내용 중 북부 부족의 교통에 해당하는 부분은 리젠차이李健才가 집필하였다. 이 책은 집필하는 과정에서 저명한 역사지리학자인 탄치샹譚其驤 선생의 지도를 받았고, 아울러 책 이름도 친필로 직접 써 주시겠다는 승낙도 받았다. 초고의 단계에서는 1988년 여름 흑룡강성에서 개최된『동북역사지리東北歷史地理』출간준비위원회에 참여한 꺼젠씨웅葛劍雄 쑨진지孫進己 펑용치엔馮永謙 간치껑干志耿 창타이씨앙張泰湘 천씨앙웨이陳相偉 미원핑米文平선생 등으로부터 수정과 개편에 관한 소중한 의견을 들을 수 있었다. 마지막 출판의 단계에서는『동북역사지리』편집부와『요해문물학간遼海文

物學刊』부편집장인 펑융치엔선생 및 심양출판사 사회문화편집실의 리슈추엔李樹權 위펑춘于逢春선생의 꼼꼼한 교열을 받았다. 책에 첨부한 지도는 펑지창馮季昌 리우쑤엔탕劉萱堂선생의 작품이다. 이 자리를 통해 모든 분께 감사 드린다.

왕멘허우王綿厚

1988년 10월

1
제1장

선진시대先秦時代의 동북 고대교통

하夏·상商 이전의 고대 자연과 교통

중국 동북지역인 요령·길림·흑룡강 등 세 개의 성 및 내몽고 동부
지구는 백두산·흑룡강·송화강·요하·발해·갈석산 등의 지역을 포괄
한다. 이 지역은 중국사에서 중요한 위치를 차지하고 있다. 지역사의
일부로서 동북 고대 교통지리의 개척과 발전은 기나긴 역사를 통해 독
특한 형태를 이루었다. 이 때문에 동북사東北史 연구의 중요한 영역을
형성했다. 고대 동북 지역의 특수한 지리 조건, 즉 남쪽은 유연幽燕과
접하고 북쪽은 흑룡강을 넘고 동쪽은 한국과 일본에 닿고 서쪽은 몽골
초원으로 이어져 있어서 동북 고대 교통에 대한 연구는 이 지역의 행정
구역을 넘어 훨씬 광범위해졌다. 또한 중국의 북방, 나아가 동북아시아
사 연구에서 중요한 위치를 차지하게 됐다.

1. 원고遠古시대 교요고륙膠遼古陸[1]

동북지역 고대 이른 시기의 교통 지리 연구는 상고시대의 동북지역

------

1.   [역자주] : 산동성 胶東半島와 요동반도를 잇는 옛 길을 의미한다.

사 연구와 같이 최근의 고고학 발전에 따라 사람들의 이해가 깊어지고 있다. 근래의 고고학과 지질학 자료에 힘입어 동북지역의 상고시대 수륙교통의 자연지리와 인문지리적 상황에 대하여 풍부한 자료를 얻게 되면서 문헌 기록의 소략함과 모호한 상태를 극복하고 뚜렷한 실마리를 찾을 수 있게 되었다.

가장 먼저 학계의 관심을 끈 것은 고대 동북지역이 산동반도와 서로 마주보는 해상교통에 있다는 점에서 지금의 요동반도와 산동반도, 즉 발해와 황해를 가로지르는 고대교통이었다. 지질학 자료에 근거해 보면 대략 5억 년 이전에는 오늘날 요동반도와 산동반도가 하나로 연결되어 있었다. 발해만에서 발견되는 멸종된 제4기의 매머드[猛瑪象]·털코뿔소[披毛犀]·큰뿔사슴[河套大角鹿] 등 비해양성 고생물 화석과 산동반도의 묘도군도廟島群島 주위의 해역에서 발견된 고생물 화석은 지질학상 지금의 발해만과 발해 및 황해 사이의 해협 일대가 소위 교요고륙膠遼古陸이었다는 사실에 과학적 근거가 있음을 증명해 주고 있다.

지금으로부터 3백만 년 전의 제3기 중기와 말기에 전 세계에 걸쳐 해륙의 변화가 있었다. 동아시아 해안지역에 위치한 교요고륙의 침하로 인해 비로소 오늘날의 발해만이 형성되었다. 최근 해양학 연구에 의하면 지금으로부터 약 8천 년 전후(기원전 6~5천 년) 사이에 발해와 황해 수역이 점차 다시 상승하여 오늘날 해수면의 높이와 가까워졌다고 한다.[2] 현대 과학이 증명하는 요동과 산동 두 반도 사이에 있는 발해만의 자연 지리적 변천의 하한 연대는 고고학상 요동반도의 신석기시대 초기에 해당한다. 고대 교통지리적 측면에서 고찰해 보면 기원전 6~5천 년 전 해류의 변동은 요동과 산동 두 반도 사이의 자연 지리적 변천에 속

---

2.   趙希濤, 「中國東部20000年來的海平面變化」, 『海洋學報』 1卷, 1979.

한다. 그러나 아직은 역사학과 인문지리학의 고대 교통변천으로서 사료에 기재될 만한 것은 못되었다. 진정한 의미에서 동북지역의 고대 해상교통 관련 유적과 유물은 앞에서 서술한 것처럼 해륙 변천 이후 신석기시대와 그 이후의 문명시대에 나타난다. 현대 고고학은 바로 여기에서부터 동북 고대 인류의 교통에 대한 정보를 제공하기 시작한다.

2. 신석기시대 동북지역 남부의 자연과 교통

현대 고고학 발견 자료는 적어도 지금으로부터 6~5천 년 전의 신석기시대 중기에 동북지역 남부의 요동(과거에도 일반적으로 동북을 가리켰다)과 중원의 각 원시 부족 사이에 경제·문화면에서 비교적 밀접한 왕래가 있었던 사실을 확실히 보여준다. 최근의 고고학 자료를 통해 볼 때 조기早期 동북지역의 남부와 중원의 해상 수로 교통의 중심지대는 주로 요동반도 남부를 통과하는 좁고 긴 해령육로와 산동반도 북부의 묘도군도였다. 왕래는 이를 교량으로 삼아 이루어졌다.

1930년대부터 특히 1970년대 이후 요동반도에서 일련의 계획적인 고고 조사와 발굴이 진행되었다. 그 중 중요한 곳은 장해현長海縣 광록도廣鹿島 소주산小珠山과 오가촌吳家村, 여순旅順 곽가촌郭家村, 대장산도大長山島 상마석上馬石 등 신석기 유적이다. 이들 유적의 고고학 편년의 상한은 지금으로부터 대략 7천 년 전이고, 하한은 지금으로부터 4천 년 전후이다.[3] 요동반도와 바다를 사이에 두고 마주보고 있는 산동반도에서도 근년에 연차적으로 봉래蓬萊 자형산紫荊山·연태시烟台市 백석촌白石

---

3. 遼寧省博物館·旅順博物館·長海縣文化館, 「長海縣廣鹿島大長山島貝丘遺址」, 「考古學報」 1期, 1981.

村·장도현長島縣 대흑산도大黑山島 북장北庄 등의 유적이 발굴되었다.[4]

상술한 교요고륙의 발해만 양안兩岸에서 발견된 많은 유적은 고고학자의 비교 편년에 따르면 시간상으로 서로 대응된다. 예를 들면 요동반도 여순 곽가촌 하층과 장해현 광록도 소주산 유적은 산동반도 장도현 북장 1기 문화와 대응되며, 상대연대도 모두 기원전 3천 년 전후에 해당된다. 뿐만 아니라 두 반도 사이의 신석기 유적은 고고문화의 내용상에서도 분명한 일치성을 보여주고 있다. 예를 들면 실족도규實足陶鬹, 왜권족두矮圈足豆, 환저분형추족정圜底盆形錐足鼎 및 대삼각쌍와문帶三角雙渦紋 등 기하학 무늬가 있는 붉은 바탕의 검은색 채도 등은 모두 문화적으로 같은 계통임을 잘 보여준다.

고고학에서는 일반적으로 문화의 교류와 상호 영향이 상고시대 서로 마주해 있거나 혹은 인접한 지역에서 나타나는 문화 내용의 일치성을 가져오게 됐다고 설명하고 있다. 또한 고고학상의 구역區域 유형학類型學이 수립되어 도움이 된다. 상술한 요동과 산동 두 반도 사이에서 발견된 공통된 특징적 문화유형으로 볼 때 고대에 두 반도 사이를 왕래하는 인류의 직접교류 방법은 두 가지의 가능성이 있다. 첫째 교요고륙을 통과하는 해령육로이고, 다른 하나는 해로로 통하는 것이다. 최근의 과학분야 연구 결과가 증명해 주었듯이 발해만 일대에서 대규모의 해륙 변천은 지금으로부터 수천 년 전에는 전혀 일어나지 않았다. 이 때문에 신석기시대 두 반도 사이의 최초 교통 왕래는 해로를 통해서만 가능했다.[5]

최근의 고고학 발견은 요동과 산동 두 반도 사이의 고대 해상 교통에 대한 새로운 증거를 제공하고 있다. 황해 연안에 있는 단동 후와後洼

4.   宋承均 等, 「膠東史前文化與萊夷的歷史貢獻」, 『東岳論叢』 1期, 1984.

5.   王綿厚, 「遼寧古代交通地理述略」, 『公路交通編史研究』 增刊, 5月, 1984.

의 6천 년 전 신석기시대 유적과 여순 곽가촌의 5천 년 전 유적에서는 상당한 수량의 대형 돌그물추가 발견되었을 뿐만 아니라 후와와 곽가촌 상층 유적에서는 배모양의 토기가 발견되었다. 전자는 지금으로부터 6천 년 전이고 후자는 지금으로부터 약 4천 년 전이다.[6] 고대 인류가 하천을 따라 거주한 유적에서 발견된 소형 돌그물추도 적지 않다. 또한 오늘날 황해 연안, 요동반도 및 근해 도서 지역에서 발견되는 대형 돌그물추와 그물무늬 장식의 항아리는 당시 주민들이 배를 타고 바다에서 그물을 이용해 고기를 잡았음을 보여준다. 특히 토제 배 모형의 발견은 동해안 절강성浙江省 여요余姚의 하모도河姆渡 신석기 유적에서 출토된 토제 배와 그 의미가 서로 통한다. 수천 년 전에 요동과 산동 두 반도 사이의 원시부족이 배를 타고 바다를 건너 왕래하였음을 확실하게 보여준다.

현재의 자연 지리로 볼 때 산동반도 북단의 장도현 묘도군도가 두 반도 사이를 2/3 가량 해상에서 남북으로 이어주고 있다. 묘도군도 최북부의 북황성도北隍城島에서 요동반도 남단의 여순 노철산老鐵山까지는 가장 먼 뱃길이라 하더라도 40㎞에 지나지 않는다. 바다가 맑은 날에는 북황성도에서 북쪽으로 노철산이 바라다 보인다. 두 반도 사이에 순풍을 타면 바로 항해해 갈 수 있는 비교적 좋은 천혜의 항해조건을 갖추고 있다. 이것이 상고시대에 옛 사람들이 원시적인 부상浮上 도구와 천연의 항해 표적물에 의지해 두 반도 사이를 통행할 수 있었던 조건이 된 것이다. 수천 년 전에 두 반도 사이를 항해하던 원시 주민은 고대 동북지역의 남부 해상 교통의 최초 개척자이며 그들의 창조적인 업적은 실로 근대의 세계 신항로 발견자에 뒤지지 않을 것이다.

---

6.   許玉林 等, 「大連市郭家村新石器時代遺址」, 「考古學報」 3期, 1984.

신석기시대 요동과 산동 두 반도 사이를 바다 건너 오갔던 씨족부락과 같은 시기, 동북 육로의 광활한 지역에서도 원시주민이 활동하고 있었는데, 고고 유적으로 볼 때 이미 이들 여러 부족 간의 교통 왕래가 나타났음을 알 수 있다. 다만 원시시대 육로 교통의 단서가 해로와는 달리 명확한 증거가 없고 더욱이 고문헌 기록의 결여로 인해 이후의 문명시대에 있었던 육로 교통의 명확한 노선과 여행 방식에 대해서는 확인할 방법이 없다. 그러나 당시의 고고학 자료는 동북지역에서 활동했던 초기 인류의 육상 교통 활동에 대한 정보를 제공하고 있다. 남쪽으로 요하유역의 영구營口 금우산金牛山과 본계本溪 묘후산廟后山, 북쪽으로 송화강·눈강 유역의 호마현呼瑪縣 십팔참十八站·찰뢰낙이扎賚諾爾 등 동북의 넓은 지역에서 발견된 구석기 인류 유적의 발견은 거론할 필요도 없다. 남부 요서 및 그 인근 내몽고 동부지구에서만도 5천 년 전의 홍산문화로부터 4천 년 전의 하가점하층문화에 해당하는 유적이 서요하 상류와 대릉하 유역에 밀집 분포되어 있다. 특히 지금으로부터 5천 년 전의 홍산문화 무덤 중에는 그 지역에서 출토되지 않는 옥제 가공품이 발견되었다.[7] 동시에 지금으로부터 4천 년전 경의 하가점하층문화 유적과 무덤에서 바닷가에 사는 조개와 대합 등으로 만든 장식품도 다수 발견되었다. 상술한 지역은 대부분 해안에서 수 백리 내지 천리 정도 떨어진 내륙이다. 외지로부터 들여온 옥 재료와 해양생물의 발견은 수천 년 전에 요서 및 동몽고 내륙과 요동 및 연해의 여러 부족 사이에 교류가 이루어지고 있었음을 명확히 증명해주고 있다. 그 부족들의 왕래는 고대 부족 간의 경제·문화적 정보를 교류시켰을 뿐만 아니라 하夏·상商

---

7. 전문가의 감정 결과 요서 建平 등 홍산문화의 옥 재료 중에는 오늘날 요동지역의 岫岩玉에 속하는 것이 있다.

시대의 노예사회로 진입한 이후 중국 동북지역 수륙교통의 발전과 행정지리의 개척을 위한 역사적 기초가 되었다.[8]

---

8.   王綿厚, 「遼寧古代交通地理述略」, 『公路交通編史研究』 增刊, 5月, 1984.

상商·주周시대 동북지역 부족국가의 형성과 부족 교통의 첫 흥기

기원전 21세기부터 중원 지역은 이미 노예제가 발달한 하·상·주 3
대로 들어섰다. 문헌 기록과 현대 고고학 자료를 보면 당시 동북지역
의 대다수 변경 부족은 아직도 씨족사회 말기나 청동기시대 초기에 있
었다. 그러나 생산과 교류의 발전에 따라 씨족부락 연맹의 토대 위에 형
성된 부족국가가 동북지역(주로 남부)에 출현하였으며, 중원과 직접적인
관계도 나타났다. 상주시대 동북지역에서 부족집단의 형태로 출현한 방
국方國, 즉『주례』에서 지칭한 오복五服의 국가들이었다.『순자』정론편
에서 "제하諸夏의 나라는 복장과 의례가 같았으며 만이蠻夷와 융적戎狄의
국가는 복장이 같았으나 제도는 달랐다. 봉내封內는 전복甸服이고,[1] 후위
侯卫는 빈복宾服,[2] 만이는 요복要服,[3] 융적은 황복荒服이다.[4]"라고 했다. 이

---

1.   [역자주] : 王城의 주위로부터 5백 리 이내의 땅.
2.   [역자주] :『周禮』의 원문은 "内甸服 封外侯服 侯卫宾服 蛮夷要服 戎狄荒服"이다. 侯服은
     왕성 밖 5000리에서 1000리에 이르는 지방, 賓服은 1,000리에서 1,500리에 이르는 지방을
     가리킨다.
3.   [역자주] : 王畿 둘레 1,500리에서 2,000리 이내의 땅.
4.   [역자주] : 天子의 감화가 미치지 않는 먼 나라의 이민족, 九州 밖의 나라를 의미한다.

것은 상주시대 제하와 오랑캐의 전복·후복·빈복·요복·황복 등 5복의 국가들이 공동으로 화하족의 실체를 구성하였음을 의미한다.

이 시기에는 사회생산력의 발전에 따라 부족방국이 형성되고 강역이 개척되었으며 배와 수레 등 고대 이동수단의 제작이 정교해지고 우수해짐에 따라 교통발전이 촉진되었다. 『좌전』 양공 4년조에서는 서주시대 『오인虞人의 잠언』을 인용하여 "크도다 우禹의 자취, 구주九州를 나누고 구도九道를 열었구나."고 했다. 이것은 하우夏禹시대 천하의 토지를 나누어 구주를 만들고 처음으로 구도를 연 가장 이른 교통지리의 개척 상황을 후대에 기록한 것이다. 고대 동북지역의 교통로에서 최초로 개척된 것은 중원에서 북쪽으로 가는 유주도幽州道였을 것이다. 문헌기록에 의하면 상商·주周 이전 북방으로 왕래하는 유주도는 숙신肅愼과 도(島 혹은 조鳥)이 등 동북쪽의 여러 부족국가로 통할 수 있었다. 『설원說苑』[5] 「수문修文」에서는 "우가 구택九澤을 막아 구도九道를 통하게 하고 구주를 정하니 각기 그 공물을 와서 바쳤다. (중략) 북으로는 산융·숙신에 이르고 동으로는 장이長夷·도이島夷에 이르렀다."고 했다.

고대 교통지리의 발전 수준을 반영하는 이동수단을 볼 때 동북지역 남부는 늦어도 서주시대 초기에 이미 중원지역과 비슷한 수준의 교통지리가 발전하였음을 알 수 있다. 요서지역 조양 육가자六家子의 서주 초기 고분에서 발굴된 고대 청동 수레부속품[6]은 당시 동북지역에서 교통기구의 하나로 쓰였던 수레의 제작기술이 중원지역에서 발견된 상·주시대 수레의 구조와 차이가 없음을 보여주고 있다. 바로 이때부터 동북지역과 중원과의 교통왕래 및 부족국가 간의 사신교류가 시작되었는

5.　　[역자주] : 춘추시대~漢初 제자백가의 傳記, 逸事 등을 모은 劉向의 저술.

6.　　출토된 수레부속품은 요령성박물관에 수장되어 있다.

데, 이것은 여러 신빙할 만한 사료에 기록되어 있다. 그 가운데 주로 중원과 왕래한 부족국가로 숙신, 도이(옛 조선), 동이, 도하, 고죽 등이 나오는데 이들을 구분하여 서술해 보면 아래와 같다.

1. 불함산不咸山–숙신의 조공도

숙신씨 일명 식신息愼은 상·주시대 북방에 존재했던 옛 부족이다. 기원전 11세기 상나라 말에서 주나라 초에 여러 차례에 걸쳐 중원과 왕래하기 시작했다.

선진先秦의 역사기록인 『상서』에서는 "무왕이 동이를 정벌하니 숙신이 와서 하례하였다."고 했다.[7] 『대대예기大戴禮記』에는 "문왕이 마침내 천명을 받고 (중략) 백성이 자주 사해에 통하니 해외의 숙신과 북발이 와서 복속하였다."고 기록되어 있다.[8]

그 후의 기록인 『좌전』과 『국어』에도 무왕이 상을 이기니 북쪽 땅의 숙신씨가 와서 "호시楛矢와 석노石砮를 바쳤다."고 기록되어 있다.[9] 이와 같은 숙신 특유의 석노가 동북 송화강의 중·하류 및 목단강 유역에서 발견된 바 있다. 또한 『후한서』에도 "(주나라) 강왕 때에 숙신이 다시 이르렀다."고 기록되어 있다.[10]

위에서 서술한 옛 숙신이 기원전 11세기부터 누차 중원과 왕래하였다는 것에 대해서는 예나 지금이나 학계에서 이의가 없다. 주요 쟁점은 선진시대 동이의 하나인 숙신의 거주지역이다. 일설에는 거주지가

---

7.   『尙書』卷10, 周書 序.
8.   『大戴禮記』五齊德.
9.   『左傳』昭公 9年 ; 『國語』魯語 下.
10. 『後漢書』卷85, 東夷列傳.

현재의 산동성 연해지역이라 하고, 혹자는 상나라 말과 주나라 초에 현재의 동북지역으로 이동하여 거주했다고 한다.[11] 전국시대 전후에 작성된『산해경』대황북경에 "동북 바다 밖에, (중략) 대황大荒 가운데 산이 있는데 불함不咸이라고 하며 숙신의 나라가 있다."라고 기록되어 있다. 곽박의 주석에는 "현재의 숙신은 요동으로부터 3천여 리 거리이다."라고 하였다.[12] 진晉의 두예 역시『좌전』소공 9년(기원전 611)조의 주석에 "숙신은 북이로서 현토군의 북쪽 3천여 리에 있다."라고 했다.

불함산은 현재 동북 3대 명산의 하나인 장백산[역자주] : 백두산)이다.『산해경』과『좌전』에 대한 두예의 주석에 의하면 늦어도 춘추전국시대이전 숙신은 동북지역의 장백산 일대에 거주(혹은 천거)했다. 진대晉代에 곽박과 두예는 숙신의 지리와 위치를 확인하였는데, 즉 요동(혹 현도)으로부터 북으로 3천 리의 동북 내지에 있다고 했다. 이것은『산해경』의 "동북 바다 밖에 (중략) 숙신이 있다."는 기록이나『좌전』의 "숙신·연·박은 우리 북방의 땅이다."라는 기록과 서로 일치한다.[13] 옛 숙신의 중심은 현재 장백산의 북쪽 기슭이었을 것으로 추정되는 바 후대『구당서』와『신당서』에 홀한하(忽汗河, 즉 목단강) 상류의 발해 상경 용천부에 옛 숙신성肅愼城이 있다고 했다. 현재의 고고 발견으로서 목단강 상류 경박호鏡泊湖 호숫가에서 발견된 3천 년 전 옛 숙신 시기의 앵가령문화鶯歌領文化는 이 점을 보다 구체적으로 보여주고 있다.[14]

선진시대 동북쪽의 불함산에 거주했던 숙신이 먼 길을 마다않고 주

11. 吳澤,『中國歷史大系 : 古代史』, 36쪽. 옛 숙신씨를 일러 "대체로 지금의 산동 濟南 일대에 해당한다."라고 하였다.
12. 『四部叢刊』의『山海經』大荒北經 晉 郭璞注 참고.
13. 『左傳』昭公 9年.
14. 孫秀仁 外,「黑龍江古代農業文化槪論」,『黑龍江文物學會紀念文集』, 1980.

나라의 수도로 조공했다는 것은 고대 동북교통역사상 기념할만한 일이라 하지 않을 수 없다. 그러나 선진시대 숙신은 서주의 도읍인 호경鎬京에서 매우 멀었기 때문에 학계에서는 당시의 숙신이 주나라 왕조와 직접 왕래했던 것이 교통지리상으로 가능하였는지 의심을 품는 사람이 적지 않다. 당시의 지리 조건으로 보자면 원거리에 위치한 동북부 불함산의 숙신씨는 서주 인근의 연나라와 같은 봉국을 경유하였으니, 주나라 왕실에 자신의 부족 이름으로 간접 조공하였을 가능성도 있다. 왜냐하면 동진 대흥 3년(320년)에 이르기까지 줄곧 동북의 숙신이 바친 활과 화살은 때때로 평주(平州, 현재의 요양) 자사를 경유하여 진晉 원제(재위 : 317~322)에게 전달되었기 때문이다. 그러나 선진시대 숙신씨가 인접한 부족이나 봉국을 경유하여 간접적으로 주나라에 조공하였든, 혹은 직접적으로 조공하였든 이것은 모두 동북 고대 교통역사상 중요한 의의를 지닌다. 그들이 거쳐가면서 조성한 조공사절의 교통로는 상·주시대 이후 동북지역의 초기 육로교통의 시작이었다. 또한 동북지역에서 초기에 부족 간 교통의 기초를 다진 것이었다.

2. 도이島夷-바닷가를 따라 황하로 들어가는 황하도

숙신이 주나라 왕조에 입공하던 같은 시기에 고대 요동의 변방에 있던 도이島夷 즉 옛 기자조선도 일찍이 여러 차례 중원과 왕래하여 황하 유역으로 진입했다. 『상서』「우공편」에는 "도이가 가죽 옷을 입고 우갈석을 끼고 황하로 진입하였다."라고 기록되어 있다. 『주역』에는 "기자가 명이明夷로 갔다."고 했다.[15] 『주역』의 기자는 은나라 말기의 충신으로

15.　『尙書』 卷1 禹公篇 ; 『周易』 明夷 65.

주紂왕의 폭정을 견디지 못하여 은의 마지막 왕인 주를 버렸다. 주나라 무왕 초년에 옛 요동의 땅에 봉해져 조선후로 불렸다. 북위 왕기의 묘지명에는 "주 무왕이 상을 이기고 기자를 조선에 봉하니 자손들이 이로 인하여 씨氏로 삼았다."라고 적혀 있다.[16] 선진 문헌 중의 기자는 기후라고도 불린다.

1973년 요서 대릉하 연안의 객좌현에서 출토된 상나라 시대의 방정方鼎의 명문 중에는 기후의 부족 표식이 있다. 『주역』에서 기자가 갔다고 하는 명이明夷는 맹이萌夷·우이嵎夷라고도 쓰는데 조이鳥夷 또는 도이島夷를 말한다. 모두 동음의 전이와 관계있으며 원래는 지명일 것이다. 『상서』 요전의 공안국주에 "동쪽 끝의 땅을 우이라고 한다."라고 기록되어 있다. 기자가 동쪽으로 간 이후 계속하여 동방의 해가 돋는 지역만을 가리켜 옛 조선이라고 했다. 예컨대 조선시대의 사서인 『동국여지승람』에는 "동쪽 끝 해 돋는 곳에 있는 까닭에 조선이라고 이름하였다."라고 기록되어 있다. 따라서 선진시대 도이가 가죽 옷을 입고 우갈석을 끼고 황하로 들어 온 길은 기자가 명이(조이)로 간 길일 것이다. 이 길은 '우갈석右碣石을 끼고 황하로 들어온' 까닭에 후대인이 옛 교통로를 찾는 데에 중요한 지리적 좌표가 된다.

최근 요령지역의 고고 발견은 진 시황과 한 무제가 동쪽의 갈석에 왔던 갈석궁 유적이 표지적인 고대 요서 해안의 갈석임을 보여 주었다. 이 갈석은 현재의 수중현綏中縣 산해관山海關 밖의 만가향万家鄕 석비石碑가 있는 강녀분 일대의 해안지대이다.[17] 고대 갈석을 지나는 요서 해안 도로는 선진시대 '조이(옛 조선)가 우갈석을 끼고 황하로 들어간' 길로서,

---

16.   趙萬里, 『漢魏南北朝墓志集釋』, 北京社會科學出版社, 1956.

17.   遼西 갈석궁의 고고발견에 대해서는 제2장 제3절에서 상세히 논함.

하河는 고대에는 오로지 황하만을 가리켰다. 도이가 입공한 길은 현재 동북지역 남부의 해안육로를 따라 황하 유역으로 진입하는 가장 이른 시기의 육로간선의 하나임을 알 수 있다.

만약 「우공」에 보이는 바와 같이 도이가 황하유역으로 진입한 '우갈석'을 하나의 방위 좌표로 잡는다면 『진태강지기晉太康地記』에 보이는 "낙랑군 수성현에 갈석산이 있다."[18]라고 한 다른 한 곳의 갈석은 이에 대응하는 '좌갈석左碣石'일 것이다. 그러므로 두우의 『통전』에서는 "진이 쌓은 장성이 시작되는 곳은 현재 고구려의 영역에 있으니 이것은 (우) 갈석이 아니다."라고 했다.[19] 선진 이래 현재의 한반도 북부의 기자조선 땅을 포괄하는 요동 변방을 경유하여 좌·우갈석을 지나 황하로 진입하는 활모양의 해안 육로는 수천 년 동안 동북지역의 남부와 동서 해안을 관통하는 육로 간선의 하나가 되었다.

선진시대 기자조선이 갈석을 끼고 황하로 진입한 옛 길은 후대 사서에도 계속 기록되었다. 집본輯本 『위략』에는 다음과 같이 기록되어 있다.

옛날 기자의 후손인 조선후는 주나라가 쇠퇴한 것을 보고 연나라가 스스로를 높여 왕이라 하고 동쪽으로 땅을 빼앗으려 하니, 조선후 또한 스스로 왕이라 칭하고 군사를 일으켜 연나라를 맞아 싸워 주나라 왕실을 높이고자 했다. 그 대부 예가 간하자 곧 멈추고, 예를 사신으로 하여 서쪽으로 보내 연나라를 설득하니 연나라가 이를 멈추고 공격하지 않

---

18. 「漢唐地理書鈔」太康地記.
19. 「通典」卷178.

았다.[20]

　『위략』의 원본은 삼국시대 이전에 작성되었다. 책에 기록된 기자의 후예인 조선후가 군사를 일으켜 연을 쳐서 주나라 왕실을 높이고자 했다는 것은 전국시대 초기 연후 등의 열국이 주나라 왕실을 압박하여 칠웅을 자처하던 기원전 3세기 이전에 발생했는데 진개가 동호를 물리치기 이전의 일이다.

　이러한 기록은 주나라 초 기자를 조선에 봉한 이래 전국시대 기자의 후손인 조선후에 이르기까지 역대에 걸쳐 지속적으로 주나라 왕실을 옹호하고 받들어 오복 부족국가의 하나로서의 직분을 다하였음을 보여주고 있다. 또한 전국시대 이전에 기자조선이라는 옛 요동의 변방으로부터 곧장 육로로 서행하여 연나라에 들어가 주나라 왕실에 도달하였음을 말해주고 있다. 전국시대 이전에 조선후가 연나라를 설득하러 서행한 요동의 육로는 '도이가 우갈석을 끼고 황하로 진입한' 조공도를 취했을 것이다. 발해와 황해 연안을 따라 동서를 가로지르는 옛 길은 현존하는 문헌을 통해 볼 때 적어도 전국시대 이전에 거의 천년 이상을 통행해 왔던 것이다. 이것은 동북지역 남부에서 가장 이른 시기에 개척된 육로 교통로의 하나가 되었으며 진秦·한漢 이후의 시대에도 동북지역 남부 육로교통의 간선 중 하나가 되었다.

3. 요서 연해의 도하屠何·고죽도孤竹道

　선진시대의 문헌 중에 숙신·기자와 함께 기록에 보이는 동북쪽의 부

20.　『輯本魏略』卷21, 朝鮮.

족방국은 북해(현재의 발해) 연해의 요서지역에 있던 도하屠何와 고죽孤竹이다. 동북지역의 고대 교통지리상으로 보면 옛 도하와 고죽의 영역을 경유하는 요서의 교통로는 연산산맥[21]의 지맥과 발해 연안 사이의 요서 회랑을 통과하는 고대 군사적 요로였을 것이다. 이 고대 교통로는 주로 『일주서』·『관자』·『국어』·『사기』 등의 문헌에 기록되어 있다.

『일주서』「왕회해」 : 내정에 조회하는 자로는 (중략) [불]령지[不]令支[22]는 현맥玄貘을, 불도하不屠何는 청웅靑熊을, 동호는 황비黃羆를 바친다.[23]

『관자』「소광」편 : [제 환공이] 진공晉公을 구하고 적왕狄王을 사로잡고, 호맥胡貉을 패퇴시키고, 도하屠何를 격파했다. (중략) 영지令支를 제압하고, 고죽孤竹을 토벌하니 구이九夷가 비로소 명령을 따랐다.[24]

『국어』「제어齊語」 : [제 환공이] 마침내 북쪽으로 산융을 정벌하고 영지를 제압하며 고죽을 참수하고 남쪽으로 돌아오니 연해지역의 제후들이 감히 복종하지 않는 자가 없었다.[25]

---

21. [역자주] : 燕山山脈은 동쪽 山海關에서 서쪽 白河谷地에 이르며, 壩上高原과 華北平原 사이에 있다. 主峰은 해발 2,116m의 霧靈山.
22. [역자주] : 원문에는 不자가 없다.
23. 『逸周書』 卷7, 王會解. [역자주] : "方千里之內爲比服 方二千里之內爲要服 方三千里之內爲荒服 是皆朝於内者 (中略) 北方臺正東 高夷嗛羊 嗛羊者羊而四角 獨鹿邛邛 邛邛善走者也 孤竹距虛 不令支玄模 不屠何靑熊 東胡黃羆 山戎戎菽 其西般吾白虎黑文〈孔晁注 不屠何亦東北夷也 尹知章注 屠何東胡之先也〉"
24. 『管子』 卷8, 小匡篇. [역자주] : "中救晉公 禽狄王 敗胡貉 破屠何 而騎寇始服 北伐山戎 制泠支 斬孤竹 而九夷始聽 海濱諸侯莫敢来服";『逸周書』 卷7, 王會解. "孤竹距虛 不令支玄模〈孔晁注 不令支皆東北夷 盧文弨校 漢志 遼西郡有令支縣 卽其地也 疑不字及注中皆字幷衍〉"
25. 『國語』 卷6, 齊語.

그 후 한나라 사마천의 『사기』에도 "(제 환공) 22년, 산융이 연나라를 정벌하자, 연나라가 제나라에게 위급함을 알리니 제나라 환공이 연나라를 구하고 마침내 산융을 정벌하였다."라고 했다.

위에서 인용한 『일주서』 「왕회해」에서 열거한 "고죽은 거허距虛를, 불령지는 현맥을, 불도하는 청웅을 바쳤다."는 것은 모두 서주 때 오복[26]의 방국으로 삼은 북방의 고죽·영지·도하가 주나라 왕조에 내조하여 조공으로 바친 방물方物에 관한 내용이다.[27] 주나라 시대에 북해 연안의 고죽·영지·도하 등의 조공로는 바로 선진시대 동북연해로부터 중원으로 들어오는 육로 간선의 하나였다. 기원전 664년 관중이 제 환공을 보좌해서 출병하여 연나라를 구하고 북으로 산융을 정벌했는데 군대는 바로 이 연해 육로로 진격했던 것이다. 이는 바로 관중과 그 제자들이 명명命名한 『관자』 「소광」편에 실려 있는 내용으로, 제나라 환공이 그 해에 호맥을 패퇴시키고 도하를 격파하였으며 영지를 제압하고 고죽을 토벌하면서 왕래했던 길이다.

이 고대 주요 교통로상의 고죽·영지·도하 등 여러 부족방국의 위치에 대해서는 예나 지금이나 논쟁이 많고 견해의 차이도 매우 크다. 그 중에서 고죽과 영지는 한나라 이후의 문헌에 비교적 상세하고 명확하게 기재되어 있다. 다만 도하는 사서에 드물게 보이기 때문에 현재의 고고학 자료에 의한 고증이 필요하다.

북해 연안의 고죽과 영지는 고금의 많은 역사학자가 지금의 하북성 난하 하류의 천안遷安·노룡盧龍·창려昌黎 지역으로 비정했다. 진晉나

---

26. [역자주] : 五服은 王畿를 중심으로 거리에 따라 나눈 다섯 지역이다. 즉 甸服·侯服·綏服·要服·荒服이다.

27. [역자주] : 距虛는 노새와 비슷하나 좀 작다(『漢書』 「司馬相如傳」上 顔師古注). 玄獏은 곰과 비슷하며 黃黑色이다.

라 왕은王隱이 편찬한 『지도기地道記』에 "고죽은 비여肥如 남쪽 20리에 있다. 진남秦南의 이지현離支縣, 한나라의 영지令支이다."라고 했다.[28] 『지도기』의 기록에 의하면 선진 이래 한·진 이전까지의 영지와 고죽은 영역이 서로 인접한 국가였으며 군현이었다. 북위 역도원의 『수경주』에는 옛 영지와 고죽은 모두 유수(濡水. 현재의 난하) 하류의 근해 지역에 있다고 더욱 명확히 기록되어 있다. 『수경주』 유수조에서는 "동남으로 흘러 영지현 고성 동쪽을 지난다. (중략) 남으로 흘러 고죽성의 서쪽을 지나며 왼쪽으로 현수玄水에 합류한다."라고 했다.[29] 『수경주』의 기록에 따르면 영지고성은 고죽성 서북쪽으로 멀지 않은 유수(현재의 난하)의 서안에 있어야 한다. 고죽성은 그 동남쪽의 유수 동안에 있고, 현수는 지금의 청룡하靑龍河로서, 오른쪽으로 난하와 만나 바다로 들어간다. 이를 통해 추정하여 현대 역사지리학자들은 옛 영지성을 지금의 하북성 천안현 조점자趙店子로 비정하며, 옛 고죽성을 영지성 조금 남쪽의 노룡현 난하 동안의 남태산南台山으로 비정하고 있다.[30] 이는 위왕魏王 이태李泰의 『괄지지括地志』에 기록된 "고죽고성은 노룡 남쪽 12리에 있다."[31]의 방위와 기본적으로 일치한다. 그리고 남으로 연·제를 출발해서 옛 고죽·영지를 경유하여 제 환공이 북으로 산융을 정벌하였던 이 노선은 바로 선진 시대에 개설된 발해 서해안의 연해 육로이다.

기원전 664년, 제 환공은 북으로 산융을 정벌하여 고죽을 토벌하고 도하를 격파했다. 격파된 북해 연안의 도하는 『일주서』·『관자』·『묵자』에 보인다. 그 지리적 위치를 대다수의 역사가들은 도하屠何가 도하徒

---

28. 『漢唐地理書鈔』
29. 『水經注』卷14, 濡水條.
30. 『中國歷史地圖集東北區部分資料滙篇』3쪽.
31. 『漢唐地理書鈔』 輯錄.

河와 음의音義가 서로 통한다고 하여 한나라 요서군의 도하현으로 고증하고 있다. 『시경』「한혁」에 도屠를 풀이하여 음은 도徒라고 했다.[32] 이후 역대 훈고학자들은 이에 의거하여 "도屠와 도徒의 음은 가까워 글자가 서로 통한다."라고 했다.[33] 그러므로 도하屠何는 한대의 도하徒河이다. 『한서』「지리지」를 보면 도하徒河는 요서군 연해의 일개 현으로 기재되어 있고, 당취수唐就水의 한 지류로 되어 있다. 『한서』「지리지」 요서군 호소현狐蘇縣조에는 "당취수는 도하에 이르러 바다로 들어간다."라고 되어 있다.[34] 당취수는 고금의 학자들 대다수가 지금의 요서 소릉하로 비정하고 있다. 『한서』「지리지」의 기사로 비정해보면 당취수 하류에서 바다로 흘러드는 곳의 도하徒河는 수로의 지리상으로 보아 현재 동쪽으로 흘러 소릉하와 만나 바다로 들어가는 여아하女兒河만이 이에 부합한다.

1984년 여름에 필자는 요서에 가서 고고조사를 했는데, 금서현(현재의 호로도시葫蘆島市 연산구連山區) 북쪽 70여 리의 여아하 북안의 태집둔台集屯에서 전면적인 고고 조사를 통해 이미 발견된 바 있는 두 고성을 현지 조사했다. 두 성은 모두 여아하의 북안에 위치해 있다. 남쪽의 한 성은 태집둔촌 서남쪽의 여아하 북안에 바짝 붙어있는데, 가로 세로가 모두 200여m 되는 한대의 고성이다. 성터 내부의 지표 아래에는 전한대 판축성의 기초부가 있었고 많은 유물이 퇴적되어 있었다. 이 성 북쪽 약 1.5km거리의 소황지 북산 남쪽에 둘레 1,000m되는 이른 시기의 토축 산성이 있다. 유적과 성터 내부 및 외부의 유물로 판단해보면 이 성은

---

32. [역자주] : 『詩經』 大雅 韓奕篇의 "韓侯出祖 出宿于屠".
33. 于省吾, 『雙劍誃諸子新證』 卷2.
34. 『漢書』 卷28, 地理志 狐蘇縣 注.

태집둔 한성漢城보다 시기가 이르다. 연대의 상한은 춘추시대 이전이고 하한은 전국시대 말보다 늦지 않은데, 요서지역 소릉하와 여아하 유역에서 보존이 온전하고 규모가 비교적 큰 선진시대의 고대 산성이다. 현지 고고 조사와 문헌 기록의 종합적 분석을 통해, 옛 도하(현재의 여아하) 이북 지역에 든든히 자리 잡고 마주해 있는 이 두 고성古城 가운데 남쪽에 있는 성은 한대 요서군 도하현치徒河縣治일 것이며, 북쪽의 산성은 한대 이전 선진시대의 옛 도하성屠何城일 것이다.[35]

선진시대 북해(발해) 연안에 위치한 도하를 고증하여 확정하는 작업은 고대 교통지리상 『일주서』에 기록된 서주시대 도하가 주나라 왕실에 청웅을 공납한 것과 후에 제나라 환공이 북으로 산융을 정벌하고 호맥를 치고 도하를 격파한 것이 동일한 교통로를 통해서 이루어졌다는 사실을 증명하는 것이다. 이것이 곧 선진시대 요서 연해의 도하-고죽도이다.

상술한 교통로선의 노정은 지금의 요서 대·소릉하 하류를 따라 서행한 다음 여아하 계곡 상류를 따라 육고하六股河 계곡로로 진입한 후에 해안을 끼고 서남행하여 유관渝關과 노룡盧龍 등지의 고죽과 영지 고성을 거쳐 연·진의 영내로 진입하는 경로이다. 그런 후에 동쪽으로 방향을 바꾸어 산동에 위치한 제나라의 구지舊地에 이르렀다. 이 문헌에 기록된 요서의 연해육로는 상술한 선진시대 도이가 황하 유역으로 진입했고 제나라 환공이 북으로 산융을 정벌하여 고죽을 치고 도하를 격파한 이래로 진·한 이후까지 줄곧 이어져서 후대에 중원에서 장새 밖으로 나가 동북지방과 왕래하던 유명한 노룡삼도盧龍三道의 동쪽길이 되었다.

35.　王綿厚, 「關于錦西台集屯三座古城的歷史考察」, 『社會科學戰線』4, 1990.

전국戰國 연燕·진秦시대 요동과 요서의 고도교통古道交通

동북지역의 고대 군현 설치와 마찬가지로 동북 고대 교통지리 및 그 형성에 대한 명확한 기록은 전국시대 연나라와 진나라에서 시작되었다. 『사기』에 연나라 소왕 때 장수 진개가 호胡를 천 리 밖으로 물리쳐 새외塞外와 요동을 개척하고, 아울러 조양에서 양평까지 장성을 쌓고 상곡군·어양군·우북평군·요서군·요동군을 두어 동호를 막았다고 했다.[1]

연나라가 동호를 물리친 뒤 동북지역 남부에 요서·요동·우북평 등 3개 군을 설치하고 방어시설로 장성을 수축함에 따라 요동과 요서의 여러 군현을 연결하는 군사 및 왕래를 위한 교통로와 변경을 방어하는 도로가 한층 더 개척되었다. 이것이 문헌 기록에 보이는 전국시대 연나라와 진나라가 동북지역에서 초기에 이룬 군현의 설치와 교통의 역사이다. 이러한 교통지리의 구도는 당시의 행정구획으로 보면 요동군·요서군·우북평군 및 각 군을 연결하는 교통노선으로 나눌 수 있는데, 이하 절로 나누어서 기술해 보기로 하겠다.

---

1. 『史記』 卷110, 匈奴列傳. [역자주] : "其後燕有賢將秦開 爲質於胡 胡甚信之 歸而襲破走東胡 東胡卻千餘里 與荊軻刺秦王秦舞陽者 開之孫也 燕亦築長城 自造陽至襄平 置上谷·漁陽·右北平·遼西·遼東郡以拒胡".

1. 전국시대 요동·요서의 군현교통

요동군에서 교통로의 개척은 맨 처음 군치인 양평을 중심으로 이루어졌다. 양평 즉 지금의 요양은 전국시대 초 군현을 설치할 당시에도 규모가 제법 큰 동북지역의 정치·경제의 중심지였으며 동시에 교통의 중추였다. 연나라 소왕 이후 요동의 양평을 중심으로 삼아 먼저 동북지역 남부지구의 군현간 교통을 개척하였다.

전국시대 연·진의 요동지역 교통지리 중에서 2천여 년 이래 연나라의 태자 단丹이 동쪽으로 가서 양평을 보위하고 연수(衍水, 현 태자하)에 숨었으나 진나라의 장수에게 피살되었다는 이야기가 세인들에 의해 전해져 오고 있다. 사마천의 『사기』에 의하면 시황제 21년(기원전 226년)에 "연왕과 태자 단이 그 정병을 이끌고 동쪽으로 가서 요동을 지키니 이신이 급히 이를 추격하였다. 대왕가가 연왕에게 서신을 보내 태자 단을 죽여 바치라고 명을 내렸다. 단이 연수에 숨어있었다. 연왕이 사람을 보내 단을 참수하고 왕에게 헌납하고자 하니 왕이 다시 병사를 보내 이를 추격하였다."라고 했다.[2] 연왕이 태자 단을 버리면서까지 동쪽의 요동을 지키려하였던 의도는 실현되지 못했다. 그 해에 요동과 양평은 결국 진의 공격을 받아 함락되었다.[3] 진 시황은 마침내 '긴 채찍을 휘둘러 온 천하를 제압하는'[4] 대망을 실현하였다. 그 해에 진이 약체인 연을 공격하여 동쪽으로 요동을 취했던 노선은 다음과 같다. 관중關中에서 연나

---

2. 『史記』卷7, 秦紀2. [역자주] : 『史記』는 『資治通鑑』의 誤記이다. 『資治通鑑』卷7, 秦紀2.

3. 『史記』卷73, 王翦列傳.

4. [역자주] : 이 말은 『過秦論』上에 나오는 말로 시황제에 이르러 6대(孝公·惠文王·武王·昭王·孝文王·莊襄王)가 남긴 공적을 계승하여 온 천하를 제압하고 동·서주를 병합하여 제후를 멸망시켜 중국 내륙을 통일시켰다는 의미이다.

라의 하도下都였던 이현易縣[5]으로 진입하여 현재의 하북성 계현薊縣을 거쳐 요서 연해의 고죽-도하도로 들어간 후 동으로 옛 요택遼澤을 건너서 한대漢代 요수遼水 하류의 요대遼隊[6]를 거쳐 연나라 요동군 수부首府인 양평을 함락시켰다. 연나라의 태자 단이 숨었던 연수는 바로 옛 양평성과 인접한 지금의 태자하로, 한대 이후에는 대량수大梁水라고도 불렀다. 기원전 3세기 초에 진나라의 군대가 동으로 연나라를 정벌한 노선은 바로 전국시대를 전후로 하여 요서군과 요동군 사이에 개설된 중요한 군사 교통의 간선이었다.

요동군 내지에는 당시 양평을 중심으로 하여 남북 양방향으로 모두 육로가 개설되어 있었다. 그 중에서 고고 발견에 의해 입증할 수 있는 것은 주로 남쪽 노선이다. 지금의 요양 남쪽에 있는 안산鞍山의 사하沙河 동쪽 지역에서 전국시대에서 한대에 이르는 시기의 분묘와 유적이 발견되었다. 지금의 안산·해성 이남에서 개현蓋縣 웅악성熊岳城 동쪽까지는 요동군의 평곽현平郭縣[7] 일대인데, 1958년 온천이 있는 웅악하熊岳河 북안에서 전국시대의 화폐 저장고가 발견되었다. 전국시대의 청동화폐 40여 근이 출토되었다. 그 중 명도전과 양평포가 다수를 차지한다. 이는 요동 남부의 수륙요충인 개현과 웅악 일대에 걸쳐 전국시대에 인구가 밀집한 취락이 형성되어 있었음을 입증하는 것이다.

개현·웅악 이남, 지금의 요동반도 남단의 신금현新金縣 북쪽 화아산花兒山에서 근년에 전국시대에서 한대에 이르는 시기의 고성古城이 발

---

5. [역자주] : 지금의 하북성 이현은 연의 下都[別都]였던 武陽이다.

6. [역자주] : 요대는 전한 요동군의 속현으로, 지금의 요령성 요양시에서 서남쪽으로 80km 쯤 떨어진 태자하 서안의 高坨子 부근, 또는 이곳에서 북쪽으로 40km 쯤 떨어진 蒲河口로 추정된다. 삼국시대에는 遼隊縣이라고 하였다가 그 후 폐지되었다.

7. [역자주] : 평곽현은 전한 요동군의 속현으로 지금의 요령성 熊岳鎭의 동쪽에 있었다.

견되었다. 이 고성은 전국시대 요동군치인 양평으로부터 남쪽으로 해로를 통하여 산동의 제나라 영역으로 가는 수륙의 요충에 위치해 있다. 특히 화아산 전국시대 성터에서 발견된 전국시대~한 초에 이르는 시기의 춘추만세 와당과 임예승인臨穢丞印 봉니 등의 유물[8]은 이 성이 전국시대에 축조되어 후한대까지 이어진 요동군 남부의 고성이란 사실과 전국시대부터 후한대에 이르는 시기 요동군의 교통과 군현 설치에서 차지하는 위치를 더욱 분명하게 드러내 준다.

전국시대 요동군 양평 이북의 교통지리 관련 자료로는 주로 심양과 지금의 철령 남쪽에서 발견된 전국시대의 유적과 유물이 있다. 그 중에서 중요한 것으로는 심양의 구성舊城 고궁 지하에서 발견된 전국시대~한대에 이르는 유적과 심양 서남 교외의 정가와자에서 발견된 춘추시대~전국시대에 이르는 청동단검묘[9]가 있다. 특히 1984년 발굴된 철령시 남쪽 신태자진新台子鎭 전창磚廠유적은 지금까지 발견된 것 가운데 요동지구 최북부의 대형 전국시대 유적에 해당된다. 이 발견은 전국시대부터 한나라 초까지 요동의 양평을 거쳐 북쪽의 변강으로 나가는 교통노선과 그 변강의 위치를 비정하는 데에 중요한 지리적 좌표를 제공한다.

전국시대 요동군의 수부인 양평 이동의 고대 교통에 관해서는 확실한 문헌기록은 없다. 『사기』「조선열전」에 나오는 연·진시대 요동군의 번한현은 연나라가 전성기 때에 진번과 조선을 공략하여 복속시킨[10] 땅이다. 『사기』「조선열전」의 진번에 대한 송나라 배인裵駰의 집해에서는

---

8. 『大連文物』 1986年 第2期, 大連市文物管理委員會.
9. 심양 장가와자에는 현재 전문박물관이 개설되어 있다.
10. 『史記』 卷115, 朝鮮列傳.

"요동에는 번한현이 있다."라고 했다. 그 고지故址는 지금의 압록강 동쪽 조선반도 북부의 대령강大寧江 서안 박천성의 남쪽 옛 박릉성博陵城에 있다.[11] 지리좌표는 북위 39° 40′, 동경 125° 35′이다. 이로써 전국시대 연·제의 고지로부터 요서와 요동의 양평을 거쳐 지금의 압록강유역 이동으로 동행東行하는 것은 선진先秦시대 기자가 동쪽의 고조선으로 들어가는 길을 개척한 이후, 다시 전국시대에 연나라와 진나라가 요동군의 양평과 번한 등지를 경유하여 고조선의 고도 왕험성[현 평양][12]에 이르는 육로교통을 개척하였음을 알 수 있다. 아울러 한 무제 이후 개설된 요동과 예맥·조선을 왕래하는 교통로의 토대가 더욱 다져졌던 것이다.

2. 연·진시대 요서 육로의 개척

전국시대 연燕·진秦의 요서는 춘추시대 이전의 부족 간 왕래를 계승해서 교통체계를 건립하는 개척시대로 진입했다. 현재의 고고학 발전은 문헌 기록과 함께 당시 요서 및 우북평 지역의 육로교통을 고찰하는 데 많은 실증자료를 제공하고 있다. 전국시대의 요서는 앞 절에서 기술했던 군의 변경에서 동쪽의 요수를 건너 양평[13]에 이르는 군과 군 사이의 교통 뿐 만 아니라 요서와 우북평을 경유하여 중원에서부터 고대 동북의 회랑지대로 통하는 남북의 고대교통을 연결하는 측면에서도 가장 두드러진 지리적 위상을 갖는다. 근래의 고고 발견은 이 방면에서 비교적 명확한 노선을 보여주고 있다.

11.　『中國歷史地圖集』第2冊 漢 幽州刺史部.
12.　『中國歷史地圖集』第2冊 漢 幽州刺史部.
13.　전국시대 연나라 땅이었다. 지금의 遼寧 遼陽市 老城이다.

현재의 대릉하 동쪽 연안에 있는 조양 남쪽의 십이대자향十二臺子鄕 원대자袁臺子 동쪽 산비탈 대지상에서 최근에 발굴된 전국시대 무덤의 부장품 가운데 유성도왕사새酉城都王司璽라고 새겨진 항아리가 있다.[14] 가까운 거리에 있는 마을 원대자촌 전창磚廠의 한대 유적에서 출토된 유성柳城이라고 찍힌 도기陶器를 참고해보면 항아리에 새겨진 글자 중 유성은 『한서』 「지리지」에 요서의 유성柳城을 다르게 쓴 것임을 알 수 있다. 도都자는 전국시대 이전 도진都鎭의 통칭이다. 이로써 대릉하 하곡에 위치한 십이대자향 원대자의 한대 요서군 서부도위의 치소 유성柳城이 전국시대에 속칭 유성酉城임을 알 수 있으며 요서의 교통로상 중요한 진鎭의 하나였음이 고고학적으로 증명되었다.

유성에서 대릉하 남쪽 연안을 따라 서남쪽으로 향하는 육로상에 위치한 건평현建平縣 수천향水泉鄕 전국시대 성터에서도 역시 '이(양)안도易(陽)安都로 보이는 글자가 새겨진 도기가 출토되었다.[15] 이 지역은 대릉하 옛 도로 상에 위치한 성진城鎭이다. 수천향을 지나서 대릉하를 따라 계속 남쪽으로 내려가 객좌현 대성자大城子를 지나 대평방향大平房鄕 황도영자黃道營子에 이르면 전국시대에서 한대에 이르는 또 하나의 중요 고성이 있다. 이 성에서 백강도왕사새白庚都王司璽라는 글자가 있는 도기 파편이 발견되었다.[16] 황도영자고성은 대릉하 남쪽 원류의 교통상 중추요지에 자리하고 있으며 동쪽에는 대릉하가 있고 남쪽에는 삼진하滲津河와 해발 800여 미터의 대양산大陽山이 있다. 지리적 좌표는 북위 40° 58′, 동경 119° 30′이다. 대릉하의 옛 명칭은 백랑수白狼水이고 삼진하

14. 酉城都가 새겨진 항아리는 현재 朝陽市博物館에 보관되어 있다.

15. 徐秉琨, 「說陽安布」, 『中國錢幣』 1期, 1985.

16. 고고 자료는 현재 朝陽市 박물관에 보관되어 있다.

의 옛 명칭은 석성천수石城川水이다. 이 두 하천 사이에 있는 지금의 객좌현 남부의 대양산이 바로 옛 백랑산이다.[17] 황도영자고성의 지리적 위치는 『수경주』 백랑수 조의 "물은 우북평 백랑현 동남에서 나와 (중략) 북쪽으로부터 백랑현 고성의 동쪽을 지난다."라는 구절을 통해 입증된다. 『한서』 「지리지」 안사고의 주 "[백랑현에는] 백랑산이 있는데 그 이름으로 현의 이름을 삼았다."라는 구절을 참고할 수 있다.[18] 지금의 객좌 서남쪽 황도영자고성을 살펴보면 고성은 북쪽에 대릉하(옛 백랑수)가 흐르는 서쪽 연안과 대양산의 북쪽 기슭에 있다. 『수경주』에 "백랑현 고성의 동쪽을 지난다."는 말과 『한서』 「지리지」에 "현의 변경에 백랑산이 있다."라는 말과 완전히 부합한다. 이로써 황도영자고성이 한대 이후 요서지역의 중요 진鎭인 백랑성이었다는 것이 학계에서 공인된 것이다.

위에서 서술한 대릉하 옛길 주변에서 발견된 전국시대 및 그 이전의 유적과 유물을 통해 고대교통지리적인 관점에서 고찰해보면 전국시대와 연·진 시대에 지금의 요서지역의 대릉하 중류에 위치한 유성을 지나 남행하여 백랑성을 경유하고, 백랑수의 상류 및 그 지류로부터 중원으로 통하는 길을 개척하였던 것이다. 2000년 전에 개척된 이러한 요서의 옛길은 천연의 지세를 따라 대릉하 남쪽 원류인 오목륜하敖木倫河와 지류인 삼진하를 따라 형성된 것이다. 한漢·위魏시대로 진입한 이후 노룡새는 옛 무종국(無終國, 지금의 하북 玉田일대)·영지·고죽(지금의 하북성 遷安·盧龍境)과 이어져 있고, 연나라의 수도였던 계와 연나라의 하도인 이(지금의 하북성 易縣)로 방향을 바꾸어 진입한다. 연산燕山의 남북을 관통하여 요서 및 우북평과 어양의 여러 군과 연접한 육로간선은 전국시대의

---

17.   王綿厚, 「大凌河水系歷史地理考辨」, 『社會科學戰線』 1期, 1982.

18.   『漢書』 卷28, 右北平郡 白狼縣條.

연나라와 진나라를 거쳐 한·위 시대에 이르기까지 수천 년 동안 쇠퇴하지 않았다.

3. 진대 북방치도北方馳道의 개설과 육로동순陸路東巡

기원전 221년 진나라가 6국을 멸하고 북방 연나라의 땅을 겸병하였다. 진 왕조는 불과 십 수 년밖에 존속하지 않았지만 천하를 통일했기 때문에 군현의 설치와 치도의 개설은 6국의 범위를 넘어섰다. 연나라의 변경 동북지역 남부에 연나라가 설치했던 요동·요서·우북평의 기초 위에 진대의 군현이 증치되었다. 진시황 26년(기원전 221) 천하를 나누어 36개 군을 만들었다. 『사기』 집해는 진나라의 36군이 요동과 요서를 포괄한다고 했다. 그 이듬해인 시황 27년(기원전 220)에 변경을 개척하여 치도馳道를 닦았다.[19] 반고의 『한서』 「고산전」은 "진 천하에 치도를 만들어 동쪽으로는 연·제에 닿고, 남쪽으로는 오와 초에 닿으니 강호와 빈해瀕海까지 이른다. 도로의 너비는 50보로 하고 3장丈마다 가로수를 심고 길의 바깥으로는 두둑을 쌓았다."고 했다.[20]

진대 치도는 역사상 관도官道 개척의 선례로서 치도라는 것은 거마車馬가 달릴 수 있는 직도直道를 의미한다. 이 교통설비는 실제로는 선진先秦시대의 여러 나라로부터 계승한 것이다. 『주관周官』은 "도로 제도에는 다섯 가지의 구별이 있다."고 열거했다. 이 옛 도로의 제도, 즉 옛날의 소위 오도五涂[途] : 경徑·진畛·도涂·도道·로路가 그것이다. 그 중 경徑과 진畛은 작은 도로에 속하며 도道와 로路는 비교적 넓은 도로로써

---

19. 『史記』 卷6, 秦始皇本紀.
20. 『漢書』 卷51, 賈山傳.

거마가 나란히 달릴 수 있는 길을 말한다. 『주관』에서 기록한 "도道는 두 대의 수레가 지나갈 수 있고, 로路는 세 대의 수레가 허용된다."는 말은 옛날에 거마가 도로의 노선을 따라 지나 다녔던 것을 말해준다.

진나라의 전국 통일 이후 웅대한 포부를 가지고 있던 진시황은 군현의 설치 및 장새의 수리와 함께 군사적인 목적의 치도와 역전제驛傳制를 더욱 완비했다. 『사기』「몽념열전」을 기록한 사마천은 "북쪽 변경에서 신속하게 치도로부터 돌아오며 몽념이 축성한 진의 장성과 정亭·장障을 둘러보니 산을 깎고 계곡을 메워 직도를 통하게 하였구나."라고 하였다.[21] 또한 당의 『통전』[22]에 "진나라의 제도에는 대개 10리마다 1정을 설치하는데 정마다 장長이 있다. 10정으로 1향을 삼으며, 향에는 삼노三老·유질有秩·색부嗇夫가 있다."고 기록되어 있다. 진대의 향과 정은 군과 현 아래의 하부 행정조직이며 교통역참 시설이다. 진의 「행서률」에 기록된 규정에 의하면 "명령서 및 관서로 가는 급한 문서는 즉시 보낸다. 급하지 않은 문서는 하루 안에 처리하여 지체하지 않는다. 지체한 자는 법으로써 다스린다."고 했다. 이것은 진 왕조가 교통역참을 법률규범에 넣어 만든 것으로서 이후 역대로 계승되었다. 한나라 고조 유방이 일찍이 맡았던 정장亭長이 바로 이와 같은 것이다. 한대와 진대秦代에 이르러 지금의 요서 조양지구에 위치한 용성龍城 일대에도 도유황룡정道有黃龍亭이 설치되었다.

진시황과 진 2세는 군현제를 실시하여 치도를 개척함과 동시에 10여 년의 짧은 기간 동안 수차례 순행을 나갔다. 그 중에는 지금의 동북지역 남부인 요서와 요동을 지나간 경우도 두 차례나 있었다. 그 중 하

---

21. 『史記』卷88, 蒙恬列傳.
22. 『通典』卷33, 職官.

나가 진시황 32년(기원전 215)에 시황이 갈석으로 가서 연나라 사람 노생盧生으로 하여금 선문羨門과 고서高誓를 찾으라 하고 이를 갈석문에 새겼다고 한 경우이다. 대략적인 내용은 다음과 같다.

> 37년(기원전 210)에 시황이 또 오吳를 지나 장강을 건너 바닷가를 따라 올라 북쪽의 낭야에 도달했다. (중략) 낭야산으로부터 영성산에 이르렀다. 그 후 진 2세 원년(기원전 209) 봄에 2세가 동쪽의 군현으로 순행하였는데 이사李斯가 수행했다. 갈석에 이르러 바닷가를 따라 남쪽으로 회계會稽에 이르러 시황이 세웠던 각석에 글을 새겼다. (중략) 마침내 요동에 이르렀다가 돌아왔다.[23]

진시황 부자의 두 세대 동안 동쪽으로 군현을 순행하고 갈석에 글을 새기고 요서와 요동에 이르렀다는 기록은 역사상 최초로 최고 통치자의 신분을 가진 자가 육로를 통해 동북지역을 순행한 사실을 적은 것이다. 근년의 고고발견에 의해 진시황 부자와 승상 이사가 동쪽으로 순행하여 지금의 산동 영성현榮成縣 성산둔成山屯 바닷가의 천진두天盡頭에 세웠다고 하였던 비각의 잔편이 출토되었다. 『사기』에 기록된 진시황 부자가 동쪽으로 순행한 해변도로는 발해와 황해 연안의 육로순행도로임이 확증됐다. 특히 1980년대부터 시작된 발굴 과정에서 고고학자들은 산해관 밖 동북 10여 리의 요령성 수중현 만가둔 해안가의 장자리촌墻子里村 석각 비지碑地 및 흑산두黑山頭 소재 대형의 진대 갈석궁과 한대 망해대 유적을 발견했다. 출토품은 거대한 기夔 문양의 원형 와당과 구름무늬가 있는 와당, 암기와 등 진·한 두 시대의 유물이었다. 이로써

23.　『史記』卷6, 秦始皇本紀.

진시황과 그 2세가 동쪽을 순행하면서 왕래한 치도가 북쪽 요서에서 지금의 산해관 밖까지 닿았다는 사실이 입증되었다.

위에서 서술한 사적과 고고 발굴은 진대에 치도가 개척되고 교통을 위한 정장亭障이 설치되었으며 "수레는 폭을 같게 하고, 글은 문자가 같게 하라."라고 한 칙령이 실재로 반포되었음을 말해 주고 있다. 또 남으로는 매령을 넘어 번우番禺와 백월百越에 도달하였을 뿐만 아니라 북으로 장성을 지나 지금의 동북지역 요서와 요동 등의 광활한 지역까지 깊숙이 들어왔다는 것을 설명해 주고 있다.

여러 해 동안 동북지역 서남부였던 연·진·한의 옛 장성지대에서 출토된 대량의 유물 가운데 진시황 26년 도량형 통일의 조서가 새겨진 명문 도기와 철제 저울 등의 진귀한 것들이 있다. 연·진 시대 및 한대의 동북지역에 있던 옛 장성의 방향과 유적의 고고 조사를 통해 고고학계는 『사기』와 『한서』에 기록된 바와 같이 진나라가 교통로를 개척하고 치도를 닦았으며 장새를 구축하고 북쪽 새외 밖을 넘나들었다는 것이 역사적 사실임을 입증하였다. 이것은 단명한 진나라 왕조가 군현의 건치 및 강역의 개척과 함께 고대 교통지리와 치도개설의 역사에서 2천여 년의 중국교통사 및 건치제도의 효시였음을 보여준다.

2

제2장

한위시대漢魏時代 동북 교통지리의 개척

양한兩漢시대 동북 남부 군현의 설치와 중원에서 새외塞外로 가는 길

"한漢은 진秦의 제도를 계승하였다."[1]

기원전 206년 전한이 건국되고 한 무제武帝 이전에 이르기까지 60여 년 동안, 한 초기의 동북교통과 군현지리는 기본적으로 전국戰國과 진秦, 양대를 계승하였다. 전한 초기 동북 남부의 연·진의 옛 땅은 일찍이 한때 항우에 의해 봉해진 요동왕遼東王 한광韓廣의 할거지이자 요서의 옛 무종국無終國(지금의 하북성 옥전玉田 경내)의 옛 땅에 도읍을 세움으로써 요서와 요동의 땅을 다스리게 하였다. 머지않아 장다臧荼가 한광을 격파하고 유방에게 귀순하였다. 유방은 이에 장다를 연왕燕王에 봉하고 아울러 동북 남부의 요동·요서 등 연·진 옛 땅을 다스리게 했다. 한 고조高祖 유방이 대장大將 주발周勃을 보내 연왕 노관盧綰을 멸하여, "상곡上谷 12현, 우북평右北平 16현, 요서·요동 29현을 정하게 되었다."[2] 이로부터 요동 연의 땅이 한의 조정에 귀속되었다. 이것은 한 초기에 연

---

1. [역자주] : 『後漢書』 卷40上, 班彪列傳 30上. "漢承秦制 改立郡縣 主有專己之威 臣無百年之柄".
2. 『史記』 卷57, 周勃世家.

소왕昭王 이후 동북 남부 군현제도를 다시 회복한 것이다. 『한서』 지리지에 기록된 한대 요동·요서 2군이 모두 32현이었다는 것과는 약간 차이가 있다. 『한서』 지리지의 고찰에 의하면, 전한 전기 동북 남부 군현 건치의 확립과 교통지리의 진일보한 개척은 마땅히 한 무제가 요동외요遼東外徼를 평정하고 동북 변경을 통일한 이후의 일이다. 즉 『한서』 지리지에 수록된 요동군 18현, 현도군 3현, 요서군 14현이 그것이다.[3] 3군은 모두 유주자사부幽州刺史部의 관할 하에 있었다.

한 무제 원봉元封 원년(기원전 110) 겨울 10월에, 무제는 군사를 이끌고 상군上郡·오원五原으로 북행하여 장성의 새를 나가 삭방朔方에 이르렀다. 이듬해 또 동해로 순행하여 진시황이 이르렀던 요서의 갈석碣石에 도달했다. 진시황과 한 무제가 동쪽으로 순행했던 갈석의 땅에 대해, 옛 설에서는 대개 지금의 하북성 난하灤河 하류의 창려昌黎와 진황도秦皇島 일대로 비정했다.[4] 근래에 요서지역의 고고발굴을 통해 새로운 증거가 제시되었다. 진한秦漢 요서의 갈석을 증명하는 것은 마땅히 앞 장의 선진시기 "도이島夷가 가죽 옷을 입고 오른쪽으로 갈석을 두었다."는 길[5]에 해당된다. 고고발굴자들은 1982년에 시작된 요령성 수중현綏中縣 만가진萬家鎭 흑산두黑山頭와 장자리墻子里 두 곳의 발굴에서 각기 대형 진대秦代 유적을 조사·발굴하였다. 이 두 곳의 유적은 규모가 크고 유물이 풍부한 건축유적을 중심으로, 바다에 솟아있고 예로부터 전해오는 강녀분姜女墳—세 개의 입석立石으로 된 바다 속의 비갈碑碣처럼

---

3. 『漢書』卷28, 地理志.

4. 中央民族學院編號組二,『中國歷史地圖集』東北部分資料滙篇 第7頁.

5. [역자주] : 원문의 島夷皮服夾右碣石之路로 되어 있으나 내용상으로 島夷皮服夾右碣石入于河之路로 되어야 한다고 본다. 즉, "島夷가 가죽 옷을 입고 오른쪽으로 갈석을 두고 황하로 들어갔던 길"이 정확하다고 할 수 있다.

세워져 있는 것-과 마주하고 있다. 이 모든 것이 고고발굴자가 진한 이래의 요서 해변의 갈석을 지금 산해관 밖 10여 리의 만가진 장자리와 지묘만止錨灣 일대 해안으로 보고 있는 이유이다. 특별히 장자리촌의 진한대 대형 건축대지[臺址]가 있다. 각 변의 길이가 40여 m로 전체 면적이 160,000㎡를 차지하고, 또한 기문와당夔文瓦當·한대와당漢代板瓦·와당·주춧돌 등 대량의 건축재가 발견되었다. 지금까지 발해만의 기타 연해구역에서 이렇듯 거대한 진·한대 건축유적이 발견된 적은 드물었다. 따라서 진시황과 한 무제가 동쪽으로 갈석에 이르러 창해滄海를 바라보았다[6]고 하는 여정은 이미 지금 산해관 밖의 동북 서남부에 도달했다는 것을 인정할 수 있다.

고고학 전문가는 요서 수중현 장자리 일대 해안에서 발견되었고 바다에 임해 있는 2곳의 대형 진·한 건축 유적을, 진시황과 한 무제가 동쪽으로 바다가를 순행했다고 하는 갈석궁碣石宮과 한무대漢武臺의 유적일 가능성이 매우 높다고 판단하였다.[7] 이로 인해 지금 산해관 밖 발해 연안의 요서 갈석 옆의 해도海道는 마땅히 앞 절에서 선진시기에 "오른쪽으로 갈석을 두고 황하로 들어갔다[夾右碣石 入于河]"[8]고 하는 옛 길이라는 것이 증명되었다. 이 바닷가 옆의 갈석도碣石道는 한대 요서 부분으로 마땅히 서남쪽으로 노룡새도盧龍塞道로 통하여 무종無終, 석양夕陽(하북성 遵化) 및 어양漁陽 등지에 이를 수 있다. 동북으로 연산燕山 여맥餘脈 남쪽 기슭의 해안육로를 따라 요서, 지금의 육고하六股河 계곡을 따라 북상하면 요서군 유성柳城으로 진입할 수 있고 그리고 나서 동쪽으

6.　[역자주] : 『晉書』卷23, 志13 樂下.

7.　王曄·郭大順, 「東臨碣石今何處」, 『文滙報』, 1984년 8월 18일.

8.　『尙書』禹貢.

로 가면 동북 중심으로 진입하게 된다. 이 교통노선은 노룡새를 경유하여 바다 옆으로 지나간다고 하여 사서에 노룡동도盧龍東道라고 칭하게 되었다. 이 길은 북으로 한대 노룡고새를 나와 지금의 청룡하靑龍河·폭하瀑河를 거쳐 대릉하大凌河 상류로 들어가는 옛 노룡중도盧龍中道와 더불어 한·위시기 중원에서 동북지역으로 진입하기 위한 육로간선이었다. 문헌기록에는 한대 북행하여 새를 나가 흉노의 경계로 들어가는 3갈래의 길이 있다.

송대 『태평환우기太平寰宇記』에서는 『기주도冀州圖』를 인용하여 진·한시기 변새를 나가 북행하는 간도干道 3갈래를 설명한다.

> "그 중도中道는 정북향으로 태원太原에서 출발하여 안문鴈門·마읍馬邑·운중雲中을 거쳐 오원새五原塞를 나가 바로 용성龍城[9]으로 향한다. 즉 흉노 선우가 10월에 대회大會[10]에서 제천祭天하는 곳이다."[11]
> "한 길[一道]은 동북향으로 중산中山에서 출발하여 북평北平·어양을 거쳐, 백단白檀·요서를 향하고 평강平剛을 지난다. 노룡새를 나가 바로 흉노 좌지左地로 향한다. 즉 좌현왕左賢王이 다스리는 곳이다."
> "한 길[一道]은 서북향으로 농서隴西에서 출발하여 무위武威·장액張掖·주천酒泉·돈황敦煌을 거쳐, 이오새伊吾塞를 지나 흉노 우지右地로 향한다. 즉 우현왕右賢王이 다스리는 곳이다."

위에서 말한 진·한시기 새를 나가 북행하는 세 길은 모두 새외 흉노

---

9. [역자주]: 선우정이 있던 곳이다.
10. [역자주]: 흉노의 小會는 1월에 열린다.
11. [역자주]: 『太平寰宇記』권49, 河東道, 雲州. "冀州圖云 入塞三道 自周秦漢魏以來 前後出師北伐 唯有三道 中道 正北發太原".

의 주둔지[駐地]를 좌표로 삼는다. 그 중 중도는 즉, 태원에서 출발하여 오원새를 나가 흉노 용성으로 향하는 길인데, 한 무제가 원봉元封 원년(기원전 110) 장성을 넘어 북쪽으로 상군·오원을 순시했던 옛 길로,[12] 『사기』와 『한서』에서는 광록새光祿塞라고 칭하기도 했다. 이는 전한시기 북쪽 흉노로 나갔던 광록훈光祿勳 서자위徐自爲의 행적이 세상에 알려지면서 붙여진 것이지만 지금 동북 경내에 있지는 않다.

『사기』 흉노열전에 태초太初 3년(기원전 102)에 "한이 광록 서자위로 하여금 오원새에서 수백 리, 멀게는 천여 리까지 진출해서 여구廬朐까지 성城과 장鄣을 쌓고 정亭을 늘어놓았다."[13]고 기록되어 있다.

『한서』 지리지 오원군五原郡 고양현稁陽縣조의 주석에 이르기를, "북쪽으로 석문장石門障을 나가면 광록성에 이를 수 있으며, 또 서북으로 지취성支就城에 이를 수 있고, 또 서북으로 두만성頭曼城에 이를 수 있으며, 또 서북으로 호하성虖河城[14]에 이를 수 있으며, 또 서쪽[15]으로 숙로성宿虜城에 이를 수 있다."[16]고 되어 있다.

『사기』·『한서』의 기록에서 한 무제 태초 3년 광록훈 서자위가 북쪽으로 오원새를 나가 "성을 쌓고 망루를 지었다."고 했는데 실제로 당시 북으로 흉노와 통하는 길에 장새와 봉화대[障堠]를 설치한 것이었다. 즉 『한서』 왕망전에 소위 "북쪽으로 나가는 자는 흉노정匈奴庭에 이른다."[17]

---

12. 『漢書』 卷6, 武帝紀.
13. 『史記』 卷110, 匈奴列傳. [역자주] : 『史記』 卷110, 匈奴列傳, "呴犂湖單于立 漢使光祿徐自爲出五原塞 數百里 遠者千餘里 築城鄣列亭至廬朐".
14. [역자주] : 원문에는 滹河城으로 되어 있으나 『한서』 지리지에 따라 虖河城으로 바꾸었다.
15. [역자주] : 원문에는 西北으로 되어 있으나 『한서』 지리지에 따라 西로 바꾸어 해석하였다.
16. [역자주] : 『漢書』 卷28下, 地理志8下, 五原郡. "北出石門障得光祿城 又西北得支就城 又西北得頭曼城 又西北得虖河城 又西得宿虜城".
17. 『漢書』 卷99, 王莽傳. [역자주] : 『漢書』 卷99中 王莽傳 제69中, "莽策命曰 普天之下 迄于

고 한 것이다. 그중 노구하盧朐河는 지금의 극로륜하克魯倫河(Kherlen, 헤르렝강)로 노구산盧朐山은 당연히 낭거서산狼居胥山이 된다. 두만성은 즉 흉노선우의 거처인 한정汗庭[18]이다. 이로부터 알 수 있듯이 오원에서 새를 나가 북쪽으로 천리를 지나 노구하·노구산에 이르는 한대 출새도出塞道는 바로 지금의 동북 서북경의 초원지대에 이르며, 흑룡강 상류의 극로륜하 일대에 이르게 되는데, 이것이 한·위시기 변방의 새를 나가 북쪽으로 가는 요로 중의 하나였다.

한대 북쪽 흉노로 나가는 동북도東北道는 중산中山(지금 하북성 정현定縣으로 옛 중산국中山國이다)에서 출발하여, 어양을 지나, 지금의 고북구古北口를 나가 요서를 지나 평강을 거치면 바로 흉노좌부로 향하는 길인데, 마땅히 지금 동북 서부의 대릉하와 내몽골 동부의 요하 상류 서랍목륜하西拉木倫河(시라무렌)와 노합하老哈河 등 두 강의 유역을 경유하여 북쪽 변새로 나가는 길이다. 동북으로 변새를 나가 한대 흉노좌부로 가는 이 길은, 한·위시기 이후 북쪽으로 선비鮮卑·거란과 몽올실위蒙兀室韋의 초원으로 가는 길이 되었다. 이 길은 2천여 년에 걸쳐 개척되었고, 오랜 세월을 거쳐 통하였으며, 동북지역, 특히 서부 초원 구릉지대에서 중원으로 향해 새로 들어가는 중요한 민족 통로이자 군사 요도要途가 되었다. 한·위시기 북쪽으로 흉노좌부로 나가는 중요한 이 길은 자연 교통지리상으로 볼 때, 마땅이 지금 하북성 정현의 옛 중산에서 출발하여 동북쪽으로 나가 지금의 북경 동북부 밀운密雲 경내의 옛 어양 경계를 지나 조하潮河를 따라 고북구를 건너면 난하 지류인 이손하伊遜河 계곡길로 진입하게 된다. 이손하 동안의 하북성 융화진隆化鎭 동북쪽의 포가영자

四表 靡所不至 其東出者 至玄菟樂浪高句驪夫餘 南出者 隃徼外 歷益州 眨句町王爲侯 西出者 至西域 盡改其王爲侯 北出者 至匈奴庭 授單于印 改漢印文 去璽曰章".

18. [역자주] : 匈奴庭과 汗庭.

촌鮑家營子村 북쪽에 전국 시대 옛 성이 이미 발견되었다. 지금 융화진은 이손하에서 북행하면 영금하英金河로 이어져 북쪽 새외로 가는 교통로상 고도古道에 위치해 있다. 이 고도에서 전국시기 성터가 발견되었는데 이는 한·위시기 이전에 이곳이 북쪽 변경으로 나가는 교통상 중요한 도로였다는 것을 증명해 준다. 요대遼代에 이르러서도 여전히 북쪽 거란으로 가는 여러 교통로 중의 하나였다. 이손하 좌안에 있으면서 전국시기 옛 성의 남쪽 수백 m에 있는 융화현 토성자土城子(요흥주遼興州 주치州治)가 바로 하나의 중요한 교통상의 성진城鎭이었다. 어양에서 북행하여 흉노좌지로 가는 이 길은 수천 년을 이어온 옛 길 중의 하나로 볼 수 있다.

요동·현도군 경내의 육로 교통도

한·위 시대 동북지역 교통지리의 발전은 군현지리와 마찬가지로 동북지역 남부에 집중적으로 반영되어 있다. 문헌기록이나 당대 고고 발견은 물론 모두 명확하다. 그중 특히 요동군의 수부首府 양평襄平과 요서군 수부 차려且慮·양낙陽樂 그리고 우북평군치 평강平岡 등 군성郡城을 중심으로 종횡으로 얽힌 육로의 요로가 형성되었다. 군현 구획으로 보면 한대 요동군과 요서군의 분계分界는 요하[옛 大遼水]가 아니라 옛 유주幽州 북진北鎭의 의무려산醫巫閭山이 자연 분계이다. 이것이 한·위시기 요동군치 양평이 중심적인 육로 간선이 되게끔 하는 것이다. 남쪽으로는 바다가와 통해 답진沓津에 이르고, 서쪽으로는 요수를 넘어 요서군 유성에 도달하며, 동쪽으로는 현도·낙랑과 접하며, 북쪽으로는 부여와 통하는 사방의 교통을 형성하였다. 『한서』왕망전에는 "대저 연燕은 (중략) 그 동쪽으로 나가면 현도·낙랑·고구려·부여에 이른다."[1]고 기록되어 있다. 『한서』에 기록된 것은 당시 연 땅에서부터 동쪽으로 나가는 교통이며, 실제로는 두 가지 방향을 포괄하고 있다. 하나는 정동正東 방

----

1.   『漢書』卷99中, 王莽傳.

향으로 현도·낙랑군으로 나가는 것이고, 둘째는 동북 방향으로 부여·고구려의 옛 땅으로 나가는 것이다. 이 육로 교통의 간선은 모두 요동군 치소 양평을 중심으로 되어 있다. 양평은 전국 시대 이래로 이미 요동군의 치소였고, 전국 연에서 시작하여 명말明末 이전까지 줄곧 동북지역의 정치·경제 중심이자 교통의 요충지였으며, 교통시설 또한 아주 잘 갖추어져 있었다. 1950년대에 고고발굴자들이 요양遼陽(옛 양평) 북쪽 교외의 삼도호三道壕 등지에서 전한시기의 대형 촌락유적을 발굴하였다. 양평성 교외에 있는 삼도호 촌락유적의 북쪽에서 길이 약 120여 m의 자갈을 깐 옛 길을 발견하였다. 이 옛 길의 너비는 약 7m로, 자갈을 깔아 쌓은 것이 3~4층으로, 두께는 약 35cm이고, 길 가운데가 약간 높고 양 측면이 대체로 평평하다. 도로 양쪽에는 수구水溝, 배수구, 두둑[壕棱] 등 부속시설이 설치되어 있으며 노면에는 모두 커다란 수레가 지나간 자국이 선명하게 남아 있다. 옛 양평성 밖에서 발견된 이 석축의 노면은 동북지역에서 가장 오래된 돌을 깐 큰 길이며, 문헌기록이 드문 중국 고대 도로건축사에서 중요한 연구 가치를 지닌다. 한대로부터 시작하여 양평 중진重鎭으로부터 각지로 통하는 육로 교통선에 관하여 그 간선의 주요한 내용은 아래와 같이 몇 갈래로 나눌 수 있다.

1. 양평에서 남쪽으로 가는 평곽平郭·답지도沓氏道

요동군의 치소 양평에서 남쪽으로 가는 육로는 한·위시기 동북 교통지리의 관점에서 보면 주로 지금 요양 이남의 신창新昌·안시安市·평곽·문汶·답지 여러 현이 이어져 해안에 이른다. 이 남북 간선의 주요 경유역은 후대 여러 학자들의 고증과 고고학적 고찰을 거쳐 아래와 같은 점을 확정할 수 있다.

신창현新昌縣 : 이 현은 이전에 확정된 고증이 없었지만 그 대체적인 방위는 양평 남쪽에 해당된다. 『진서晉書』에는 함화咸和 9년(334)에 전연前燕의 "모용황[2]이 친히 요동을 정벌하여 양평을 무찔렀다. 모용인이 임명한 거취령居就令 유정劉程이 성을 들어 항복하였으며, 신창인新昌人 장형張衡이 현재縣宰를 사로잡아 항복하였다."[3]고 되어 있다.

사마광의 『자치통감』에는 진 함화 9년에 전연 모용인이 요동에 의지하여 요서의 모용황과 대치하였는데, 일찍이 군사를 일으켜 평곽에서 북쪽으로 가서 "병사를 보내 신창을 습격하자 독호督護 신흥新興 출신 왕우王寓가 공격하여 달아나게 하여 마침내 신창을 옮겨 양평에 편입시켰다."[4]고 되어 있다.

위에서 서술한 기록처럼 신창이 양평 이남과 평곽 이북에 위치하고 아울러 수시로 "신창을 옮겨 양평에 편입"할 수 있다는 것으로 보아, 해당 지역은 양평 이남에 가까워야 한다. 『동북역사지리』 제1권에 따르면, 한의 신창이 지금의 요양[옛 양평] 남쪽 60여 리의 안산시鞍山市 남교南郊의 동안산진 삼대三隊 양류하楊柳河 북안에 있었다고 고증하였다.[5] 이곳은 한·위에서 양진에 이르기까지 요동 신창 고지故地로 보기에 적합하다. 그곳은 예나 지금이나 요남의 요로로, 동서로 안산鞍山의 진입로를 제어할 수 있으며, 지리 좌표가 동경 122° 50′, 북위 41° 50′인 방위와 거리가 옛 요동 신창현과 부합된다.[6]

---

2. [역자주] : 원문에는 "慕容皝自征遼東"으로 되어 있으나 『晉書』 卷109, 載記9 慕容皝, "皝自征遼東"으로 되어 있다.

3. 『晉書』 卷109, 慕容皝載記.

4. 『資治通鑑』 卷95, 晉記.

5. 孫進己·王綿厚 主編, 『東北歷史地理』 제1권 新昌縣조(黑龍江人民出版社)에 자세히 보인다.

6. 王綿厚, 1985, 「兩漢時期遼寧建置述論」, 『東北地方研究』 1期.

안시현安市縣: 안시고현安市故縣은 신창 남쪽에 위치한다. 한·당 시기 사적史籍의 기록에 따르면, 그곳은 요동의 양평·신창 이남과 평곽 이북의 교통선상에 있다. 안시의 지리적 위치에 관한 고금의 여러 학자들의 견해로는 대체로 두 개의 설이 있다. 그 하나는 해성시海城市 남쪽의 영성자英城子설이다. 청대 『성경통지盛京通志』와 『봉천통지奉天通志』는 이 설을 따랐는데 "해성 동남쪽 13리[일설에는 15리]에 있는 영성산英城山이 곧 한·당 시기의 안시이다."[7]고 하였다. 둘째는 지금의 요령 대석개시 북쪽 탕지보湯池堡설이다. 『요사遼史』 지리지와 명대 『요동지遼東志』는 이 설을 따랐는데, "안시폐현安市廢縣은 개주성盖州城 동북쪽 70리에 있는데 한이 설치하였고 (중략) 지금의 탕지보이다."[8]고 하였다. 1950년대 이후 요령지역의 고고조사를 거치면서 해성 남쪽의 영성산 위의 영성자가 한대의 성이 아니라 후대의 고구려 산성이라고 밝혀졌기 때문에 앞설은 근거를 잃었다. 뒤의 탕지보설이 비교적 근접하지만 방위가 정확하지 못하다. 1960년대 초 대석개시 탕지진 이북 5화리華里(2.5㎞) 지점에서 발견된 영수구英守溝 한성漢城을 근거로 보면,[9] 탕지 북쪽의 영수구 한성이 바로 한·위시기 교통선상의 요동군 안시현이라고 할 수 있다.

평곽현平郭縣: 평곽은 전·후한에서 양진에 이르는 시기에 줄곧 요동군 남부에서 육지와 바다의 요로를 제어하는 교통중진交通重鎭이자 군사요지였다. 한·위시기 요동 교통지리상에서 양평·신창·안시 제 지점의 확정된 위치로부터 평곽현의 방위도 배정할 수 있는데 안시 이남 지

---

7. 『奉天通志』 卷53에 인용된 『盛京通志』.
8. 『遼東志』 卷1, 古跡條.
9. 『人民日報』 1964년 4월 21일 報導 : 一座失踪的古城.

금의 요령성 개주시盖州市 경내에 위치해야 한다. 청말 이래의 학자들이 대부분 지금의 개주시 남쪽 웅악熊岳 일대로 추정하였지만[10] 정확하게 지적하지는 못하였다. 1960년대 이후 개주시 남쪽 웅악성熊岳城 부근에서 한대 유적과 무덤이 잇달아 발견되었다. 1980년 여름 필자는 요남 고고조사에 참여하였는데 지금의 웅악성 동남쪽 약 5화리 지점의 온천 溫泉 남부 웅악하熊岳河 북안 조사에서 한대 유적과 문화층 및 일부 유물이 발견되었다. 그 후 1981년 요령성고고보사대遼寧省考古普査隊는 그곳에서 다시 대량의 한대 유적과 유물을 발굴하였다. 상술한 발굴과 사적에 기록된 한대 평곽의 방위와 근대 학자들이 고증한 평곽은 개주시 남쪽의 방위와 기본적으로 부합된다. 이를 근거로 한·위·진시기 요동 평곽은 오늘날 웅악 동남쪽 온천 일대라는 것을 확인할 수 있다. 그 지역은 웅악하 북안에 임하고 있어서 오늘날에도 개주시에서 남쪽으로 대련의 금주구金州區(옛 금현金縣), 와방점시瓦房店市(옛 복현復縣) 두 지역으로 가는 교통의 요충지로서 고금의 지리가 모두 같다.

문현汶縣 : 문현文縣이라고도 쓴다. 진수의 『삼국지』에서는 정시正始 원년(240)에 "요동의 문현과 북풍현北豊縣[11] 사람이 유망流亡하여 바다를 건넜다."[12]고 되어 있다. 이에 따르면, 한·위시기 요동군 문현은 요동반도 바다 가까운 곳에 있어야 한다. 또한 『자치통감』에 의하면, 동진東晉 8년(333)에 전연의 모용황과 모용인인 일찍이 요동의 문성汶城의 북쪽에

---

10. 中央民族學院編寫組, 『中國歷史地圖集 東北地區資料滙篇』,(內刊本14頁).
11. [역자주] : 이 책의 제3장 제3절 平郭道 부분(원문 98~99쪽)에 자세하다.
12. 『三國志』卷4, 齊王芳紀. [역자주] : 『三國志』卷4 魏書4 三少帝紀 第4, 齊王芳, "正始元年 春二月乙丑 (중략) 丙戌 以遼東汶北豊縣民流徙渡海 規齊郡之西安臨菑昌國縣界爲新汶南 豊縣 以居流民".

서 만나 전투를 벌였다.[13] 당시 요서의 모용황은 모용인의 근거지인 평곽으로 진격하고 이어서 문성의 북쪽에서 전투를 벌였다는 것을 보면 문현 곧 문성은 평곽보다 조금 남쪽에 있어야 한다. 같은 내용이 『동북역사지리』 제1권에 보인다. 고고발굴 성과에 의하면 문현은 오늘날 웅악 남쪽의 와방점시 북쪽 태양승향太陽升鄕 왕가점촌王家店村에 있다. 그 지리 좌표는 동경 121° 55′, 북위 39° 45′이다. 성터가 복주하에 가까웠기 때문에 아마도 옛 문수汶水로 현 이름을 삼았을 것이다.[14]

답현沓縣 : 답지沓氏라고도 부른다. 『한서』 지리지의 응소應劭 주注에 "지氏는 물[水]이다."[15]라고 하여 현 치소가 답수沓水에 가까이 있었음을 알 수 있다. 답씨현은 해로에 가까웠기에 한·위 사서 중에 간혹 답진沓津이라 칭해졌다. 『삼국지』 위지 공손탁전公孫度傳에 따르면, "적의 무리가 본디 만 명이라 큰소리쳤다. 숙서宿舒·손종孫綜이 살펴보니 7~8천인 정도로 답진에 이르렀다. (중략) [공손연이] 장군 한기韓起 등을 보내어 삼군三軍을 거느리고 말을 달려 답沓에 이르렀다."[16]고 하였다. 같은 책 육모전陸瑁傳에서는 답저沓渚라고도 적었다.[17] 한·위 시기의 답지현은 요동반도 남부 해안의 땅이었음을 알 수 있다. 만약 『삼국지』 위서의 기록대로 양평에서부터 말을 달려 군대를 이끌고 남행하여 답진에 이르는 교통 방향을 보면, 답진 혹은 답저는 오늘날 발해만 안에 있어야 한다. 고

---

13. 『資治通鑑』 卷95, 晉紀. [역자주] : 『資治通鑑』 卷95, 晉紀17, 顯宗成皇帝中之上, "銑賜昭死 遣軍祭酒 封奕慰撫遼東 以高詡爲廣武將軍 將兵五千與庶弟建武將軍幼稚 廣威將軍軍寧遠將軍汗 司馬遼東佟壽共討仁 與仁戰於汶城北".

14. 王綿厚,「西漢遼寧建置述論」,『東北地方史研究』 1期, 1982에 보인다.

15. [역자주] : 『漢書』 卷28下, 地理志8下. "遼東郡 沓氏〈應劭曰 氏水也〉".

16. 『三國志』 卷8, 公孫度傳.

17. 『三國志』 卷57, 陸瑁傳.

고발굴을 참고하면 오늘날 보란점시 화아산향花兒山鄉 장점촌張店村에서 이미 전국에서 한대에 이르는 시기의 옛성이 발굴되었다. 그 서남쪽으로는 신금현의 발해 동안 보란점만寶蘭店灣과 가깝고, 그 성터 또한 동쪽으로 사하沙河가 바다로 들어가는 입구에 임하고 있어서,[18] 그곳이 처한 것이 수륙의 요로이니 아마도 옛 답진일 것이다. 따라서 답진 입구에 위치한 보란점시 화아산향 장점한성張店漢城이 옛 답지현일 것이다.

위에서 서술한 양평에서 남행하여 해변에 이르는 이 육로는 이 책 제1장에서 본 바와 같이 연진시대에 개척되어 양한시기에 확립되었다. 이 요동군 중심지의 남북 육로 교통간선은 요동 1군의 5현이 이어져 남북 길이가 천 리 가까이 된다. 그리고 답진을 거쳐 가는 수로는 한대 산동 제군齊郡에 이르고 강江·오吳의 각지까지 이르러 고대 요동과 산동 두 반도 사이 교통왕래의 중요한 일익—翼과 수로로 중원으로 통하는 교통의 연결벨트가 되었다.

2. 양평에서 서쪽으로 가는 요대遼隊·험독로險瀆道

한·위시기부터 요동군치 양평에서 서쪽으로 의무려산 동남쪽의 서부도위西部都尉 무려현無慮縣과 요서군 각지로 가려면 요택遼澤 즉 요하 하류의 여러 지류가 모이는 소택지沼澤地를 지나야 한다. 한대 요동군의 요대와 험독현은 요택 중 구릉에 있었기에 요동과 요서의 고대 교통로상의 중진이 되었다. 군현의 설치와 교통방위상에서 요대는 남쪽에 치우쳐 있고, 험독은 북쪽에 치우쳐 있다. 요동 양평에서 서쪽으로 가면, 도중에 길이 갈라져 요대와 험독 두 현을 거치게 되는데 나뉜 그 길이

18.　[역자주] : 사하의 흐름이 본문 서술 내용과 어긋난다.

모여 마침내 무려현에서 만난 후에, 의무려산을 지나 요서와 우북평의 여러 현에 이르게 된다.

이 노선은 양평에서 서쪽으로 남로 중에 중요한 진鎭인 요대현을 지나가는데 양한에서 위·진시기에 모두 요동에 속하였다.『한서』지리지의 안사고주顏師古注에 "[요대는] 왕망王莽은 순륙順陸이라고 했고 대隊의 음音은 수遂이다."[19]라고 되어 있다. 안사고가 주석한 수遂는 즉 수隧자와 같다. 한대 요대현은 본래 요수遼隧에서 취한 것이고, 그 뜻이 요수遼水 하류의 교통 요충지라는 것을 알 수 있다. 이 옛 교통노선은 사서의 기록에 따르면 삼국시기 관구검과 사마의司馬懿가 동쪽으로 요동의 공손씨를 정벌할 때 이용한 행군로였다.

후한 말기, 요동 양평의 호족 공손탁이 자립하여 요동후遼東侯 평주목平州牧이 되었다. 공손탁에서 손자[20] 공손연公孫淵에 이르기까지 50년에 걸쳐 요동을 점거하고 해외에서 웅거하였다. 후한이 요서의 오환, 선비에 가로막혀 동쪽을 살필 겨를이 없었기에 공손탁이 요동 한 모퉁이를 점거하여 스스로 지킬 수 있었다. 삼국시기에 이르러 위 경초景初 원년 (237)에 명제明帝가 우선 관구검 등을 보내 새서璽書로 공손연을 입조케 하였다. 공손연은 복종하지 않고 "마침내 병사를 일으켜 명을 거역하며 관구검과 요대에서 교전하였다."[21]『자치통감』에서는 그 일을 기록하기를, 명제가 "관구검에게 제군諸軍과 선비, 오환을 거느리고, 요동 남계에 주둔케 하고 새서로 공손연을 불러들였으나 공손연이 먼저 병사를

---

19. 『漢書』卷28 地理志, 遼隊縣條. [역자주] :『漢書』地理志 遼東郡 遼隊縣條에는 "莽曰順陸"이라고 되어 있으며 이에 대한 안사고주에 "隊音遂"라고 되어 있다.

20. [역자주] : 원문에는 子로 되어 있으나 손자가 맞다.

21. [역자주] : 원문의 인용부분은 『三國志』卷8, 魏書 二公孫陶四張傳의 "(景初元年 乃遣幽州刺史毌丘儉等齎璽書徵淵 淵)遂發兵 逆於遼隧 與儉等戰"을 염두해 두고 인용한 것으로 보인다.

일으켜 반反하고 요수에서 관구검에 맞섰다. 때마침 비가 십여 일이나 와서 요수의 물이 크게 불어 싸움이 불리해지자 관구검은 군대를 이끌고 우북평으로 돌아갔다."[22]고 하였다.

이 교통노선에서 발생한 전쟁으로는 위 경초 원년 관구검이 요대의 첫 전투에서 불리했던 때에서 다음 해에 다시 명장 사마의에 의한 요동의 전역戰役이 있다. 『자치통감』의 기록에는 위 경초 2년(238) 여름에 사마의의 육로군이 유연幽燕에서 바다를 따라 동북으로 노룡새를 나가 "마침내 고죽으로 진군하여 갈석을 넘어" 요동군에 이르렀다고 되어 있다. 또한 다음과 같이 전한다.

"6월에 사마의 군대가 요동에 이르니[23] 공손연은 대장군 비연卑衍과 양초楊祚로 하여금 보기 수만 명을 이끌고 요대에 주둔하도록 하고 20여 리에 걸쳐 참호를 둘렀다. (중략) [사마의는] 이에 여러 기치旗幟를 벌려 두고 그 남쪽으로 출격하려는 듯하니, 비연 등이 정예를 모두 이끌고 추격하였다. 사마의가 몰래 [요]하[24]를 건너 그 북쪽으로 나와 바로 양평으로 진격하니 비연 등이 두려워하여 병사를 이끌고 밤에 달아났다. 제군諸軍이 수산首山에 이르니 공손연이 다시 비연 등을 보내 맞서 싸웠으나 사마의가 공격하여 크게 이겼다."[25]

---

22. 『資治通鑑』卷73, 魏紀. [역자주] : 『資治通鑑』卷73 魏紀, "秋七月 (중략) 帝不聽 使儉帥諸軍及鮮卑烏桓屯遼東南界 璽書征淵 淵前發兵反 逆儉於遼隧 會天雨十餘日 遼水大漲 儉與戰不利 引軍還右北平". 밑줄친 부분이 원문과 차이가 난다.

23. [역자주] : 원문에는 "六月…司馬懿軍至遼東"으로 인용하였으나 『資治通鑑』卷74 魏紀6에는 "六月 司馬懿軍至遼東"로 되어 있다.

24. [역자주] : 원문에는 "懿潛濟遼水"으로 인용하였으나 『資治通鑑』卷74 魏紀6에는 "懿潛濟水"로 되어 있다.

25. 『資治通鑑』卷74, 魏紀6.

이해 사마의가 요동 공손연을 공격한 것에서 거짓으로 기치를 벌려 두고 "그 남쪽으로 나가" 요대를 압박하려는 듯 하면서 몰래 병력을 북쪽으로 보내 습격하여 "바로 양평으로 진격하여 수산에 이르렀다."고 한 것으로 보아, 요대현은 요양, 수산 이남의 요하 동안에 있어야 한다. 옛 지지 가운데『청일통지淸一統志』에서는 한의 요대현이 지금 해성시海城市 서쪽 경계인 牛莊으로 비정하였다.『명일통지明一統志』에서는 요대가 "해주(지금의 해성) 서쪽 60리에 있다."고 되어 있다.『중국역사지도집(資料滙篇)』에서는 요대를 지금의 해성 서북, 요양 서남의 태자하太子河 서안 고타자진高坨子鎭 부근으로 비정하고 있다.[26] 그러나 이들 유적에는 모두 고고자료가 없다. 근래 해성 서쪽의 서사대西四臺 일대에서 한대 유적이 발견되었다. 그곳은 요하와 태자하 하류, 지금의 우장에서 반산盤山 고성자古城子에 이르는 동서 교통로에 있으며 위치가『자치통감』기록의 "요동 남쪽 경계"에 해당하므로 점에서 한 요동군 요대현의 고지로 비로소 비정될 수 있었다.

사마의가 요동 공손연을 평정한 전쟁은 진秦 장수 이신李信이 옛 연수衍水(지금 태자하)에서 연나라 태자 단丹을 추격했던 것에 이어서 요동 역사상의 중요한 사건이었다. 그가 택했던 양평에서 요대에 이르는 길은 바로 한·위시기 요동 남쪽 경계에서 서쪽으로 요수를 건너 의무려산 이남과 요서 대릉하 유역의 중요한 간선의 하나였다. 이 교통노선은 지금의 요양을 거쳐 서남쪽으로 수산으로 가고 수산에서 남쪽으로 신창新昌(안산 남쪽)으로 가고 다시 서쪽으로 해성현 이서의 요대현으로 가는 길이다.

이상 남도를 제외하고 한·위시기 양평에서 서행하여 요하를 건너

---

26. 『中國歷史地圖集資料滙篇』(內刊本 第11頁).

는 북도의 중요한 경유지로 험독현이 있다. 이 현은 전한시기에 요동군에 속하였고 후한 이후에는 요동속국遼東屬國으로 바뀌었다. 이제까지 고증에 의하면 속국 6현은 모두 교통로상에 있어서 그 위치는 요하 서안의 교통 요지에 있어야 한다. 독瀆자를 고찰하면 도랑[溝渠]이다. 험독현은 고대 요동 육로의 험도險途 즉 요택 중의 험한 곳이어야 할 것이다. 『한서』 지리지 험독현조 응소의 주석에는 "현이 물이 험하기에 험독이라 했다."[27]고 되어 있다. 『진서』에는 함화 8년(333년) 전연前燕 모용씨 형제의 분쟁에 관해 다음과 같이 적고 있다.

> "[모용]황이 [모용]소를 죽이고 사자를 보내 [모용]인의 허실을 탐색하려[28] 했으나 사자가 험독에서 [모용]인을 만났다. [모용인은 모용황을 제거하려는] 일이 탄로 난 것을 알아차리고 황의 사자를 죽이고 동쪽 평곽으로 돌아갔다."[29]

이 기록에 따르면 한진시기의 험독은 역시 옛 요하의 험한 곳에 있는 동서 교통선상에 있었을 것임이 틀림없다.

위에서 서술한 한·위 시대 이래 요서에서 요택을 건너 동쪽으로 양평과 평곽으로 가는 육로가 실제로는 남북 두 길로 나뉜다. 남도는 요대를 거치고 북도는 험독을 거친다. 1960년대 초 요령성 대안현臺安縣 동남쪽 20리 떨어진 손성자孫城子에서 면적 약 42,000㎡의 한대 옛 성

---

27. [역자주] : 원문에는 "縣以水險 故曰險瀆"이라고 되어 있으나 『한서』 지리지 요동군조 응소의 주석에는 "以水險 故曰險瀆"이라고 하여 縣자가 없다.

28. [역자주] : 원문에는 '按驗'으로 되어 있으나 『晉書』 慕容皝載記에는 '按檢'으로 되어 있다.

29. 『晉書』 卷109, 慕容皝載記.

지가 발견되었다.[30] 성터는 동쪽으로 요하 본류와 겨우 4㎞ 정도 떨어져 있어서 옛 요수 하류의 중요한 한대 성으로서 한·위시기 요동군 요택 교통로 중의 험독현의 치소로 비정할 만하다.

고대 요동 육로로 고찰해 보면 양평에서 서쪽 험독으로 가서 요택을 건너 지금의 북진시北鎭市 남쪽 대량갑촌大亮甲村의 한대 무려현[31]으로 가려면 지금 흑산현黑山縣 경내를 지나야만 한다. 일찍이 동주신佟柱臣 선생이 동북지역 사적史蹟을 고찰하면서 흑산현 사산자촌蛇山子村에서 한대 촌락유적을 발견하였다. 수백 평방미터 범위 안에 한식漢式 승문 통와繩紋筒瓦, 판와板瓦, 권운문와당卷雲紋瓦當 등의 유물이 밀집 분포해 있었다. 또한 동쪽 산지에서는 한대 무덤이 발견되었다. 이에 사산자유적은 한대 교통로상에서 중요한 읍락으로 비정되었다.[32] 교통노선으로 보면 흑산현 사산자는 한대 유물이 있을 뿐만 아니라 고산자역 북쪽에 위치하고 있다. 그곳은 바로 대안현 손성자의 옛 험독현 서북과 북진시 동남의 양갑산인 옛 무려현 정동에 해당된다. 고대에는 요동과 요서의 험도로서 그곳에 밀집된 한대 유적은 한대 교통지리상의 유적으로 보아야 할 것이다.

위 경초 연간(237~239)에 관구검과 사마의가 두 차례 요동 공손씨 정벌에 이용했던 육로 교통을 고찰해 보면, "고죽으로 진군하여 갈석을 지나는" 노선으로 볼 때, 봄철 갈수기에 요서 해안로를 따르는 길은 먼저 우북평군 동부와 요서군 유성 노선을 경유한 후에 동쪽으로 요동군 무려, 험독을 거쳐, 요택을 건너 양평으로 진격했던 길일 것이다. 그

---

30. 「遼寧史迹資料」第53頁.

31. 「中國歷史地圖集 東北地區 資料滙篇」第9頁.

32. 佟柱臣, 「考古學上漢代及以前的東北疆域」, 「考古學報」 1期, 1956.

가운데 무려현을 지나 동쪽으로 요택을 건너면 요대와 험독 남북 두 갈래로 길이 나뉜다. 그리고 유성(지금 조양 남쪽 원대자袁臺子)에서 서남쪽으로 요서 갈석과 고죽으로 통하는 연안로를 통과하는데 이것이 건안建安 12년(207) 위 무제武帝 조조曹操가 삼군三郡과 오환을 북정北征하고 돌아온 길 중의 연해육로이다.

3. 양평에서 동쪽으로 무차武次 · 서안평西安平을 거치는 낙랑군도樂浪郡道

한·위 시대 요동군 양평에서 동쪽으로 가는 육로는 낙랑 등 조선 4군과 연결되는 동북지역 변군 요도의 하나였다.[33]

이 교통노선의 진행 방향은 양평(지금의 요양)에서 출발하여 동남쪽으로 가서 태자하, 탕하湯河 옛 길을 거슬러 안평安平, 양갑亮甲을 거쳐[34] 애하靉河, 초하草河[35] 상류에 맞닿게 되는데 바로 지금 요령성 봉성시 경내의 한대 무차와 단동丹東 경내의 압록강 서안의 서안평으로 들어가서 압록강 동안으로 진입했다. 이 교통선상에서 지금까지 고고학적으로 발굴된 주요한 한대 성터가 있는데 지금의 압록강 이서와 태자하 이남에 4개의 옛 성이 이어져 하나의 선을 이루고 있다. 첫 번째는 탕하 중류에 있는 거취현居就縣터이고, 두 번째는 애하 지류인 초하 우안의 봉성시 봉산향鳳山鄉에 있는 무차현터이고, 세 번째는 압록강 하류 서안에 있는 서안평현터이고, 네 번째는 태자하 중류 본계소시本溪小市[36] 부근

---

33. 『中國歷史地圖集』 제2책 西漢幽州刺史部.
34. [역자주] : 원문에는 양갑, 안평 순서로 되어 있으나 방위상 안평 다음에 양갑이 나온다.
35. [역자주] : 원문에는 애하, 초하 순서로 되어 있으나 방위상 초하 다음에 애하가 나온다.
36. [역자주] : 本溪小市는 현재 本溪市와 인접해 있는 本溪滿族自治縣으로 小市鎭이라고도

에 있는 한대 성터 등이 있다. 이상 여러 한대 성 사이를 연결하는 요동 육로교통은 곧 한·위시기 요동과 낙랑군 사이에 압록강 이서의 중요한 군사 도로이다.

　　다음에서는 이 교통노선에서 주요한 경유지와 고고 유적을 차례로 비정하겠다.

　　(1) 거취현 : 이 현은 한대 양평 동남쪽에 있으며 태자하, 탕하 계곡길을 따라 가면 도달할 수 있다. 그곳은 옛 실위수室僞水에 임해 있는데 전한대에 요동군의 속현이었다가 후한대에 폐지되었다. 『한서』 지리지 거취현의 주석에 "실위산은 실위수의 발원지로 북쪽으로 양평에 이르러 양수梁水로 들어간다."[37]고 되어 있다. 양수는 곧 지금의 태자하이다. 태자하 수계를 조사해 보면 실위산에서 출원하여 남에서 북으로 흘러 "양평에 이르러 양수에 들어간다."는 옛 실위수는 지금의 태자하 이남의 지류인 탕하가 그 물길에 해당된다. 『동북역사지리』 제1권에서 논증하였듯이 탕하 중류의 지금 요양 동남쪽 90리의 양갑산亮甲山에는 한대의 고성이 있다. 지리 좌표는 동경 123° 20′, 북위 41°[38] 약간 북쪽이다. 양갑산 한성은 탕하 좌안의 대지 위에 있고, 성터에는 한대 유물이 풍부하다. 양평 동남쪽의 교통로로 보면, 그곳은 바로 지금 요양시에서 동남쪽으로 탕하 상류의 양갑산을 거쳐 다시 동쪽으로 첨수甜水, 연산관連山關을 지나 봉성시로 가는 고금의 요로상에 위치해 있다. 양갑산 한대성에서 약간 동쪽에 있는 난하 상류의 수천촌水泉村에서 근래 또 한대

한다.

37.　『漢書』卷28, 地理志.

38.　[역자주] : 원문에는 40°도 되어 있으나 북위 41°가 맞다.

유적이 발견되었는데 이것은 옛 양평에서 동남쪽으로 탕하, 난하 상류의 교통로를 거쳐 초하유역의 무차현으로 간다는 또 하나의 증명이다. 그리고 옛 양평에서 동남쪽으로 가는 첫 번째 경유지인 양갑산 한대 성은 한대 요동군 거취현의 치소일 것이다.

양갑산 한대 거취현에서 정동쪽으로 태자하 남안을 따라 육로로 가면 요양시 동쪽 심와深窩댐 남쪽에 고가자향孤家子鄕이 있는데 근래 고고조사에서 한진시대의 옛 유적이 발견되었는데 한대 기와와 도기편이 출토되었다. 고가자에서 태자하 계곡을 따라 동쪽으로 가서 지금의 본계소시를 거쳐 태자하 상류의 신빈현新賓縣 하협하향下夾河鄕에 이르는데 이곳에서 태자성太子城이 발견되었다. 이 성 유적에서 고구려 초기 유물이 발견되었다. 태자하를 거슬러 동쪽으로 가는 이 육로는 문헌기록에는 보이지 않으나 한·위 시대 요동 부족 간의 통로였을 것이다. 사서를 참고하면 이 노선은 한·위 시대 요동 양평에서 양수를 거슬러 지금의 태자하 상류의 양맥梁貊으로 가는 옛길일 것이다.

(2) 무차현 :『한서』지리지 중에 무차현은 요동군 동부도위 치소로, 거취현 동남쪽 지금의 애하유역에 있다. 그곳은 마자수馬訾水(지금의 압록강)에 가깝고 동쪽으로 번안番汗, 낙랑과 통한다. 한·위 시대 요동군 동부의 교통지리로 보면 거취현에서 동남쪽으로 가서 지금의 마천령摩天嶺을 지나 연산관 이동을 지나면[39] 곧 초하, 애하유역의 봉성시 지역과 연접한다. 근래에 봉성시 봉산향 유가보둔劉家堡屯에서 1기의 한대 성터가 발견되었다. 이 지역의 위치로 추정하면 전한 요동군 동부도위 무차

---

39. [역자주] : 원문에는 연산관을 지나 마천령 이동을 지나가는 것으로 되어 있으나 방위상 마천령을 지나야 연산관이 나온다.

현 소재지일 것이다.[40]

(3) 서안평현 : 이 현은 무차현 동남의 교통요지에 있다. 현은 마자수 하류에 임해 있다. 마자수는 지금의 압록강이다. 『한서』 지리지 현도군 서개마현西蓋馬縣 주석에 "마자수는 서북쪽에서 염난수鹽難水가 들어오고 서남쪽으로 서안평[41]에 이르러 바다로 들어간다."[42]고 되어 있다. 염난수는 즉 지금의 혼강渾江(일명 佟佳江)이다. 그러므로 한대 요동군 서안평현을 살펴보면 압록강과 혼강[43]이 합류한 후의 하류지역에 있어야 한다. 그러므로 당의 『통전』에는 "마자수는 일명 압록강이다. (중략) 서남쪽으로 서평성安平城에 이르러 바다로 들어간다."[44]고 기록되어 있다. 압록강과 애하하구가 만나는 요령성 단동시 북쪽 애하첨靉河尖에서 한대의 성이 발견된 것과 아울러 옛 성 안에서 안평安平이라는 글씨가 있는 도기편이 출토됨에 따라 한 요동군 교통요지인 서안평현의 위치는 이미 국내외 역사가들에게 공인되었다.

(4) 패수浿水와 낙랑군 : 한대 요동군에서 동쪽으로 가는 교통지리로 보면 서안평과 마자수를 지난 후에 요동군과 낙랑군의 경계인 패수에 이르게 된다. 옛 패수는 현재 학계에서 압록강, 청천강, 대동강의 세 설이 있다. 압록강이 마자수인 것이 확실하므로 패수는 그 밖의 두 강 중

40.　王綿厚, 「兩漢時期遼寧建置述論」, 『東北地方史研究』 1期, 1985.

41.　[역자주] : 원문에는 '安平'으로 되어 있으나 『漢書』 卷28下, 地理志 玄菟郡 西蓋馬條에는 '西安平'으로 되어 있다.

42.　『漢書』 卷28, 地理志.

43.　[역자주] : 원문에는 渾河로 되어 있으나 내용상 渾江이 맞다.

44.　『通典』 卷186, 高句麗.

에서 찾아야만 한다. 예전의 고고발굴에 의하면 한대 낙랑군 치소는 지금 대동강[옛 洌水]의 옆에 있어야 한다. 지금 북한 대동강유역에서 평안남도 대동군 토성리 고성이 발견되었을 뿐만 아니라 일찍이 20세기 초 평양 서남쪽 2km 대동강 남안의 토성리에서 낙랑태수樂浪太守와 조선우위朝鮮右尉 관인官印이 발견되었고, 이어서 낙랑대윤장樂浪大尹章 봉니가 발견되었다.[45] 이로 말미암아 한 무제가 설치한 낙랑군은 조선 평안남도 대동군의 토성리 고성이어야 하며, 대동강은 곧 옛 열수라는 것을 확인하였다. 이로부터 추정하면 마자수와 열수 사이에 위치한 한 요동군과 낙랑군의 경계가 되는 강인 패수는 지금의 청천강이어야 할 것이다.

상술한 것처럼 요동군 치소 양평에서 동쪽 서안평으로 가고 아울러 마자수와 패수를 건너 낙랑군에 연결되는 옛 길은 문헌기록상으로 적어도 선진시대에 개척되어 "기자箕子가 명이明夷(고조선)로 갔다."는 때까지 거슬러 올라간다. 그 후에 뒤이어 전국 연진시기에 개척되어 진개秦開가 동호東胡를 물리치고 요동 등 5군을 설치하여 "만번한滿番汗을 경계로 삼았다." 이후 2천 년 동안 줄곧 요동과 한반도 및 해상 일본을 잇는 교통 교량이 되었다는 것은 국내외 학자가 모두 동의하고 있다. 반고의 『한서』 지리지에는 "낙랑 바다 가운데 왜인이 있는데 100여 국으로 나뉘어 있으며 해마다 와서 조현朝見한다."[46]고 되어 있다. 『삼국지』 위지 왜인전에는 "왜인은 대방帶方 동남쪽의 큰 바다 가운데 있는데 (중략) 예

---

45.   金毓黻, 『東北通史』 卷2 ; 原田淑人 等, 「樂浪土城址的調査槪報」(『中國都城·渤海硏究』에서 인용).
46.   『漢書』 卷28下, 地理志.

전에 100여 국이 있었고 한대에 조현한 적이 있다.[47] 지금은 통역을 통해 30개국[48]이 소통한다. 대방군에서 왜까지는 해안을 따라 물길로 가고 한국韓國을 거친다."[49]고 기록되어 있으며, 송대 『문헌통고』에도 "왜인이 처음 중국과 통할 때 요동으로부터 왔다."[50]고 기록되어 있다.

역사문헌에 보이는 한·위시기 이래 동북 남부의 요동에서 낙랑에 이르는 길은 역대에 동북지역과 한반도 및 일본과 통하는 중요 간선이었다. 일본학자 키미야 야스히코木宮泰彦씨가 지은 『일지교통사日支交通史』에서도 다음과 같이 언급했다.

"낙랑군의 중심지는 조선현, 즉 고조선의 수도 왕험성王險城으로 지금 평양 부근에 있다 (중략) 중일中日 간을 연결하는 교통선이 있다면 한대 문화가 유입되는 도로가 있지 않을 수 없다. 하카다만博多灣 연안지역을 살펴보면 중국제 동검銅劍·동모銅鉾가 많이 발견된다. 또 이토시마군系島郡 고후지촌小富士村의 해안 유적에서 왕망 시기의 화천貨泉 등이 발견되었다. 모두 이 교통로를 거쳐서 유입되었을 것으로 짐작된다."

---

47. [역자주] : 원문에는 '漢時有朝見者至'라고 되어 있으나 『三國志』卷30, 魏書 倭人傳에는 '漢時有朝見者'으로 되어 있다.

48. [역자주] : 원문에는 '三十餘國'으로 되어 있으나 『三國志』卷30 魏書 倭人傳에는 '三十國'으로 되어 있다.

49. 『三國志』卷30, 倭傳.

50. 『文獻通考』卷324.

4. 현도군에서 북쪽으로 가는 부여도扶餘道

한·위 시대의 동북지역 고대 교통은 요동·요서·우북평·낙랑 사이의 군郡끼리 교통을 제외하면 북행 간선인 현도군에서 나와 부여로 가는 교통지리가 비교적 중요하다. 이 북행 교통로는 『사기』·『한서』·『삼국지』와 『진서』 등에 나뉘어 보인다.

『사기』 화식열전 : "무릇 연燕은 또한 발해와 갈석 지역 사이에 있는 큰 도회지都會地이다. 남쪽으로는 제齊·조趙와 교역하고, 동북쪽으로 호胡와 교역한다. (중략) 북쪽으로는 오환·부여와 가까이 있고, 동쪽으로는 예맥·조선·진번과의 교역을 통한 이익을 독점한다."[51]

『한서』 왕망전 : "동쪽으로 나간 자는 현도·낙랑·고구려·부여에 이르렀다."[52]

『후한서』 동이전 : "부여국은 현도에서 북쪽으로 천 리에 있으며 남쪽으로는 고구려, 동쪽으로는 읍루, 서쪽으로는 선비와 접하며, 북쪽에는 약수弱水가 있다. 땅은 사방 2천 리인데 본래 예濊의 땅이다. (중략) 건무建武 25년(49)에 부여왕이 사신을 보내 공물을 바치므로 광무제가 후하게 보답하니 이에 사절이 세시歲時로 왕래하였다."[53]

---

51. 『史記』 卷129, 貨殖列傳.
52. 『漢書』 卷99, 王莽傳.
53. 『後漢書』 卷85, 東夷傳.

『삼국지』와 『진서』 동이전의 내용은 대략 다음과 같다.

> 부여는 장성의 북쪽에 있는데, 현도에서 천 리 떨어져 있다. 남쪽으로는
> 고구려, 동쪽으로는 읍루, 서쪽으로는 선비와 접해 있으며 북쪽에 약수
> 가 있다. 땅이 사방 2천 리이다.[54]

위에서 열거한 사서 가운데 사마천의 『사기』가 가장 이르다. 이른바
"[연은] 북쪽으로 오환·부여와 가까이 있고, 동쪽으로는 예맥·조선·진
번과의 교역에서 이익을 차지한다."는 것은 한 초기 요서 연왕의 사방
경계를 가리킨다. 연이 북쪽으로 오환과 부여, 두 부족과 인접한다고
했는데 전자는 요서 새외의 백랑수白狼水[대릉하] 이북에 있다. 후자는
요동 장성 이북 현도군 북쪽 천여 리의 예지濊地에 있다.

『사기』 이하의 두 『한서』, 『삼국지』와 『진서』에 기록된 것은 대체로 같
은데 아마도 각 사서가 서로 이어서 기술한 듯하다. 그 중 부여국의 방
위에 대해서는 모두 현도 북쪽 천 리와 약수의 남쪽에 있다고 기록되어
있다. 여러 사서에 보이는 현도군은 한대에 일찍이 3차례의 위치가 바
뀌었다. 『한서』 지리지 중 소제昭帝 시원始元 5년(기원전 82[55])의 현도군 치
소는 옥저에서 한대의 고구려현으로 옮겨졌는데 제2 현도군 치소는 지
금 요령성 신빈현 영릉永陵 동쪽의 이도하자二道河子 한대 성지[영릉진
고성永陵鎭古城]에 있다.[56] 후한 이후 현도군 치소는 재차 서쪽으로 옮겨
진다.

---

54. 『三國志』卷30, 東夷傳 ; 『晉書』卷97, 東夷傳.

55. [역자주] : 원문에는 기원전 122년으로 되어 있으나 기원전 82년이 맞다.

56. 孫進己·王綿厚 主編, 『東北歷史地理』(第1卷 第2章 第3節), 黑龍江人民出版社.

이때의 현도는『삼국지』손권전孫權傳에 의하면 "현도군은 요동[군] 북쪽에 있는데 서로 2백 리 떨어져 있다."고 한다. 한·위 시대의 2백 리는 오늘날 150여 리에 해당한다. 삼국시대 현도군은 오늘날 요양[옛 요동군] 동북쪽 150리 정도의 심양·무순 사이에 있었다. 1960년대 요령성 무순시 중심의 노동공원 안에서 비교적 큰 한대 성지가 발견되었다. 1985년 여름, 공사 중에 축성의 기단부가 발견되었다. 무순과 요양 사이의 방위·거리로 보아, 후한 이후 두 번째로 옮긴 제3 현도군 치소임을 확인할 수 있다.[57] 한대에 이르러 부여 경내에 북쪽에 약수가 있다고 한 것은 다수의 역사학자들이 이미 오늘날 동류 송화강과 그 하류라고 고증하였다.[58]

한·위 시대의 현도군과 약수를 좌표로 삼아, 현도에서 북쪽으로 천리에 있는 부여를 찾아보면 오늘날 길림성 중부의 송화강 중류 일대에 위치해 있다고 할 수 있다. 최근 일부 역사지리학자들이 고고학 자료를 이용해서 문헌사료를 검증하여 길림시 송화강 동안의 용담산산성龍潭山山城 혹은 동단산토성자東團山土城子를 한대 부여왕성으로 비정하고,[59] 용담산과 동단산 일대를 조사하여 여러 해에 걸쳐 확실하게 한대 유적과 유물을 발견하였다. 그 중 일찍이 길림시 교외 동단산 유적에서 발견된 전한 오수전五銖錢, 청동경靑銅鏡, 삼릉동촉三稜銅鏃 및 한식 장락미앙명 長樂未央銘 와당이 포함된다. 인문印紋에는 오수전 문양이 있는 한대 도편 등이 있다. 아울러 길림 동단산에서 용담산에 이르는 철로 양쪽에서 한대 무덤이 발굴되었다. 출토품으로 도조陶竈·이배耳杯 등이 있는데 한

---

57.   『遼寧史迹資料』(內刊本 54頁).

58.   王綿厚,「東北古代夫餘部的興衰及王城變遷」,『遼海文物學刊』2期, 1990.

59.   李健才,「夫餘的彊域和王城」,『社會科學戰線』4期, 1982.

대 무덤에서 항상 보이는 명기明器이다.[60]

특히 최근에 길림시 교외 동단산에서 발견된 남성자고성南城子古城이 있다. 성에는 남·북 두 개의 문이 있고 성벽의 둘레는 1,050m이다. 남문 부근에 장방형의 높은 곳이 있는데 남북 길이 150m, 동서 너비 73m이다. 성터 안에는 원시·한대·고구려 및 발해 시기의 유물이 펴져 있다.[61] 그곳에 옛 성이 연속된 시대를 보면 그 상한은 한과 부여 이전에서 시작하고, 하한은 고구려·발해까지 이어진다. 문헌기록을 참고하여 한대 부여가 현도 북쪽 천 리에 있으며 북쪽에 약수가 있다는 지리 방위를 살펴보면 동단산 남성자는 한대 부여의 중심일 것이다. 길림시 동쪽 교외의 용담산 혹은 동단산 일대는『통감』에 기록된 부여 초기의 고지故地 녹산鹿山이 있는 곳이다.

한대의 현도와 부여 방위를 확정하는 것은 한·위 사이에 요동·현도에서 북쪽 부여로 가는 동북교통로를 통해 한층 더 확실하게 정할 수 있다. 고대 육로가 대부분 하천과 계곡을 따라 통과하는 지리적 요건으로 볼 때, 이 교통로는 요동군 치소[지금 요양]에서 동북쪽으로 가다가 한대 고현현高顯縣[지금 심양 남쪽 위가루자魏家樓子 한대 성]을 지나 혼하를 따라 동북쪽으로 육로로 가면 혼하 남안의 오늘날 무순시 노동공원인 후한대 현도군 치소에 이른다. 그러한 연후에 혼하 상류로 거슬러 올라가 분수령을 넘으면 오늘날 길림 경내의 유하柳河·휘발하輝發河 곡도谷道에 진입하게 된다. 그러한 연후에 고도古道는 송화강 상류 서안의 여러 지류의 교통로를 따라 바로 북행을 하면 오늘날 길림시 동쪽 교외이자 송화강 우안의 옛 부여 고지에 이른다.

---

60. 李文信, 「吉林市附近之史迹及文物」, 『沈陽博物館專刊』 10月, 1946.

61. 董學增, 「吉林東團山原始·漢·高句麗·渤海諸文化遺存調査報告」, 『博物館硏究』 創刊號, 1972.

이 옛 길에서 양한시기부터 요동·현도 이북 천 리에 있던 부여는 사절이 세시로 왕래하였을 뿐만 아니라 바로 위·진시기 이후까지 요동의 행정구역이 바뀌고 부족이 잇달아 흥기했지만 부여만은 한 요동군과 현도군 북변의 가까운 속국이 되어서 세시로 현도와 교류하였으며 조공의 직무[貢職]를 다하였다. 『삼국지』의 기록대로 "정시 연간(240~248)에 유주자사 관구검이 고구려를 토벌할 때 현도태수 왕기王頎를 부여에 보내자 위거位居가 대가大加를 보내어 교외에서 맞이하고 군량을 제공하였다."[62] 관구검이 유주에서 병사를 내어 북쪽으로 고구려를 공격한 것은 동북 고대사에서 새를 넘어 변경지역까지 공격한 제1차 군사행동이었다. 그는 유주와 부여의 무리를 통솔하고 군사를 모아 새를 나갔는데 조조가 북으로 삼군三郡과 오환을 정벌하는데 요서 유성에서 그쳤던 것을 넘어섰을 뿐만 아니라 사마의가 경초景初 2년(238)에 요수를 건너 양평을 포위하고 공손연 부자를 연수衍水가에서 참했던 것을 뛰어넘는 것이다. 이 역역役은 유주자사 관구검이 요동군 북쪽에 인접한 부여의 지지 아래, 동쪽으로 고구려를 정벌하여 속마현거束馬懸車해 환도丸都[지금의 집안 북쪽 산성자山城子]에 올랐던 것이다. 동북 고대 교통사상의 쾌거였다. 지금 군사행동이 기록된 관구검기공비 잔석이 요령성박물관에 수장되어 있다.

5. 요동·현도군의 수변도戍邊道

한·위 시대의 요동 육로는 양평에서 사방의 군현에 이르는 군·현간 노선을 제외하고 아직 고찰할 필요가 있는 것이 또한 수변도이다. 이

---

62. 『三國志』 卷30, 東夷傳.

수변도는 사적에 드믈게 기록되어 있어서 종합적으로 고찰하면 요동군 성遼東郡城에서 출발하는 주요한 3개 방향을 대체로 알 수 있다. 그 하나는, 양평에서 동북행하여 고현高顯·후성候城을 거쳐 현도로 가는 길이고, 둘째는 현도군에서 계속 동북행하여 고구려 고도古都로 가는 길이고, 셋째는 양평에서 서북행하여 요양·망평望平으로 가서 새외로 나가는 길이다.

고현·후성·현도도玄菟道

이 길은 한대 요동 양평에서 현도군으로 왕래하는 주요한 수변도이다. 그 간선이 경유하는 곳은 양평·현도[고구려현] 두 군성郡城을 제외하면 주요한 것은 고현과 후성 두 현이다.

고현

옛 지리지에서 오늘날 요령의 개원·철령 경내로 많이 비정되었다. 근년에 출판된 『중국역사지도집』에서는 오늘날 철령시로 비정했다. 그러나 문헌기록과 고고자료에 의하면 고현철령설은 결코 근거가 충분하지 않다. 오늘날 요북의 철령·개원 지역은 한·위 시대 고성지와 유적이 발견된 것이 없으며, 또한 역도원의 『수경주』의 기록에 옛 대요수[지금의 요하]는 새외에서 발원하여 남쪽으로 흘러 망평·요양·양평·안시의 여러 현을 경유한다고 하였지만,[63] 고현만 경유하지 않아 위치비정과 부합되지 않는다. 그래서 한대 고현고현高顯故縣을 오늘날 심양시 남쪽 소가둔구蘇家屯區 위가루자魏家樓子의 한대 성으로 새롭게 비정한다. 그 땅은 높은 언

---

63. [역자주] : 『水經注』卷14, 大遼水, "大遼水出塞外衛白平山 東南入塞東 過遼東襄平縣西(遼水亦言出砥石山 自塞外東流 直遼東之望平縣西…)".

덕의 대지로, 서쪽으로 평지와 강이 보이는 고현高顯의 지세이다. 아울러 동쪽으로 현도와 임하고 있어서 후한시기 요동군 고현을 현도군의 관할로 귀속시켰다.

후성

전한시기 요동군 중부도위中部都尉였다. 『후한서』 진선전陳禪傳에 "[진선이] 현도군 후성현 장위가 되었다."[64]고 하였다. 이로써 알 수 있듯이 요동군 후성현은 그 지역이 장후를 설치해야 할 변경지역에 있어야 할 것이다. 그 지리조건은 첫째, 현의 경계[縣境]는 반드시 북쪽으로 요동의 변새에 가까워야 하며 도위, 장후를 둘 만한 진이어야 한다. 둘째, 그 현의 경계는 고현과 현도에 가까워서 순치脣齒 형국의 현이 되어야 한다. 따라서 후한시기 고현현을 동시에 현도군의 경내에 귀속시켰던 것이다. 위에서 상술한 방위와 지리조건은 고고 발견으로 증명된다. 후성은 오늘날 심양시 동릉구東陵區 혼하 남쪽의 상백관둔上柏官屯 한대성 혹은 심양시 동남쪽 고성자古城子에 위치해야 할 것이다. 두 지역에는 모두 한·위 시대 유물이 발견되었다. 그 중 특히 상백관둔고성은 그 땅이 옛 소요수[오늘날 혼하]의 험준함을 끼고 있고 다시 북으로 요동고새에 아주 가까이에서 압박하고 있다. 군사교통상에서 지위에서 그 땅은 거의 새와 장후에 가까운 형세로서 중부도위의 치소에 비교적 적합하다고 할 수 있다.

이상 요동군 양평·고현·후성·현도 사이의 수변도는 한·위 시대에서 진·당에 이르기까지 줄곧 요동 북부의 중요한 군사의 도로였다. 근년에

---

64. 『後漢書』 卷51, 陳禪傳.

심양 이동의 혼하 북안을 따라서 무순 고이산高爾山 일대까지 한대에서 위·진시대에 이르는 돈대 유적이 잇달아 발견·조사되었다. 심양과 무순 사이의 혼하 연안에는 또한 대량의 한·위 시대 유물과 무덤군이 발견되었다. 그 중 가장 명확한 발견은 혼하 북안의 고이산성에 있는 돈대유적으로, 고고 조사의 결과, 일찍이 고구려시대 이전의 것으로, 이미 둔병이 주둔하여 방비하고 있었다. 혼하 북안의 한대 돈대유적은 이미 군대주둔의 표지이며 또한 수변戍邊 교통의 표지이다. 이것은 요서 지역 한 변새 부근의 한대 돈대·성지 등의 고고발견과 같은 의미라고 할 수 있다. 고대 요동·요서의 장새와 교통지리의 두 방면에서 반영하는 것은, 요동변새 내의 도위치소인 후성과 가깝고 그 옆으로 소요수 계곡에 임하고 있어서 한대 요동변새의 중요한 병장屛障과 수변의 요로였다는 것이다.

현도에서 동북쪽으로 고구려 고도故都로 가는 길

한·위 시대 고현·후성에서 동쪽 현도로 가는 수변도는 후성을 떠난 이후부터 혼하 계곡길[谷道]을 따라 새외로 나와 동쪽으로 가는데, 이것이 요동 요새도를 나와 한대 동북 고구려로 가는 중요한 변새도이다. 이 수변도는 발굴된 옛 성 유적으로 보면 현도 경내에서 길이 나뉘어져서, 북쪽으로 가서 변새를 나가 부여 경내로 통할 수 있다. 동쪽으로 가면 한대 고구려의 옛 땅에 깊숙이 들어가게 된다. 특히 당시 고구려 유리왕 22년(기원 3, 한 평제 원시3) 고구려 여달閭達[65]이 흘승골紇升骨[66]

---

65. [역자주] : 『三國史記』卷13, 瑠璃明王, "瑠璃明王立 諱類利 或云孺留" ; 『魏書』卷100 列傳 88 高句麗, "朱蒙在夫餘時 妻懷孕 朱蒙逃後生一子 字始閭諧 及長 知朱蒙爲國主 卽與母 亡而歸之 名之曰閭達 委之國事".

66. [역자주] : 『魏書』卷100, 列傳88 高句麗, "與朱蒙 至紇升骨城 遂居焉 號曰高句麗" ; 『三國

에서 국내성國內城[오늘날 집안]으로 천도한 이후[67] 이 길은 현도에서 동쪽으로 가는 길에서 다시 현도에서 고구려 고도 국내성으로 가는 중요한 변경 내지의 간선으로 바뀌었다. 『삼국지』 관구검전 위 정시 5년 (244)[68]에 관구검의 활동이 다음과 같이 전한다.

> 여러 군의 보기步騎 1만 명을 독려하여 현도를 나와 여러 길을 따라 토벌하였다.[69] 이때 고구려왕 궁宮[東川王]이 보기 2만 명을 이끌고 관구검과 비류수가에서 싸웠다 (중략) 관구검이 드디어 환도를 공격하여 빼앗았다.[70]

위 정시 중에 관구검이 전쟁 중에 지나간 교통로는 요동군에서 동북쪽 현도군으로 향하는 수변군사도戍邊軍事道의 연장 부분일 것이다. 그중 병사가 현도에서 출발하여 비류수와 환도에서 싸웠다는 것은, 오늘날 혼강·부이강富爾江 및 그 동북 집안현 고구려 고도에 대해 이미 잘 알고 있었다는 것이다. 자연 교통 지리상에서, 실제로 혼하·소자하·부이강·혼강은 이어져 있어서 직접 압록강에 닿을 수 있는 가장 이른 하

史記』 高句麗本紀 東明聖王, "與之俱至卒本川(魏書云 至紇升骨城) 觀其土壤肥美 山河險固 遂欲都焉 而未遑作宮室 但結廬於沸流水上 居之 國號高句麗".

67. 『三國史記』 卷13, "二十二年 冬十月 王遷都於國內 築尉那巖城".

68. 관구검의 침입 시기에 대해 『삼국지』 관구검전, 고구려전, 『梁書』 고구려전, 『北史』 고려전 등에는 正始 5년(244)으로 되어 있다. 毌丘儉紀功碑에는 정시 5년에 침입하여 6년에 돌아간 것으로 되어 있다. 이와 달리 『삼국지』 위서 齊王芳紀, 『資治通鑑』 魏紀 邵陵厲公 중에는 정시 7년(246년)이라 되어 있다. 『삼국사기』는 246년설을 따르고 있다.

69. [역자주] : 『三國志』 魏書28, 王毌丘諸葛鄧鍾傳. "正始中 儉以高句驪數侵叛 督諸軍步騎萬人 出玄菟 從諸道討之".

70. [역자주] : 『三國史記』 卷17, 高句麗本紀5 東川王. "二十年(246년) 秋八月 魏遣幽州刺史毌丘儉 將萬人 出玄菟來侵 王將步騎二萬人 逆戰於沸流水上 敗之…冬十月 儉攻陷丸都城".

곡하곡河谷 통로이다.

상술한 옛 교통로상에 다년간의 고고 조사를 거쳐 이미 발견된 한·위·진 시기 중요한 고구려 옛 성의 연결선 중에서 주요한 것은 아래의 여러 성이다.

〈1〉 요령 무순 북쪽의 고이산산성高爾山山城 : 혼하 북안의 고구려 서쪽의 중진重鎭인 신성新城으로 본다.

〈2〉 요령 신빈 상협하향上夾河鄉[71] 오룡산성五龍山城 : 신빈 목기진木奇鎭 서북 15리에 있는데 혼하에서 소자하로 들어가는 험난한 관문이자 요해서 애초에 목저성으로 비정되었다.

〈3〉 신빈현 영릉永陵 동쪽의 두도위자산성頭道砬子山城 : 소자하 북안의 소자하 중류지역으로 목저木底에서 환도로 가는 교통요지의 하나이다.

〈4〉 환인현 사도하자산성四道河子山城 : 혼강 서쪽 지류 중 사도하자 남안에 있는데 소자하에서 혼강유역으로 향해 오녀산성五女山城으로 가는 교통로상의 중요한 산성의 하나이다.

〈5〉 신빈현 홍묘향紅廟鄉 흑구산산성黑溝山山城 : 부이강 서쪽 지류상에 위치한다. 소자하 계곡에서 동쪽으로 부이강을 거슬러 올라가 고구려 고도 국내성[오늘날 집안]으로 가는 또 하나의 교통요지이다.

〈6〉 환인현 하고성자下古城子와 오녀산산성五女山山城 : 두 성은 혼강을 사이에 두고 마주 하고 있다. 하고성자는 환인현성 서쪽 혼강

---

71. [역자주] : 원문에는 '下夾河鄉'으로 되어 있으나 五龍山城은 上夾河鎭에 있기 때문에 上夾河鄉로 바로 잡았다.

서안에 있으며, 오녀산성은 환인현성 동북 10여 리의 오녀산 위에 있는데 동남쪽으로 혼강을 굽어보고 있다. 두 성 안에는 모두 고구려 초·중기 유물이 출토되었다. 특별히 환인현 하고성자에서는 또한 한대 유물이 출토되어 혼강유역의 중요한 한대 유적으로, 두 성이 강을 사이에 두고 떨어져서 제어하고 있는데, 하나는 평원에 있고 하나는 산 위에 있어서 혼강 곡도谷道와 환인 평원을 제어하는 교통요지로 고금의 형세가 서로 같다.

양평·요양·망평도

한대 요동군치인 양평에서 서북쪽으로 요양·망평을 거쳐 새외로 나가려면 요동군 북쪽 경내에 또 다른 수변도가 있다. 이 길은 교통로상의 요양현과 망평현은 오늘날 요령성 요중현遼中縣과 신민시新民市 경내에 나뉘어져 있다.

이 교통노선의 주요 방향은 양평에서 서북쪽으로 가다가 이어서 요수 좌안을 따라 요양과 망평고현을 경유하면 새외의 부여·선비 제부諸部에 이른다. 이 요새도 상의 한대 요양현은 그 지역의 소요수[오늘날 혼하]의 북쪽이라는 것에서 얻은 이름으로, 동남쪽으로 양평과 가깝다.[72] 1960년대 이래 고고학 관계자들은 지금의 요령성 요중현 차유타진茨榆坨鎭 편보자촌偏堡子村의 조사에서 한대 옛 성터를 여러 차례 조사하였다. 그 지역은 혼하 북안으로 한대에 정확히 소위 소요수의 북쪽이었을 뿐만 아니라 동남쪽으로 양평으로 가는데 수십 리에 불과하다. 이로써 위치를 정해 보면 한 요동군의 요양고현에 해당될 것이다.

양평에서 서북쪽 요양을 거쳐 도달하는 변새인 한대 망평현은 『한서』

---

72. 『東北歷史地理』第1卷 第2編 第3章(黑龍江人民出版社).

지리지와 『수경주』에서 살펴볼 수 있다. 『한서』 지리지 망평현주에 "대요수[오늘날 요하는 새외에서 나와 남쪽으로 안시에 이르러 바다로 들어간다."고 되어 있다.[73] 역도원의 『수경주』 대요수조에 "새외에서 시작하여 동쪽으로 흘러 바로 요동의 망평현 서쪽으로 흘러간다."고 되어 있다.

『한서』 지리지와 『수경주』의 기록을 통해 한대 요동군 망평현의 지리를 분석하면 아래와 같은 조건에 맞아야 한다. 첫째, 현의 경계인 대요수가 새외에서 나와 동쪽으로 흐르다가 남쪽으로 굽어야 하며 아울러 현성縣城의 서쪽으로 통과해야 한다. 둘째, 망평은 북쪽으로 요동변새에 가까워야 하기 때문에 대요수가 요동변새로 들어간 이후 경과하는 첫번째 현이어야 한다. 셋째, 현의 경내는 평활하고 산험에 의한 요충지가 없어서 요수 좌안의 평옥한 땅이기에 현의 이름을 망평이라고 하였다.

이상의 지리조건으로 볼 때 한대의 옛 양평·요양을 거쳐 서북으로 변경을 나가는 교통선상의 현진縣鎭인 망평은 오늘날 심양 혹은 철령지역에 있어야 할 것이다. 근년 들어 신민시 전당포진前當舖鎭 대고성자大古城子에서 비교적 큰 한대 유적(혹은 성터)이 발견되었다. 그 지세는 바야흐로 요하가 동쪽으로 흐르다가 남쪽으로 굽이치는 곳의 동안으로 한대 요동변새의 현 경내로 삼을 만하다. 그 유적에서 출토된 한대 오수전, 회승문판와灰繩文板瓦, 와당 등 대량의 유물은 지금 모두 요령성박물관에 수장되어 있다. 그 지세와 유적 중 한대 건축재의 발견으로 볼 때, 한 요동군 서북변경의 망평현지로 정할만하다.

상술한 양평·요양·망평 3현은 남북으로 이어진 한대 요동군 북변의

---

73. 『漢書』 卷28, 地理志.

수변도는 군현사이의 옛 교통로와 더불어 주로 요하[대요수] 좌안의 하곡 대지를 따라서 간다. 다만 요택에 가까웠고 요하 곡지谷地 평원으로 많이 통행하는 길이기는 하지만 항상 수해를 입어 그 교통지리상의 중요성을 요동군 양평에서 동북으로 고현·후성을 거쳐 바로 현도로 가는 다른 육상교통로에 항상 양보했다. 더욱이 한·위 시대 이후 고구려와 부여, 말갈이 이어서 흥기한 이후에 고현·후성·현도·부여를 잇는 수변도는 다시 고대 동북의 중요한 수변도가 되었다.

요서·우북평군右北平郡의 육로교통도

────────────────────────────────────

한·위 시대 동북지역 남부의 육로교통은 동부의 경우 요동군치 양평을 중심으로 하여 동쪽으로 예맥, 조선, 고구려와 통하였고, 북쪽은 현도, 부여, 읍루와 접하고 있어서 한·위 시대 동북육로교통이 집중되는 곳이었다. 서부는 요서군과 우북평의 군치郡治를 중심으로 하여 유주 내지의 여러 군과 새외 각 부족을 연결해주는 중요 교량지대가 되었다.

진·한대로부터 동북지역에 군현제가 확립된 이후, 동북지역의 서남부지대는 유주 북진北鎭 의무려산을 경계로 하여 그 동쪽은 요동과 현도군이, 그 서쪽은 요서와 우북평군이 되었다. 한·위 시대 동북지역의 군현설치 및 교통 지리 두 방면에서 군사상의 의의를 고찰하고, 특히 행정관리상의 의의에 중점을 두고자 한다. 언제나 한·위 시대 요서와 우북평군 경내의 교통지리의 개척은 중원 북쪽 변새로 나가는 군사행동 및 북방민족 관계의 발전 변화와 서로 연관이 있었다. 또한 이에 따라서 한·위 시대 이후 동북 고대 교통 발전의 특수한 규칙과 몇 가지 명확한 교통간선이 형성되었다.

1. 북쪽으로 노룡盧龍을 나와서 우북평右北平 군치 평강平剛 으로 가는 길

한·위 시대 요서에서 북쪽으로 노룡새로 나가면 우북평군치 평강을 향한 길로 통하는데, 이것은 전국시대 이래 개척된 새의 북쪽에서 흉노 의 좌부左部를 출입하는 길이다. 앞에서 인용한 『기주도冀州圖』에서는 다 음과 같이 전한다.

> 주·진·한·위 이래로부터 전후로 군사들이 나가 북벌하는 데에는 오직
> 세 가지의 길이 있다. (중략) 하나는 동북으로 중산에서 출발하여 북평
> 과 어양을 거쳐 백단과 요서를 향해 평강을 지나 노룡새로 나가 곧바로
> 흉노의 左部로 향한다.

『기주도』에 기록된 주·진·한·위 시대의 동북행, 즉 흉노 좌부로 나 가는 길은 동북지역에서 가장 이른 시기에 개척된 새외교통의 간선 가 운데 하나이다. 또한 중산은 현재의 하북성 정현(현재 정주시)에 있는 옛 중산국의 땅을 가리킨다. 북쪽으로 경유하는 북평과 어양은 각각 하 북성 노룡현과 계현의 영역을 가리킨다. 북송 원부 연간(1098~1100년) 에 석각된 『우적도禹迹圖』의 주석에는 옛 북주北州는 노룡 동남쪽 지금 의 난하 하류에 있다고 하였다. 『수주군도경隋州郡圖經』에서도 어양에 북평 고성이 있는데, 한나라 장수 이광李廣이 군의 태수가 되었다는 기 록이 있으며,[1] 『사기』 위장군열전[2]에 "원수 2년(기원전 121년) 여름 표기장

---

1.   『漢唐地理書鈔』 인용.

2.   『사기』 권111, 衛將軍 驃騎列傳.

군 곽거병과 합기후 공손오가 모두 북쪽 땅으로 나가 서로 다른 길로 진격하였다. 박망후 장건과 낭중령 이광이 모두 우북평으로 나가 서로 다른 길로 진격하였다. 이들은 모두 흉노를 공격하였다."는 내용이 있다. 『사기』에 기재된 한 문제 원수 2년 이광 등이 우북평 북쪽으로 나가 흉노를 공격한 길은 즉 상술한 주·진·한·위가 새외로 나가는 세 가지 길 중 하나로 지금의 동북지역 서부지구의 주요 간선도로의 하나이다.

이 길은 중산으로부터 출발하여 북평과 어양을 거쳐 재차 한·위의 백단을 거친다. 이 지역은 『수경주』에 기록되어 있는데, 유수가 동남으로 흘러 어양 백단 고성을 지난다고 하였다.[3] 노룡에서 나가 우북평군 도상에 있는 백단현을 볼 수 있는데, 한대에는 어양군 지역으로 지금의 난하 유역의 하북성 노룡 서북 천안현 경내에 위치한다.

상술한 한대 어양, 우북평, 백단으로부터 평강을 지나 북쪽으로 흉노의 좌부로 나가는 고대교통의 노선에 대해서는 여러 학자들의 의견이 분분하다. 근년에 고고학자 이문신 선생은 고고 발견자료에 근거하여 한대 우북평군치 평강에 대하여 진전된 고증을 하였는데, 현재의 내몽골자치구 적봉시 영성현 서남쪽 60km에 있는 전자향(현재 전자진) 흑성자고성으로 비정하였다.[4] 이 위치는 북쪽으로 진·한 시대 장성선과 겨우 10km 거리에 있으며, 우북평군의 북부 변새에 임해 있다. 약간 북쪽으로 가서 평강을 나가면 요서 변새를 넘어 새외 흉노의 좌지로 진입하는데, 이것은 사적에 기록된 주·진·한·위 시대 새외로 나가는 세 가지 길은 흉노 좌지로 통하는 동북도와 거리 및 교통노선이 기본적으로

---

3.   『수경주』권14, 濡水條.

4.   李文信, 「西漢右北平治平剛考」, 『社會科學戰線』 1期, 1983.

부합한다.

상술한 주·진·한·위 시대 이래의 요서와 우북평군 내의 옛 교통로는 문헌기록 외에 고고학유적과 고금의 자연교통지리상에서 볼 때도 고증될 수 있다. 이 교통노선의 방향은 기본적으로 현재의 하북성 정현(현재 정주시) 옛 중산국 영토에서 출발하여 북경 이동의 통현(현재 북경시 통주구)과 하북성 계현, 옥전, 노룡을 지나 난하 하류역으로 진입한다. 이로부터 옛 길이 요서 연해도를 빗겨서 점차 서북쪽으로 진행되는데, 난하 계곡을 거슬러 올라가 상류에 이르러 옛 백단 산간지역을 넘고 난하 지류인 청룡하의 발원지로 거슬러 북행하고 다시 청룡하 혹은 폭하瀑河 하구에서 나와 상류로 현재의 요령성 서부 청룡하 상류 능원현[지금의 능원시] 도이등刀尔登[지금의 도이등진刀尔登鎭] 일대로 진입하는데, 이 일대에는 이미 조사된 한대 고성유적이 있다. 도이등에서 다시 서북행하여 평천을 지나 노합하 상류 오십가자 강변 흑성자에 진입하는데, 이곳이 우북평군치 평강 고지이다. 평강을 지나 노합하를 따라 계속해서 북행하여 새외로 나가면 흉노 좌부의 땅에 도달하게 된다.

노합하 계곡에 진입하여 북쪽으로 우북평 변새로 나가기 이전 이 고대 교통노선상에는 현재 가장 명확한 고고학적 발견인 영성현 흑성자와 적봉현(현재 적봉시) 미려하(현재 미려하진) 두 기의 고성이 있다. 전자는 노합하 상류를 핵심 교통로[交通孔要]로 삼고 흑성자에서 동북으로 노합하를 따라가면 현재의 영성현 북부로 갈 수 있고, 다시 북쪽으로 가면 몽골초원, 즉 한대 흉노의 좌지로 갈 수 있다. 흥성 서남쪽에서 오십가자하를 거슬러 올라가면 하북성 평천현으로 진입할 수 있으며, 남행하면 한대 어양, 요서, 대군에 도달한다. 근래에 영성 흑성자 일대에 대한 현지 고고학 조사가 실시되었다. 흑성자 남쪽에서 북으로 하곡을 따라가면 중간에 넓고 평탄한 지대가 나오는데, 이곳이 고대에 남쪽으로 내지로 가는 길이며, 북쪽으로 초원에 도달하는 천연 통로인 바, 현재에도 이와 같이 이용되고 있어 천평(의천)[天平(義泉)]로가 성터의 중간을 뚫고 지나간다.[5]

후자는 적봉 미려하美麗河고성인데, 흑성 동북쪽의 적봉현(현재 적봉시) 미려하촌(현재 미려하진) 동쪽에 있다. 성지는 가로, 세로 400×300m의 규모이다. 오늘날까지 높이 3~4m가 되는 판축성벽이 남아 있다. 이 성은 미려하 옛 장성長城선에 매우 가까이 있는데, 노합하 서안 남북 골짜기에 자리하고 있다. 이는 진·한 옛 장성새와 노합하에 연한 교통 대로를 통제하는 중요한 군사와 교통의 요지이다. 그 위치는 모두 위수병과 관애라는 두 가지 성질을 갖추고 있어, 전국시대에서 한·위 시대에 우북평군에서 새외로 나가 흉노 좌부로 가는 고대교통지리의 중요한 방향 좌표였다.

상술한 이 길은 주·진·한·위 시대에 요서와 우북평군을 지나가는 중요한 옛 교통로였으니, 산을 깎고 계곡을 메워 오랫동안 쇠락하지 않았다. 이것은 또한 후대의 위 무제 조조가 북으로 3군 오환을 정벌할 때에 신속하게 500리를 달려 "노룡새도"를 취하고 백량산과 유성에 진입했던 군사 교통 중의 중요한 한 부분이다.

2. 요서 대릉하大凌河 고도古道의 형성

요서의 대릉하 하곡로는 고대 동북지방과 중원 사이의 문화교류와 민족이동의 중요한 교통 간선이었다. 대릉하 양안의 대지臺地에서 발견된 초기 청동기시대의 하가점夏家店 하층 문화下層 文化의 취락유적은 그

---

5.   李文信, 「西漢右北平治平剛考」, 『社會科學戰線』 1期, 1983.

분포밀도가 현재의 촌락 밀도에 조금도 뒤지지 않는다는 사실이 고고학에 의해 입증되었다. 특히 금세기 30년대 이래 요서에서 발견된 5, 6천 년 이전의 홍산문화紅山文化와 4천 년 전후의 하가점 하층문화 유적은 대릉하 중·상류 유역에 집중적으로 분포되어 있다. 대릉하 중·상류에서 과거 몇 년에 걸쳐 발견된 중요한 문화유적으로는 북표현北票縣[현재의 북표시]의 풍하유적豊下遺蹟, 조양시朝陽市 북쪽 교외의 신석기유적, 건평현建平縣의 수천유적水泉遺蹟, 건평현과 능원현凌源縣 접경의 우하량유적牛河梁遺蹟, 능원현의 삼관전자유적三官甸子遺蹟, 객좌현喀左縣 동산저자東山咀子의 홍산문화유적, 객좌현 합자동鴿子洞 부근의 채도유적彩陶遺蹟 등이 있다. 이들 중요한 초기 문화유적 분포의 지역적 특징은 모두 대릉하와 그 주요 지류 양안의 높은 지대라는 점이다. 고대의 자연지리로 보면 이곳은 고대인들이 거주하기에 적합한 읍락이었으며 동시에 고대 교통에서 반드시 거쳐 가야 하는 곳이기도 했다. 대릉하 양안 선주민들의 이 지역에 대한 개발은 문명시대로 진입한 이래로 요서 대릉하 옛 길를 형성하는 데 그 역사적 기초를 다지는 것이었다.

기원전 3세기 전국 시대의 연燕·진秦 이후 동북지방의 행정구역과 교통제도가 완비되면서 대릉하의 고도교통은 처음으로 사적에 보이기 시작한다. 현재 대릉하 유역의 고고 유적으로 보면, 대릉하 중·상류에 주로 분포하는 전국시대부터 한대에 이르는 유적(城址 포함)은 다음과 같은 것들이 있다.

(1) 북쪽으로 대릉하의 북쪽 지류인 망우하牤牛河 가에서 시작하는데, 요서의 변새邊塞에 가까운 나만기奈曼旗의 사파영자沙巴營子와 토성자土城子 두 기의 진·한대 고성이 있으며, 이곳으로부터 망우하를 따라 남쪽으로 가면 망우하가 대릉하의 본류와 만나 유입되는 곳 동안에

의현義縣 동북의 구도령향九道嶺鄉[현재의 구도령진][6] 부흥보復興堡 한대 고성이 있다.

(2) 의현의 대릉하 중류로부터 서남쪽으로 가면 대릉하 좌안左岸[북안北岸]에 연이어 조양현朝陽縣[현재의 조양시] 소도파향召都巴鄉[현재의 소도파진] 소도파촌과 대묘향大廟鄉[현재의 대묘진] 토성자土城子[현재의 토성자촌]에 두 기의 한대 고성이 있다.

(3) 대릉하를 거슬러 구부려져 서남쪽으로 올라가 지금의 조양 동쪽에서 강의 우안을 따라 봉황산鳳凰山 남쪽의 대릉하 동안을 지나면, 북위 41°32′, 동경 12°25′[7]인 곳에 조양 남쪽 십이영자향十二臺營子鄉[현재의 유성진에 위치] 원대자袁臺子의 전국시대에서 한대에 이르는 고성유적과 고분들이 있다. 대릉하 동안의 원대자 일대는 전국시대의 유성酉城, 즉 한대의 요서군 "서부도위"의 유성현柳城縣이다.[8]

상술한 요서의 "유성"은 대릉하 옛길의 중추의 하나였다. 유성을 중심으로 요서 대릉하 옛길은 다음과 같은 세 방향으로 나눌 수 있다.

첫째, 유성 동남으로부터 송령산맥松嶺山脈을 지나 대릉하가 구부러져 남쪽으로 흐르는 하류 서안의 의현義縣 칠리하七里河 일대, 즉 한대 요서군 창려현昌黎縣의 경내를 지난다. 이곳으로부터 동쪽으로 대릉하를 건너고 재차 요하를 건너 의무려산맥醫巫閭山脈 동남의 무려현無慮縣

[역자주] : 구도령진은 세하와대릉하가 합류하는 지점에 위치함.

7. [역자주] : 동경 12°25′은 동경 120°25′의 오기.

8. 孫進己·王綿厚 主編, 「東北歷史地理」, 黑龍江人民出版社, 제1권 제2편 제3절.

제2장 ● 제3절 ● 요서·우북평군右北平郡의 육로교통도 95

— 지금의 북진현北鎭縣[현재의 북진시] 동남의 대량갑한성大亮甲漢城을 거쳐 동쪽으로 요동군의 양평襄平으로 갈 수 있다. 이 노선은 연·진부터 양한대까지 요서군 내지로부터 요동군 수부首府를 왕래하던 육로의 간선이었다.

둘째, 조양 남쪽 원대자의 유성 정남으로부터 대백산大柏山 협곡을 지나 대릉하 우안을 따라 남행하는 옛길이 있다. 『진서晉書』「모용황재기慕容皝載記」에 의하면 전연前燕 때 단씨段氏가 장차 모용황을 공격하려고 하였는데, "단란은 군사 수만을 거느리고 곡수정에 주둔하며 장차 유성을 공격하려고 하였다. (중략) (모용황의 장수) 봉혁封奕을 보내 기병을 이끌고 마두산馬兜山 여러 길에 잠복하도록 하였다."라고 하였다.[9] 『진서』의 마두산은 곧 『한서』「지리지」유성현柳城縣 조의 마수산馬首山이다.[10] 한·진 시대의 사서에 기록된 방위에 따라 비정해 보면 "마수산[마두산]"은 실제로 유성의 남쪽에 있어야 한다. 저자의 1984년 현지조사에 의하면 소위 마수산은 지금의 조양 남쪽 원대자 한대 "유성" 유지 남쪽의 대백산이어야 한다.

고금의 교통은 지금의 조양 남쪽 대백산 협곡으로부터 대릉하곡을 따라 육로로 동남행하는데, 원대자 유성 이남의 고고학적 발견은 다음과 같은 것들이 있다.

조양현 남쪽 쌍묘향雙廟鄕의 대릉하 동안에 밀집되어 분포하는 한·위 시대 고분군이 있다. 다시 남쪽으로 가서 쌍묘향을 지나 그 남쪽의 단가점향單家店鄕[현재의 단가점촌] 수천촌水泉村[현재의 수천둔]과 흥륭구촌興隆溝村[현재의 흥륭구둔] 및 설가구촌薛家溝村에서도 모두 춘추에서 전국

---

9. [역자주] : 『晉書』109, 「慕容皝載記」.
10. [역자주] : 『漢書』28下, 「地理志」遼西郡 柳城縣條. "遼西郡…柳城 馬首山在西南 參柳水北入海 西部都尉治.

에 이르는 시기의 산성 유적이 발견되었다. 이들 산성은 모두 하곡도를 따라 남북 방향으로 배열되어 있으며, 위치는 대체로 원대자 유성 남쪽 대릉하 동안으로부터 소릉하小凌河의 북쪽 지류인 양산하羊山河로 진입하여 재차 소릉하 상류로 접속되는 교통로의 양측 산 정상에 분포하고 있다. 조양 남쪽 쌍묘자 일대로부터 소릉하 하곡도의 고성 유적으로 진입하면 조양 남쪽의 양산향羊山鄕[현재의 양산진] 오불동五佛洞 고성, 건창현建昌縣 와방자향瓦房子鄕[11] 마대자馬臺子 고성과 흑우영자黑牛營子 고성이 발견되며, 흑우영자향을 지난 후에 육고하六股河 상류 유역의 고대 교통로와 연결된다. 이는 고대 대·소릉하와 육고하 사이의 교통로 설치의 지리적 중요 유적임을 나타내주는 것이다.

셋째, 원대자 한대 "유성"으로부터 서남행하여 대릉하 본류의 양안을 거슬러가는 교통로이다. 고고 유적은 차례로 다음과 같은 것들이 있다. 대릉하 동안의 조양 주장자周杖子·소산저召山咀유적. 또 서남쪽에 승리향勝利鄕 한·위 고대 유적이 있으며, 승리향으로부터 대릉하 동안을 따라 객좌현喀左縣 동북의 양각구향羊角溝鄕에 이르면 가로, 세로 300여 미터의 대형 한대 유적 혹은 성터가 있다. 유적은 서쪽으로 대릉하 본류와 겨우 10여 리 떨어져 있다. 또 남쪽으로 소황자촌小黃杖子村에 전국시대에서 한대에 이르는 고성이 하나 있다. 또 강의 동쪽 소황장자촌 맞은편의 대릉하 서안에는 와호구향臥虎溝鄕 후성자고성지後城子古城址가 있다. 강을 사이에 두고 마주한 두 성은 대릉하 고대 교통로를 제어하였다.

양각구와 와호구로부터 다시 남쪽으로 가면 지금의 객좌현성 대성자大城子에 이른다. 이곳으로부터 대릉하 상류의 고대 교통로는 대릉하 본

---

11. 현재의 조양현에 위치.

류를 따라 비로소 동·서 두 노선으로 나누어진다. 동로 혹은 남로로 불리는 노선은 대릉하 남쪽 상류인 오목륜하俶木倫河를 따라 신개령新開嶺으로 나와서 청룡하곡靑龍河谷으로 이어진다. 서로는 대릉하 서쪽 상류인 능원凌源 남대하南大河를 따라 서쪽으로 노로아호산맥努魯兒虎山脈의 남록을 나와 청룡하와 폭하瀑河 상류로 이어진다. 주된 하도로 구분하면, 대릉하 상류 유역의 강물을 따라가는 고대 교통로 또한 대릉하의 동·서 양 수원을 따라 길이 나뉜다. 이 두 갈래 옛길 가의 고대 유적은 현대에 가까이 올수록 더욱 명확해지는데, 그 주요 지점은 다음과 같다.

(1) 오목륜하를 따라 올라간다. 객좌현 대성자의 대릉하 서안으로부터 남쪽으로 가면 대릉하 좌안을 따라가는 요도가 있다. 남초자진南哨子鎭을 지나 먼저 도달하는 곳이 객좌현 평방자진平房子鎭 소영자촌小營子村에서 남쪽으로 1㎞ 위치에 있는 황도영자고성黃道營子古城이다. 이 성은 대릉하 상류 좌안의 험요한 곡지谷地 평원에 있다. 주위에 여러 산들이 빙 둘러 솟아있어서 천연의 장벽을 이루고 있다.

> 성의 남쪽에는 대양산大陽山과 영벽산影壁山이 형성한 협곡이 있고 대릉하가 그 사이를 흘러간다. (중략) 성의 서북쪽에는 쌍첨산雙尖山과 관대해남산關大海南山이 형성한 협곡이 있으며, 성 유지의 동북쪽 겨우 2.5km 되는 곳이 바로 남초산南哨山의 입구로 산세가 가파르고 험한 왕자산王子山과 남산南山이 대릉하의 양편에 분립해서 한 사람이 관문을 지키면 만 사람이 붙어도 열지 못한다는 험준한 요새를 이루고 있다.[12]

---

12. 劉新民, 「白狼山與白狼城考」, 『遼寧省考古學會會刊』 創刊號.

지형과 대릉하 옛 수로에 대한 고증을 통하여 보면 지금의 오목륜하는 곧 옛 백랑수[13]의 상류이다. 지금의 대양산은 곧 옛 백랑산白狼山이다.[14] 백랑수 서안과 백랑산 북록에 위치한 이 유명한 황도영자의 전국시대에서 한대에 이르는 고성은 바로 명성이 자자한 고대 요서의 역사적 명성名城이자 교통과 군사상의 중진인 백랑성白狼城인 것이다.

대릉하 남쪽 상류의 옛길을 따라 백랑성을 지나 남쪽으로 가면 지금의 객좌현 북동촌北洞村과 산만자촌山灣子村에 이르는데 근래에 모두 상商·주周시대의 청동기가 출토되었다. 이는 선진先秦시대에 이곳이 이미 인적이 번창했던 교통의 요로였음을 증명하는 것이다. 산만자촌 서쪽 약 5km의 해도영자진海島營子鎭 마창구둔馬廠溝屯 남쪽 대지臺地에서 1957년 한 번에 서주 시대의 청동기 16종을 발굴하였다. 마창구둔을 지나 서남쪽으로 가면 객좌현 대양산[옛 백랑산]과 흑두산黑頭山으로 형성된 협곡을 지난 다음에 대릉하 좌안의 지류인 삼진하滲津河 유역의 하곡도로 진입하는데, 이는 대릉하 남쪽에서 발원한 서쪽 지류의 또 하나의 교통 중추이다. 이 교통로상에서의 고고학적 발견은 다음과 같은 것들이 있다.

객좌현 산저자진山咀子鎭 도화토桃花吐의 토성자土城子 유적이 있는데, 성 유지 안에서 출토된 반원형 잿빛 와당瓦當은 다수가 하북성 이현易縣의 전국시대 연燕의 하도下都 고성[15]에서 출토된 것과 같다. 황가점의 토성자를 지나면 또 황가점촌黃家店村의 전국시대에서 한대에 이르는 고성

---

13. [역자주] : 백랑수는 지금의 대릉하로, 남쪽의 발원지가 白狼山이어서 白狼水라 하였다. 『水經注』「大遼水」에 "遼水右會白狼水 水出右北平白狼縣"이라 하였다.

14. 王綿厚,「大凌河水系歷史地理考辨」,『社會科學戰綫』1, 1982.

15. [역자주] : 燕의 下都古城은 전국시대 燕의 別都였던 武陽邑의 遺址로, 지금의 易縣 동남쪽 北易水와 中易水 사이에 있다.

유적이 있다. 이 성터는 삼진하滲津河 남쪽 약 100m에 있으며 동쪽으로 대릉하와 3km 떨어져 있는데, 오목륜하와 삼진하 사이의 교통의 요충지이다. 황가점과 서로 마주하는 삼진하 북쪽에는 또 사합당진四合當鎭의 전국시대에서 한대에 이르는 유적이 있는데, 모두 고대 교통과 관련이 있다.

상술한 교통로는 삼진하를 따라 서남으로 청룡하 상류 유역으로 진입하는 옛길이다. 강을 따라 분포된 여러 고고 유적을 통해 보면 멀리 연·진 이전에 개척되었고, 또 한·위를 거치면서 줄곧 요서에서 변새로 진입하는 중요한 대로의 하나였다. 이는 또한 후한 말 조조曹操가 북으로 3군의 오환烏桓을 정벌하여 백랑산을 기습하였던 사통팔달의 요충이었다(자세한 것은 아래 절을 보라).

대릉하 남쪽 상류의 교통대로상에 대릉하 동안, 지금의 객좌현과 건창현 사이의 남공영자향南公營子鄕 소점촌小店村과 철구촌鐵溝村에 전국시대에서 한대에 이르는 유적이 있다. 남행하여 건창현 이도만자향二道灣子鄕 "후성자后城子"에 이르면 또 한대의 고성이 발견된다. 이 성이 위치하는 대릉하 상류의 우안, 즉 옛 백랑수 동남의 방위로 추측해 보면 당연히 『수경주水經注』에 기재된 "백랑현 동남에서 발원하는[出白狼縣東南]" 우북평군右北平郡 "광성현廣成縣" 고지일 것이다.[16] "광성"현 경내를 지나 남으로 대릉하와 청룡하 상류의 분수령 북록의 건창현 남쪽의 요로구要路溝를 건너면, 노룡새도 북단의 청경구靑陘口 즉 지금의 청산靑山 입구로 진입하여 남으로 어양군漁陽郡 등 여러 군과 연결된다.

---

16.   [역자주] : 『水經注』14, 「大遼水」. "遼水右會白狼水 水出右北平白狼縣 東南逕廣成縣 北流西北屈 逕廣成縣故城南".

(2) 요서 대릉하 상류 옛길의 서로는 객좌현 대성자大城子로부터 대릉하의 서부 지계支系[(능원남대하凌源南大河)]를 따라 서남행하는데, 고고 조사를 통해 보면 이 옛길은 다음과 같은 여러 지역을 경유한다. 대릉하 서부 지계의 남쪽 대성자향에 동상촌洞上村 전국시대 유적이 있다. 대릉하 서부 지계의 북안에 육관영자六官營子 춘추전국시대 고분군과 대영자향大營子鄕의 채가구고성蔡家溝古城이 있다. 이곳으로부터 서행하여 객좌현 서부를 거쳐 지금의 능원시 경내로 진입하면 차례로 능북진凌北鎭 삼관전자三官甸子의 성자산城子山을 거치면서 전국시대에서 한대에 이르는 유적이 있으며, 또 삼관전자향 소성자小城子에도 한대 유적이 있다. 다시 서행하면 성관가도城關街道 안장자촌安杖子村에 전국시대에서 한대에 이르는 대형의 고성 유적이 있다. 이곳 안장자고성에서 한대의 봉니封泥 10여 개가 발견되었는데, 판별할 수 있는 것으로는 광성지승廣城之丞·당성승인當城丞印·석양승인夕陽丞印·창성승인昌城丞印·백랑지승白狼之丞·연릉승인延陵丞印·무종승인無終丞印·천주승인泉州丞印·자승지인蒼丞之印 등이다.[17]

안장자고성에서 출토된 봉니는 고대 우역郵驛 교통과 군사교통의 명확한 증거물이다. 이는 당시 죽간竹簡과 목간木簡으로 군령과 정령을 알리고 진흙에 도장을 찍어 봉한 실제 유물이다. 『한서』「지리지」의 기재에 의하면 광성[18]·백랑·무종·석양·창성 등의 현은 우북평군의 속현이다. 천주 등은 어양군의 속현이다. 『한서』「지리지」의 주에 "고수沽水는 새외에서 나와 동남으로 천주현에 이르러 바다로 들어간다."라고 하

---

17.   王綿厚, 「遼寧古代交通地理述略」, 『公路交通史料』1, 1984.
18.   [역자주] : '廣城'은 『한서』 28하, 「지리지」 右北平郡條에 '廣成'으로 되어 있다.

였다.[19] 『한서』「지리지」의 고수는 지금의 해하海河이며, 고수가 바다로 유입된 곳인 옛 천주현은 당연히 지금의 해하 하류의 천진天津 일대일 것이다.[20]

능원시 안장자성 안에서 출토된 봉니는 대릉하 서부 지계에 위치한 안장자 일대가 확실히 고대 교통의 중추였음을 설명해주는 유물이다. 그리고 안장자고성 자체는 『한서』「지리지」의 자현에 관한 주注에 "유수는 동쪽에서 나온다."고 한 방위로 보면, 당연히 한대 우북평군의 자현일 것이다.[21] 안장자고성을 지나 대릉하 서부 지계를 따라 꺾어져서 남쪽으로 건너면 점차 지금의 하북성 청룡하의 하곡도와 만나게 된다. 이 남북으로 연결된 교통로 상에서 발견된 고대 사적은 다음과 같은 것들이 있다. 능원시 삼십가자진三十家子鎭 북궁촌北宮村 한대 유적, 대하북향大河北鄕 대와포大窩鋪 한대 유적이 그것이다. 능원현 대하북향으로부터 남행하여 청룡하 상류로 진입하면 또한 능원현 도이등향叨爾登鄕 북영자北營子 한대 유지와 두도하자頭道河子 한 대 고성지古城址가 있다. 그 밖에도 청룡하 상류 도이등진叨爾登鎭 북쪽의 삼도하자향三道河子鄕 오도하자五道河子에 전국시대 고분군이 있다.[22] 묘지는 청룡하 우안의 교통 요로에 있는데, 남쪽으로 도이등고성叨爾登古城과 10여 리 떨어져 있다. 그런데 오도하자는 교통지리 상 청룡하 상류의 동쪽 지류인 삼도주자하三道注子河가 나누어지는 곳에 있다. 이는 북쪽으로 안장자고성으로 가려면 반드시 거쳐야 하는 길이다. 이곳으로부터 남행하여 청룡하를

---

19. [역자주] : 『한서』 28하, 「지리지」 漁陽郡 漁陽縣의 注.
20. 『中國歷史地圖集』第2册, 「幽州刺史府」.
21. 王綿厚, 「兩漢時期遼寧建置述論」, 『東北地方史研究』1, 1985.
    [역자주] : 楡水는 지금의 大凌河西支이다.
22. 李恭篤, 「遼寧凌源縣五道河子戰國墓發掘簡報」, 『文物』 2기, 1989.

따라 지금의 하북성 청룡현靑龍縣과 관성형寬城縣 관할 지역에 이르면 이미 한·위 시대의 옛 노룡새도 북단에 진입하게 된다.

이상에서 고고학적 발견과 자연교통지리상으로 보면, 대릉하 중류인 지금의 요서 의현義縣과 조양朝陽으로부터 시작하여 대릉하 옛길 양측을 거슬러 간 여러 고대 유적과 성터는 우리에게 한 줄기 대릉하 하곡도 고대 교통 노선을 분명하게 설명해준다. 이 교통선은 바로 한과 한 이전의 요서 대릉하 옛길의 궤적이다. 대릉하 본류의 교통지리로 보면, 한·위 및 그 이전 시기에 대릉하를 따라 어양으로부터 요서와 우북평군으로 진입하는 데에는 당연히 주로 두 갈래의 통로가 있었음을 알 수 있다.

하나는 대릉하의 남쪽 상류로부터 백랑현·석성현·광성廣城[成]현을 거쳐 옛 청형구靑陘口로 들어가는 길인데, 이 길은 지금의 요령성 건창현建昌縣 신개령新開嶺의 대청산大靑山 서록으로부터 청룡하곡으로 진입하여 남행하여 노룡새에 이르고 또 지금의 하북성 계현薊縣·옥전玉田 일대 즉 한대의 무종·석양 등지에 이른다. 이 남도는 객좌의 백랑산[지금의 대양산]으로부터 서행하여 삼진하곡[옛 석성천]을 따라 우북평 석성현을 경유하는데, 또 노룡새도로 진입하는 다른 길이 있다. 이 노선은 바로 후한 말에 위 무제 조조가 북으로 오환을 정벌할 때, 몰래 진군하여 백랑산을 기습한 출병로였다.

다른 하나는 대릉하 남쪽 상류를 따라 올라가서 객좌 대성자를 거쳐 서행한 후 다시 능원시 안장자고성을 지나 서남으로 송장자宋杖子·삼십가자·오도하자를 거쳐 대흑산大黑山을 넘어 청룡하 상류의 도이등으로 진입한 후 다시 하북성 청룡현으로 진입하여 서로를 따라 노룡새에 도달한다. 그런 후에 지금의 건창영建昌營으로부터 장성구長城口로 들어가 남으로 지금의 하북성 천안遷安시 경내의 난하灤河 유역에 이르는데, 이 노선은 한·위 시대의 노룡서도이다.

3. 조조가 북쪽으로 삼군三郡·오환烏桓을 정벌한 요서 교통로

한·위 시대의 요서 교통지리 가운데 사적에서 가장 잘 알려져 있는
것은 후한 건안建安 12년(207년) 조조가 요서, 상곡, 우북평 등 삼군오환
을 친히 정벌하러 갔던 당시의 교통로이다. 걸출한 재능과 웅대한 전략
을 지닌 위 무제 조조는 북쪽으로 오환을 정벌하러 출정하면서 산을 파
고 계곡을 메워 요서의 유성柳城 500리를 돌파했다. 돌아오는 길에 "동
쪽으로 갈석에 임해 창해를 바라보았다." 이 요서 지역의 새 북쪽으로
의 행로는 고대 동북 교통 역사상 매우 중요한 행보가 되었다.

한 말에 조조가 북쪽으로 오환을 정벌한 것은 먼저 중원에 집결된 군
대가 새외로 나갔던 대규모의 군사행동이었으며, 그런 까닭에 한·위
시대 군사 교통지리에서 중요한 위치를 점하게 되었다. 이때의 군대 집
결과 새외 출정 상황에 대해서는 『삼국지』『위무제기』와 「전주전田疇傳」
에 가장 자세히 기록되어 있으며, 『자치통감資治通鑑』과 같은 후대의 사
서에도 서술되어 있다. 그 내용은 아래와 같다.

『삼국지』「위무제기」: "조조가 장차 북으로 삼군오환을 정벌하려 하자 모
든 장수들이 말하였다. (중략) 지금 멀리 (북으로) 정벌하러 가면 유비
는 반드시 유표에게 허許를 습격하자고 말할 것입니다.[23] (중략) 곽가[24]는

---

23. 『三國志』「魏書」 1卷, 武帝紀, pp.29~30. 將北征三郡烏丸 諸將皆曰:「袁尚 亡虜耳 夷狄
貪而無親 豈能為尚用？今深入征之 劉備必說劉表以襲許 萬一為變 事不可悔,惟郭嘉策表
必不能任備 勸公行.

24. 『三國志』「魏書」 14卷, 郭嘉傳, p.431. 郭嘉 字奉孝 潁川陽翟人也 傅子曰：嘉少有遠量 漢

유표가 허를 습격할 준비를 갖출 수 없을 것이라고 책을 올렸으므로 조조가 출행하였다. 여름 5월에 무종에 이르렀다. 가을 7월에 홍수가 나서 연안 해로가 통하지 못하자 전주가 길잡이가 되기를 자청하니 조조가 그를 따랐다.[25] 군대를 이끌고 노룡새를 나아가니, 새외는 길이 끊어져 통하지 못하였으므로, 산을 파고 계곡을 메꾸어 500여 리를 가서 백단白檀[26]을 거치고 평강平岡[27]을 지나서 선비의 영토를 건너 동쪽으로 유성을 향했다. 아직 200리 정도가 남았는데 적이狄夷가 이를 알아챘다. 8월에 백랑산에 올라 마침내 적과 마주쳤다. 위공이 높은 곳에 올라 적의 군진이 아직 정비되지 않은 것을 보고 이에 맹렬히 공격하니 적의 무리가 크게 붕괴하였다. (중략) 9월에 위공은 군대를 이끌고 유성으로부터 돌아왔다."[28]

같은 책「전주전」에도 역시 기록되어 있다.

건안 12년, 태조(조조)가 북으로 오환을 정벌하였다. (중략) 당시는 여

末天下將亂 自弱冠匿名迹 密交結英雋 不與俗接 故時人多莫知 惟識達者奇之 年二十七 辟司徒府 初 北見袁紹 謂紹謀臣辛評·郭圖曰 : 「夫智者審于量主 故百舉百全而功名可立也 袁公徒欲效周公之下士 而未知用人之機 多端寡要 好謀無決 欲與共濟天下大難 定霸王之業 難矣!」於是遂去之 先是時 潁川戱志才 籌畫士也 太祖甚器之.

25. 田疇는 右北平 無終 사람이다.「三國志」「魏書」11卷, 田疇傳, p. 340. "田疇 田疇字子泰 右北平無終人也".

26. 「三國志」「魏書」에서는 自檀이 아니라 白檀이라고 기록되어 있다. ... 外道絶不通 乃塹山堙谷五百餘里 經白檀 歷平岡 涉鮮卑庭 東指柳城 未至二百里 虜乃知... (「三國志」「魏書」1卷, 武帝紀, p.29.)

27. 평강은 옛 북평군의 군치가 있던 곳이다. 舊北平郡治在平岡 道出盧龍 達于柳城;自建武以來 陷壞斷..."...太祖令疇將其眾為鄉導 上徐無山 出盧龍 歷平岡 登白狼堆 去柳城二百餘里 虜乃驚覺(「三國志」「魏書」11卷, 田疇傳, p.342.)

28. 「三國志」「武帝紀」1卷.

름 우기인 데다가 바다에 가까워서 자세가 낮고 움푹하여 흙탕물이 고여 통할 수 없었다. 태조가 그것을 걱정하며 전주에게 (방도를) 물었다. 전주가 말하기를 "이 길은 매년 가을과 여름에는 항상 비가 와서 얕다고 해도 수레와 말이 지나갈 수 없고 깊다고 해도 배를 띄울 수 없어서 오랫동안 어려움을 겪었습니다. 옛날 북평군의 치소가 평강에 있었는데 길은 노룡을 나아가 유성으로 도달하였습니다. 건무 이래로 훼손되고 단절되어 거의 2백 년이 되었으나 아직 좁은 길이 있어 지날 수 있습니다. (중략) 만약 몰래 회군하여 노룡구에서 백단의 험지를 넘어 비어있는 땅으로 나온다면 길도 가깝고 편합니다. (중략) 태조가 전주에게 무리를 이끌고 길을 안내하도록 하여 서무산을 올라 노룡을 나와 평강을 지나고 백랑퇴에 올랐는데 유성에서 200여 리 떨어진 거리에서 적이 이를 알아챘다. 선우가 몸소 진영에 임하여 태조와 교전하였으나 마침내 크게 무찌르고 달아나는 자들을 추격하여 북으로 유성에 이르렀다."[29]

기존에 동북 역사지리를 다룬 연구자들은 『삼국지』에 있는 위의 두 조문을 근거로 인용하는 경우가 많았다. 그러나 조조가 북으로 3군 오환을 정벌하였던 교통로에 관한 지리적 고증은 고금을 거쳐 다양한 논의가 있어왔다. 본 절에서는 사서에 기재된 것을 가지고 역대로 고고학적으로 발견된 교통사적을 참고하여 조조가 북으로 삼군오환을 정벌하였던 요서도에 대해서 고찰하고자 한다. 또한 조조가 출사한 노선과 회군한 노선이 같지 않으므로 나누어서 서술할 것이다.

29.　『三國志』「田疇傳」11卷.

1) 조조의 출병로

조조의 출병로는『삼국지』의 기록에 따르면 건안 12년 봄, 하남 허창에서 출발하여 여름 5월에 무종에 이르렀다고 하였으니, 즉 지금 하북성 옥전현 옛 무종국의 땅이다. 여름 7월에는 바닷가 부근의 노룡도에 이르렀고 "군대를 이끌고 노룡새를 나갔다."고 했다. 조조의 군사가 노룡에 도착한 후 본래 노룡새를 나아가 연안 해로를 따라 유성으로 가려고 하였다. 그러나 "새외의 길이 끊어져 통하지 못하였다." 마침 무종의 호족 전주라는 자가 책을 올려 "옛 북평군의 치소가 평강에 있는데 길이 노룡을 나아가 유성으로 도달하였습니다. 이래로 훼손되고 단절되어 거의 2백 년이 되었으나 아직 좁은 길이 있어 지날 수 있습니다. (중략) 만약 몰래 회군하여 노룡구에서 백단의 험지를 넘어 비어있는 땅으로 나온다면 길이 가깝고 편합니다."라고 하였다. 이에 조조가 전주의 정책을 받아들였다. "지금 전주가 그 무리들의 길잡이가 되어 서무산에 오르고 노룡의 입구를 나가 평강을 지나 백랑퇴에 오르니 유성과의 거리가 200리였다."

『삼국지』「전주전」을 살펴보면 전주는 우북평군 무종사람으로서 그 지역의 명사이며 노룡새 일대의 옛 도로인 연안 해로에 대해 잘 알고 있었다. 소위 "옛 북평군 치소가 평강에 있고 길이 노룡에서 나와 유성에 도달한다."는 것은 한·위 시대 노룡새를 나가 우북평군의 영역을 거쳐 요서의 유성에 도달하는 옛 교통로를 가리킨다.

소위 "건무 이래로 길이 무너지고 끊어진 지 200년이 지났으나 아직도 좁은 길이 있어 갈 수 있다."는 것은 후한 초 건무 이래 새외의 오환이 새에 가까웠고 홍수로 단절되었기 때문에 "노룡에서 나와 유성에 도달한다."는 옛 도로가 "무너져 끊어진 지 2백 년이 지났다."라는 것을 가리킨다. 그러나 여전히 좁은 길이 있어 갈 수 있다고 하였듯이 "좁은 길"이 바로 전주가 무리를 이끌고 길잡이 한 길을 가리키는 것으로서 조조의 군대를 이끌고 "노룡구에서 나가 백단의 험지를 넘고 (중략) 서무산에 올라 평강을 지나고 백랑퇴에 올랐다."는 산을 파고 계곡을 메꾸었던 500리의 길이다.

조조가 군대를 이끌고 북행한 요서 옛길의 노정을 고찰하고, 『삼국지』에 전주가 병사를 거느리고 경유한 아래의 지점들을 살펴보면 출병로의 주요 교통좌표를 구성할 수 있다. 즉, 백단, 서무산, 노룡구, 평강과 백랑퇴이다. 이하 나누어 살펴보면 아래와 같다.

백단

북위 시대 역도원의 『수경주』의 기록에 따르면, 한위 시대 백단현은 유수濡水[지금의 난하灤河[30]] 유역에 있었다. 『수경』 유수 주에는 "또 동으로 골짜기를 나와 안주의 영역에 들어가고 동남으로 흘러 어양군 백단현의 고성을 지난다."고 했다.[31] 백단이 한대 어양군의 옛 현임을 알 수 있으며 그 땅이 유수가 동남으로 흐른 하류에 해당한다는 것을 알 수 있다. 『한서』 「지리지」 백단현 주에 혁수洫水가 나오는데, 이것은 유수를 가리킨다. 따라서 백단 옛 현은 난하 하류에 있었을 것이다. 하북성 고고학자들의 조사 고증에 따르면, 한대의 백단현성은 지금의 하북성 흥주하 남안의 난평현 소성자에 있다.[32] 또한 조조의 군대가 지나간 백단의 험지라는 것은 지금의 하북성 남평현 경내 동남쪽 난하 지류의 험지를 가리키며 백단현성을 지나는 것을 가리키는 것이 아니니, 백단의 험

---

30. 하북성에서 발원하여 발해로 들어가는 강.
31. 『水經注』 권14, 濡水條.
32. 鄭紹宗, 「錫喇塔拉川上的兩座前漢土城—遼陽, 白檀位置考」, 『中國考古學會第六次年會論文集』.

지는 백단현 경내를 경유하는 험준한 산의 도로를 의미한다.

서무산

옛 서무산은 현재의 연산산맥燕山山脈의 여맥으로 동쪽으로 밀운산密雲山에 접하고 서쪽으로 거용구居庸口에 접한다. 사료의 기록을 보면 현재의 옥전현 동쪽, 청룡현 서쪽에 해당하며 옛 평주에 설치된 북평군 경내에 해당한다. 『진서·지리지』 북평군에는 4개의 속현이 있는데 "서무徐無, 토은土垠, 준미俊靡, 무종"이다.[33] 그 중 수현인 "서무"는 지금 노룡현와 청룡현의 경내에 있었다. 서무산은 서무현 내에 있었다. 한·위 시대의 지리 비정에 따르면 서무산은 노룡새도에 가까울 것인데 지금 하북성 청룡현와 관성현의 경계에 도산都山이 혹 옛 서무산에 해당할 것으로 생각된다. 이곳은 바로 청룡하와 난하의 분수령이고 조조의 군사가 길을 바꾸어서 올랐던 당시의 서무산 영역이다.

노룡구

노룡구는 옛 노룡새의 애구를 말한다. 역도원의 『수경주』에는 "유수는 다시 동남쪽으로 노룡새를 지난다. 새도는 무종현 동쪽에서 나와 유수를 건너 임란형林蘭陘[34]으로 향하며 동쪽으로 청형靑陘에 이른다."고 하였다.[35]

역도원이 기록한 것은 한·위 시대에 노룡새를 나오는 옛길의 동단이다. 즉 지금 옥전현 옛 무종에서 동쪽으로 나가서 유수(지금의 난하)를 건너 노룡새에 도달한다. 다시 그 지류 청룡하 동북쪽으로 거슬러 올라

---

33. 『晋書』 권14, 地理志上.
34. 陘: 산기슭이 끊어진 곳, 비탈
35. 『水經注』 권14, 濡水條.

가면 지금의 도림구桃林口 즉 옛 청형구에 이른다. 이것이 바로『수경주』에서 "노룡에서 동으로 청형을 넘어 범성까지 2백 리 정도"라고 한 노룡 중도中道이다.

그러나 전주는 조조 군대의 회군을 인도하면서, "노룡구로부터 백단의 험지를 넘었다." 여기에서의 노룡구는 청형구가 아니다. 왜냐하면 이때의 청형구는 이미 무너지고 끊긴 지 거의 2백 년이기 때문이다. 그러므로 지금 노룡 서북의 청룡하 서쪽 지류 혹은 폭하상의 노룡도 서쪽 새의 도로상의 입구는 전주가 말하였던 "아직 좁은 길이 남아 있어 갈 수 있다."고 한 곳을 가리킨다. 이 길은 노룡구에서 나와 작은 길을 따라 서무산을 지나는 험지를 가리키는 것으로, 청룡하 서쪽 지류를 따라 하북성 천안시 북쪽의 건창영과 칠도하 협곡을 나오거나 혹은 약간 서쪽에 있는 폭하교통의 협곡을 나온 다음, 다시 동북행하여 방향을 바꿔 우북평군의 백랑산으로 간다.

평강

평강은 전한 우북평의 군치이다. 조조의 군대가 삼군오환을 북정하는 노선 중 평강을 지나는 노선을 주목할 필요가 있다. 전주가 군대를 인도하여 노룡구를 나와, 평강을 지나고 백랑퇴에 올랐다는 것은 유성의 방향으로 보면, 조조의 군사가 실제로 평강에 도달한 것이 아니라 평강현의 경계(남부)를 지나갔음을 바로 의미한다.

고금의 자연 교통지리를 보면, 지금의 하북 건창영 일대에서 노룡구(청룡하 서쪽 협곡)로 나와, 청룡현과 관성현을 거쳐 북행하여 요령성 능원현 남쪽 청룡하 상류의 도이등 일대로 진입한다. 북쪽으로 더 가면 요서 대릉하의 옛길에 연접한다. 이 옛 교통도로에서 조사된 고고 발견에 따르면 중추지구인 도이등 일대에는 여러 곳의 한·위 시대 성터와 유적이 발견되고 있다. 그 중 중요한 것으로는 능원현 북영자 한대 유적, 두도하자 한·위 고성 등이 있다. 특기할 만한 것은 도이등향 두도하자 촌 소하 서쪽의 청룡하 좌안 대지상에 둘레 약 5백 미터 가량의 옛 성 터이다. 이곳에서 출토된 유물의 연대는 전국 시대에서 한·위 시대에 해당되어 지속연대가 비교적 길다. 이 성터는 비록 규모가 크지는 않지만 청룡하 서쪽의 굽어지는 곳에 웅거하고 있다. 이곳에서 북쪽으로 가면 한의 우북평 군치인 평강(현재 내몽고 영성현 흑성자고성)에 도달할 수 있는데, 그 거리는 거의 75킬로미터이다. 이곳에서부터 동쪽으로 가면 대릉하 지류 삼진하 하곡도[옛날에는 석성천石城川이라 부름]로 진입하고 삼진하 하류 유역과 대릉하가 서로 만나는 곳 즉 옛 백랑산에 도달하니 즉 지금의 객좌현 대양산이다. 이곳에 웅거하고 있는 옛 노룡구 북단을 통해 평강과 백랑 사이에 위치한 교통 요지는 고대 청룡하와 폭하를 따라 북쪽으로 가서 다시 동쪽으로 참진하와 대릉하 계곡길로 들어가는 교통의 중추 가운데 하나이다. 건안 12년 조조가 오환을 북정하는 도중에 평강을 지났다고 한 것은 청룡하 상류를 거슬러 올라가 지금의 능원 도이등 일대 평강현의 남쪽 경계에 이른 후 다시 참진하 계곡길을 따라 지금의 객좌현 대양산—즉 옛 백랑산에 곧장 도달했다는 것을 가리킨다. 이 교통노선 상에 있는 백랑산이 백랑퇴이다.

『삼국지』에 나오는 백랑퇴(백랑산)는 백록산이라고도 부른다. 역도원의 『수경주』에는 백랑수는 "다시 서북쪽으로 흘러 석성천으로 들어가며, 석성천은 서남 석성산에서 발원하여 동쪽으로 석성현 고성의 남쪽으로 흐르며, (중략) 북쪽으로 백록산 서쪽으로 굽어 지나가니 이것이 백랑산이다."[36]라고 하였다.

36.　『水經注』 권14, 大遼水注條.

『수경주』의 명확한 기록을 보면 백랑수는 대릉하 상류 유역 석성천수를 말하는데, 석성천수는 청대에는 삼길하森吉河 혹은 생기하生機河로 불렸으며 지금의 삼진하에 해당한다. 이 하천은 능원시 백석저白石咀 일대에서 발원하는 대릉하 지류이다. 백랑수가 석성천수와 만나기 이전 석성천(지금의 삼진하)는 "동쪽으로 흘러 북쪽에서 굽어져 백록산(백랑산) 서쪽을 지난다."는 방위로 보면 이 백랑산이 바로 지금의 객좌현 서남의 대양산임을 알 수 있다.[37] 그 지리좌표는 북위 40도 55분, 동경 119도 35분이고, 해발 8백 81미터이다. 백랑산을 객좌현 굴륭산이라고 한 여러 견해들은 고고학적 발견 및 『수경주』의 기록과 서로 어긋난다. 조조의 군대가 평강을 지나고, 백랑퇴에 올랐다고 한 것은 바로 청룡하 상류를 따라 능원현 도이등을 지나 동쪽으로 삼진하 고도(석성천수)로 들어가 동쪽으로 대양산(백랑산)을 오르는 길을 말한다.

전주는 조조의 군대를 인도하여 백랑퇴에서 오환 답돈선우의 목을 벤 이후, 동북쪽으로 곧장 유성으로 달려가는 옛길은, 곧 "대릉하 옛길"의 북단이다. 『삼국지』 위무제기의 기록에 의하면 조조 출병로의 여정은 다음과 같다. 여름 5월에 무종에 도달하고 7월에 노룡새, 8월에 백랑퇴에 오르고, 가을 9월에 군대를 이끌고 유성으로부터 돌아왔으며, 겨울 10월에 갈석에 올라 창해를 바라보았다. 노룡으로부터 북쪽으로 유성으로 가는 길은 시간상 100여 일이고 거리상 500여 리이다. 이 군대가 지나간 교통로를 지금의 지리로 고찰해 보면 노룡구에서 나와, 청룡하 서쪽의 지류를 따라 거슬러 올라, 요서 능원현 남쪽을 지나 다시 청룡하 계곡으로부터 삼진하 계곡길로 들어갔다. 다시 동쪽으로 객좌현 대양산에 올라가 적과 대치하여 오환 답돈의 머리를 벤 후 다시

---

37.   王綿厚,「大陵河水系歷史地理考辨」,『社會科學戰線』, 제1기, 1982.

대릉하 옛길을 따라 동북쪽으로 가서 최후에는 요서의 조양시 남쪽에 있는 원대자 고성에 도달하니, 즉 한·위 시대의 유성이다. 이상이 조조가 북쪽으로 오환을 정벌한 출병로이다.

2) 조조의 회군로

건안 12년(207) 가을 9월 조조가 3군[38]의 오환을 평정하고 "군대를 이끌고 유성으로부터 돌아왔다."는 교통 노선은 사서에 비교적 소략하게 기재되어 있다. 고찰할 문헌 기록으로는 우선 『삼국지』 위무제기가 있다. "구월 공(조조)이 군대를 이끌고 유성에서 돌아왔다." 이 밖에 『위무제집魏武帝集』의 「갈석편碣石篇」 동冬 10월 조에는 "초겨울 10월 북풍은 불어대고 맑은 공기에 이슬이 내렸다."는 문장이 있다. 같은 책의 시(詩) 한 수 「걸어서 대하문을 나가서 가다[보출하문행步出夏門行]」 [제1장] 「창해를 바라보다[관창해觀滄海]」에도 "동쪽으로 갈석에 이르러 창해를 보았다. 물이 어찌나 움직이는지 산과 섬은 두려워 우뚝 솟았구나. 나무들은 모여서 자라고 온갖 풀이 무성하다. 가을바람이 소슬하니 큰 파도가 이는구나."라고 하였다. 이 시는 아주 오랜 세월 동안 암송된 위 무제의 「갈석편碣石篇」으로, 후한 건안 12년 동 10월 조에 기재되어 있는데, 조조가 오환을 정벌하고 귀환하던 도중에 "동쪽으로 갈석에 이르러 창해를 바라보는[東臨碣石 以觀滄海]"의 고단한 원정길이었다. 또한 출정할 때는 노룡으로 나가서 평강을 거쳤으니, 분명히 이 두 길은 같은 노선이 아니다.

조조가 북쪽으로 오환을 정벌하고 회군한 교통노선에 대해서는 사료의 부족에도 불구하고 근대 고고학 발견자료를 참고하고 증거 삼아 지

---

38. 遼東과 遼西, 右北平을 말한다.

금에 이르러서는 그 기본 교통방향을 탐색하고 상고할 수 있게 되었다. 그 가운데 가장 명확한 지리좌표는 고고학적 발견에 의거하여 아래의 여러 점으로 확인된다.

(1) 유성柳城

유성 옛 현은 조조가 삼군의 오환을 북벌했던 출병의 종점이었고, 회군의 출발지점이기도 하였는데, 앞에서 현재의 조양시 남쪽의 원대자임을 지적하였다. 1988년 겨울, 필자는 직접 한의 유성유적을 답사하여 관찰하였다. 이 유적은 현재 조양시에서 남쪽으로 약 25리 떨어진 대릉하 동안의 십이대영자향(현재의 유성진) 원대자촌 벽돌공장이 있는 대지 위에 있다. 조양시 남쪽으로부터 객좌·건창현에 이르는 대릉하 하곡에 연한 국도가 이 유적의 동쪽 측면을 뚫고 지나가고 있다. 이 도로를 경계로 삼아 도로 동쪽의 황토 구릉의 산비탈 위에는 전국 시대에서 한·위 시대에 이르는 무덤들이 밀집해 있다. 도로의 서쪽 원대자 벽돌공장이 있는 하천 곁의 계단상 대지가 한의 유성유적이 있는 곳이다. 대릉하 양안의 자연지형으로 보면, 유성유적의 소재지와 그보다 한층 정도 낮은 대지 사이에는 몇 미터 높이의 차이뿐만 아니라 계단상 대지에 하천으로 침식된 흔적이 있다. 양안의 계단상 대지가 옛날에는 모두 대릉하의 옛 하천도로를 이루고 있었음을 추정해 볼 수 있다. 비록 지금의 대릉하 간선도로는 이미 서쪽으로 옮겨져 약 1,000미터의 석애 아래에 있으나, 역사 시대의 대릉하 연안로는 가까운 유성고지 가까이에서 서쪽으로 흐른다.

현지의 교통을 고찰해 보면, 오늘날 대릉하 물줄기의 방위와 한·위 시대의 옛 백랑수의 물줄기 방향은 고고 유적으로 보아, 기본적으로 같다. 즉 옛날이나 지금이나 대릉하 본류는 원대자의 옛 유성유적 동쪽에 있고, 하천 연안로는 점차 서쪽으로 옮겨졌는데, 이렇게 되어 방향 면에서 유성유적지가 대릉하 동안의 대지 위에 형성된 것이다. 『한서』 지리지 유성현 조에 "참류수參柳水가 북쪽으로 바다에 들어간다."라고 일컬었던 것이다. 참류參柳를 상고하면 곧 참류驂柳 두 자이다. 그 본의 는 "하천이 한대 유성에 가까이에 있음[驂]으로 인해 이름을 얻었다"는 데 있으며, 참류수계가 유성을 경유하는 대릉하 옛길의 한 구간임을 가 리킨다. 당시의 교통을 보면, 대릉하 옛길 동쪽의 원대자 남쪽에는 높 고 험준한 대백산이 대릉하 동쪽에 홀로 우뚝 솟아있다. 지금 원대자 에서 남쪽으로 가면 대백산과 대릉하 사이의 골짜기를 지나가는데, 여 전히 남북으로 나란히 가는 두 줄기의 길이 있다. 한 줄기는 대릉하 동 안을 따라 서남 방향으로 상류의 객좌·건창·능원시 영역을 통하니, 곧 옛 백랑도이다. 다른 한 줄기는 대백산 동쪽 기슭을 따라 정남 방향으 로 가서, 소릉하 지류인 오십가자하五十家子河를 건너 소릉하와 육고하 유역을 지나 요서의 옛 갈석으로 들어간다. 이것이 후한 건안 12년 겨 울 10월, 조조가 유성에서 출발하여, 군대를 이끌고 돌아올 때 "동쪽으 로 갈석에 임하여 창해를 바라본" 회군로이다.

(2) 갈석碣石

갈석은 진 시황, 한 무제, 조조의 명성에 의해 나라 안에서 유명해진 요서의 저명한 유적인 만큼 갈석에 대한 고금의 의견도 많고 복잡하다. 제가들의 고찰을 종합해 볼 때, 대체로 아래의 설들로 정리할 수 있다.

『상서尙書』 우공편禹貢篇: 도이島夷는 가죽옷을 입고 오른쪽으로 갈석 을 끼고 황하 유역으로 들어간다.
『한서』 권6 무제기: 요서 누현纍縣 갈석설

『한서』 권28 지리지: 여성현驪城縣 갈석설

『후한서』 권5 군국지: 요서 임유현臨渝縣 갈석설

『수경주』 하수河水 조: 갈석이 바다 속에 침수되었다고 하는 설

『수서』 권30 지리지: 북평군 노룡현의 갈석설

당 『요전通典』 권178: 요서 비여현肥如縣 갈석설

근래에 들어서는 하북성 창려현昌黎縣에 갈석이 있었다는 설과 진황도秦皇島의 금산저金山咀가 갈석이라는 설 등이 제기되었다.

최근 고고학 발굴을 진행한 요령성 고고학자는 진·한대 요서의 갈석은 지금의 요령성 수중현綏中縣 만가진萬家鎭 장자리墻子里 남쪽 바다에 있는 "강녀분姜女墳"이라는 설을 내놓았다. 이 설은 일찍이 명·청대 유람기에서 어떤 이가 언급했던 것이나 세상의 관심을 끌지 못했었다. 청대 초기 담천談遷의 『북유록北游錄』에 기록되기를, "산해관을 지나 8리를 가면 관희령觀喜領이니, 맹강녀석이 고개 남쪽 2리에 있다. 멀리 천교주天橋柱가 보이는데, 한 무제가 갈석에 올라 바다를 바라보았던 곳이다."라고 하였다.

지금 수중현 만가진 해변가 강녀분의 맞은편 수백 미터 해안에서는 대형의 진·한대 건축유적이 여럿 발견되었다. 특히 장자리촌 석비가 위치한 곳은 바로 바다 속 강녀분과 바로 마주한 곳으로, 사방 40미터의 판축으로 된 건축 대기臺基를 중심으로, 이미 감정한 건축 범위가 길이 약 500미터, 너비 약 250미터이다. 네 주변은 두텁고 견고하게 쌓은 판축담으로 둘러져 있다. 중심인 판축 대기에서는 한대의 건축재료가 출토되었을 뿐 아니라 대형의 주춧돌도 남아 있었다. 건축 규모와 마주하고 있는 해상 수백 미터 되는 곳에 있는 세 덩어리 거석으로 된 바위[礁石] 즉, 강녀분으로 보면, 이것은 산해관 내외 수백 리 안에 있는 독

특하고 기이한 경관이라 할 수 있다. 당시 발굴된 대량의 진·한대 건축 유적과 유물은 이곳이 일반적인 건축유적이 아니라 일찍이 진 시황과 한 무제가 오갔던 "갈석궁碣石宮" 유적임을 증명해준다. 바다 위의 "강녀석"은 마땅히 옛 요서의 갈석이다. 당시 조조가 회군 도중 "동쪽으로 갈석에 임하여 창해를 바라보았"다는 것이 진 시황과 한 무제가 과거에 동순東巡했던 옛길을 따라갔던 것임을 알 수 있다.

3) 유성에서 남행하여 요서 갈석으로 가는 옛길 상의 고고학 발견

한대 요서군 유성 옛터와 진·한대 "갈석궁" 유적의 발굴은 조조 군대가 오환을 북벌하였던 교통지리의 고찰에 중요한 자료를 제공해준다. 요서 유성으로부터 남쪽으로 갈석, 즉 수중현 바닷가에 이르는 교통노선상에서 지난 몇 년 동안 유물과 유적이 발굴되어 옛길의 방향을 구체적으로 확인하는 데에 실증적인 증거를 제공해주고 있다.

요서 육로의 경우 조양 십이대영자향(지금의 유성진) 남쪽 원대자촌의 한대 유성에서 출발하여 남행하는 육로는 두 개 방향으로 나뉜다. 하나는 서남쪽으로 대릉하 본류를 따라 거슬러 올라가면 대릉하 상류의 백랑산과 백랑현에 이를 수 있다. 이는 조조가 오환을 정벌하고 회군할 때 "백랑퇴에 올라" "곧바로 유성을 향했다"는 출병로이다.

두 번째는 원대자에서 정남으로 향해 대백산의 동쪽 비탈을 타고 대릉하 하곡을 나와 팔도하자八道河子를 따라 남하해서 요서 바닷가 갈석으로 가는 길인데, 조조군이 회군했던 길이다. 이 노선상의 고고 유적에 대해서는 다음과 같은 고찰이 이루어졌다.

원대자 이남의 쌍묘자雙廟子 한묘군

다시 남쪽으로 단가점향單家店鄉 수천촌水泉村과 흥륭구촌興隆溝村에 이르기까지, 두 지역 모두에서 춘추 전국 시대의 옛 산성 터가 발견되었다. 산성은 대부분 십이대자하十二臺子河에서부터 남쪽으로 소릉하의 지류인 양산하羊山河로 가는 연안 교통로 양측을 따라 분포한다. 이 중 단가점자 국도 서쪽에는 해발 407미터의 성자산城子山이 있고, 이 산 위에 전국 시대에서 한·위 시대에 이르는 옛 성터가 있다.

성자산에서 남쪽으로 가면, 이 고대 교통로는 양산하 유역으로 들어간다. 이 교통로 상의 가장 큰 고성이 지금의 양산하 서안의 조양현 양산진羊山鎭 오불동五佛洞 한위고성漢魏古城이다. 양산하 우안의 교통 요충에 위치하며, 지리 좌표는 북위 41도 10분, 동경 120도 20분이다. 성 안에서 한대에서 진대晉代에 이르는 승문판와繩紋板瓦와 통와筒瓦 등 건축 유물이 나왔다. 예나 지금이나 대릉하 남쪽 지류인 십이대자하로부터 소릉하 북쪽 지류인 양산하 하곡로 상의 거점 가운데 하나임이 분명하다.

양산진 오불동 고성으로부터 소릉하 상류를 거슬러 남서쪽으로 약 30리를 가면 소릉하 서안에 또 흑우영자黑牛營子 고성이 있다. 이 성은 소릉하 좌안에 바싹 붙어있는데, 지금은 겨우 가로 세로 150미터 정도의 성벽이 남아 있다. 주위에는 한·위에서 요대에 이르는 승문판와 등 대량의 유물이 흩어져 있다. 흑우영자 고성에서 다시 남쪽으로 와방자진瓦房子鎭으로 간 후 하평방에 이르면, 고대 교통로는 소릉하 하곡을 떠나 다시 소릉하와 육고하 상류의 분수령─해발 800여 미터의 석가량산石家梁山─을 넘어 서남쪽으로 육고하 상류 유역의 육로를 따라가니, 옛길은 현재의 건창현 낭낭묘향娘娘廟鄕에 이른다.

소릉하 상류 흑우영자로부터 육고하 상류로 들어가는 구간의 고대 교통로 상에서 발견된 가장 명확한 옛 성터는 건창현 이도만자향二道灣子鄕 "후성자候城子" 유적이다. 이곳은 소릉하와 육고하 상류의 교통로로 연결되는 지역으로, 고대 교통지리상 매우 중요한 교통 요지의 하나이다.

후성자로부터 약간 남쪽으로 가면 건창현 파십한향巴什罕鄕 "토성자土城子" 고성이 있다. 축성 시기는 비교적 이른 전국시대에서 한대에 해당한다. "후성자"와 "토성자" 두 곳 모두 예나 지금이나 육고하 상류의 교통로를 제어하고 있는데, 서변은 요서의 유명한 "흑산黑山"에 가깝다. 흑산은 송령산맥松岺山脈의 여맥이며, 예로부터 요서의 2대 하천인 대릉하 상류와 육고하의 천연 분수령으로서, 옛날에도 마땅히 두 하천유역의 교통로를 가르는 천연의 경계선이었다. 흑산 서쪽은 청룡하구靑龍河口[옛 청형구靑陘口]를 나가서 대릉하 상류 유역으로 진입하는 교통로인 옛 노룡도盧龍道의 북단이 된다. 흑산 동쪽은 육고하와 소릉하 상류를 따라가게 되어 있어서, 요서의 연해 북쪽에서 유성으로 이어지는 또 하나의 하천을 따라가는 육로교통로였다.

이 고대 교통로 상에서 바다에 가까운 곳의 가장 중요한 고고 유적과 교통지리 좌표는 현재 요령성 수중현 북쪽의 육고하 하류 유역에서 발견된 고성채촌古城寨村 한대 성터와 석하石河 하류의 산해관山海關 서남 8리 거리에 있는 고성촌古城村 옛 성터이다.

전자는 요령성 수중현 육고하 서안의 최가하崔家河 연안 부근에 있다. 이 고성채촌 고성은 남북 길이가 250미터, 동서 너비가 200여 미터가 남아 있다. 60년대 초 실시된 고고 조사로 판축의 토성벽 높이가 2미터임이 밝혀졌다. 성 안은 개간되어 이미 경작지가 되었으나, 대량의 한대 회도와 홍갈도 및 승문도 조각과 벽돌 기와가 흩어져 있었다. 이 고성은 현재까지 육고하 하류의 연해 교통로 상에서 발견된 가장 큰 규모의 한대 고성이다. 자연지리 상으로 보면 고성채 동쪽은 육고하에 면하고 북쪽은 용왕산에 가깝고, 남쪽으로는 큰 바다에 연해 있어서 한·위

시대 요서의 연해 육로 교통로를 제어하는 중추 지역이었다. 이 고성으로부터 서남쪽으로 수십 리를 가면 앞서 언급한 요서의 옛 갈석 등 연해 교통의 거점에 이를 수 있다.

후자는 현재 요령성 수중현 만가진의 옛 "갈석" 서남쪽 약 10여 킬로미터의 하북성河北省 무녕현撫寧縣 경내에 있다. 고성은 현재의 산해관 서남쪽 8리 거리의 고성촌 동북에 있는데, 성터 아래가 사하沙河에 임하고 있으니, 석하 옛길 서안이다. 석하는 후한 이후의 옛 "투수渝水"이다. 고고 조사를 거쳐 고성촌 동북쪽 한 지점의 성자리城子里라고 부르는 대지에 대량의 권운문卷雲紋 원와당圓瓦當과 마름모 및 기하문의 공심전空心磚 조각 등 후한 시대의 유물이 흩어져 있었다. 성의 평면은 방형으로 사방에 판축 성벽을 갖추고 있는데, 직경 300미터이다. 지리 위치와 고고 유적으로 고찰해 볼 때 이 성은 후한 이후 요서군의 임투현성臨渝縣城이었을 가능성이 있으며, 후대인 수·당 시대의 임투관臨渝關과 유관수착榆關守捉의 주둔지에 해당한다.[39] 한·위 시대에 성에서 나와 남쪽으로 요서의 갈석에 이른 뒤, 다시 연해로를 따라 서남행하면 노룡에 이르기 전의 첫 번째 관문인 현재의 산해관 서남쪽 8리에 있는 임유현 고성에 이르는데, 이것이 후한 시대에 서쪽으로 옮긴 임투현 치소이다.

위에서 서술한 한·위 시대 연해의 갈석도는 고고학 발견으로 노선이 이어진다. 즉, 조양시 남쪽 원대자에서 시작하여 십이대자하를 따라 소릉하 상류와 육고하 상류의 파십한고성으로 들어간다. 육고하를 따라 내려오면 수중현의 고성채를 지난 뒤 서남쪽으로 산해관 밖 18리의 만가향 금사둔고성金絲屯古城과 강녀분[갈석]에 이른다. 갈석을 지난 뒤 무

39.　康群,「榆關考辨」,「遼海文物學刊」 1988-2 및 孫進己·王綿厚 主編,「東北歷史地理」 제2권.

중현 고성촌의 옛 임유현성을 지나게 된다. 이러한 옛 교통로 상의 여러 고성 유적은 서로 인접하여 끊어지지 않고 있으며, 연대상으로 위로는 전국시대로부터 한·위 시대를 거쳐, 아래로는 수·당 시대에 이르고, 요·금 시대에 까지 내려와 천여 년의 세월로 이어졌다. 이렇게 하천을 따라 나 있는 연해의 옛길은 수천 년의 오랜 세월을 거치면서도 쇠퇴하지 않았음을 보여준다. 이 고대 교통로는 앞 절의 분석과 같이 후한 건안 12년 9월에서 10월 무렵 조조가 3군의 오환을 북정한 뒤 회군한 노선으로서, 유성을 출발하여 남쪽으로 바닷가에 이르러 갈석에 오르고 임유관을 지나 어양의 여러 곳으로 진입했던 행군로이다. 고대 자연지리를 보면 이 노선 중 근해 부분은 양한시대 무렵 발해(옛 칭호는 북해)만 서안과 북안의 바닷물 침식으로 야기된 해안선의 변화를 겪어 위·진 시대 이후에야 점차 원상을 회복해갔다.

4. 한·위시대 요서 연해 갈석도의 수륙 변천

문헌 기록과 현대 과학연구가 점진적으로 밝힌 바에 따르면, 고대 요서 발해만 연안으로부터 난하 하류 유역을 거쳐 해하海河 하류 유역에 이르는 발해만의 서해안이 전한과 후한 사이의 시기에 일찍이 복잡한 수륙 변천을 겪었고, 이것이 발해와 갈석 사이의 해안 교통에 커다란 영향을 미쳤다.

역사 기록이 이 방면에 대하여 후대인에게 남긴 정보는 간략하다. 그러나 거기에는 기원 전후로부터 시작된 한·위 시대 고대 북해北海[오늘날의 발해] 연안의 해륙 변화가 명확하게 기록되어 있다.

『수경주』하수 조에 다음과 같이 전한다.

"옛날 [순임금이] 연과 제가 멀고 넓어서, 나누어 [연에는 유주를 그리고 제에는] 영주營州를 설치하였다. [현재의] [영주]성은 바닷가에 닿아 있는데, 바닷물이 북쪽으로 넘어 들어 성이 물에 잠긴 것이 반이다."

『수경주』에서 지적한 "바닷물이 북쪽으로 넘어 들은" 것은 한과 한 이전 발해의 북안 침수를 지칭하는 것이다. 이것은 반고의 『한서』기록과 서로 부합한다. 『한서』「구혁지溝洫志」는 다음과 같이 기록하였다.

"대사공大司空 연掾인 왕횡王橫이 말하기를, 황하가 발해로 들어가는데, 발해의 바닥이 한목韓牧이 파고자 한 곳보다 높습니다. 전에 하늘이 일찍이 연이어 비를 내리고, 북동풍이 부니, 바닷물이 넘쳐서, 서남쪽 수백 리가 침수되었습니다. 구하九河[40]의 땅이 이미 바다에 잠겼습니다."[41]

현대과학의 연구에 따르면, 전한에서 기원 전후에 발생한 발해 대해침 사건은 왕횡이 말한바 "전에 하늘이 일찍이 연이어 비를 내리고, 북동풍이 부니, 바닷물이 서남쪽으로 넘친" 계절적 원인이 아니라, 역사시대 발해만 지역의 지각운동에 의해 조성된 것이다. 예를 들어, 『한서』「원제기」에 기록하기를, "1년 중 땅이 두 번 움직이고, 북해의 물이 넘쳐, 인민을 휩쓸어 죽였다."[42]라고 하였다.

---

40. [역자주] : 『尙書』「禹貢」導河에서는 "또 北播를 九河라고 한다."라고 하였다. 『爾雅』「釋水」에서는 徒駭 太史 馬頰 覆釜 胡蘇 簡 絜 鉤盤 鬲津 等을 가리켜 九河라 하였는데, 지금의 華北平原東部 近海 一帶에 해당하며, 그 구체적 경유지 등은 정확하게 지적하는 것은 불가능하다. 近人은 대부분 九河는 古代 黃河 下遊의 衆多한 지류의 合稱이며, 반드시 9줄기의 河를 지칭하는 것이 아니라고 주장한다.
41. 『漢書』 卷29 「溝洫志」 (1697쪽).
42. 『漢書』 卷9 「元帝紀」. 중화서국본 『한서』에서는 浸 대신 溢을 쓰고 있다(『漢書』 283쪽).

제한된 문헌 기록을 통해 보면, 『한서』에서는 한 무제 원봉 2년(기원전 111)에 동쪽으로 바닷가를 따라 "갈석"에 이르는 순행이 있었다고 했다. 그러나 원제 시기에 이르러 이미 북해가 넘쳐 인민을 휩쓸어 죽이고 있었다. 역사상 북해 즉 발해만 해침의 발생이 한 무제가 요서의 갈석에 오른 뒤와 한 원제 전후에 있었음을 설명해 준다. 그리고 원제 시기 "1년에 두 번 땅이 움직였다."는 기록으로부터 보면, 원제 시기는 발해 연안의 지각 변천 시기이고, 전한 말년에 이르기까지 발해 연안 지질구조 운동의 활동 시기였다. 따라서 『수경주』 유수濡水 조에서 말하길, "옛적 한대에 바닷물이 일어 높은 곳으로 올라와, 집어삼킨 땅이 넓었는데, 갈석도 함께 큰 파도에 잠겨있다."[43]라고 하였다. 반고와 역도원이 각기 기록한 바가 서로 증명하듯이, 역사시대의 발해 침수는 문헌을 통해 명확하게 밝힐 수 있다.

일찍이 20세기 1960년대에 고고 발굴자들과 지질 연구자들은 천진 지구 발해 서안에 대한 종합고찰에 근거하여 이미 다음과 같은 의견을 제출하였다.

> "해침은 한 무제 이후 전한 말기에 이르는 시기에 발생하였다. 이것은 우리가 보아온 고문화 유적의 연대와도 서로 부합한다. 즉 전한 조기와 중기의 유물만 보일 뿐, 전한 말기에서 후한대의 유물은 보이지 않는다. (중략) 한 무제가 갈석에 올라간 이후 조위曹魏 이전은 바로 해침이 발생한 시기이다."[44]

---

43. 『水經注』 권14 濡水條. 『水經注疏』에서는 當同으로 표기되어 있다(『水經注疏』 1166쪽).
44. 韓嘉谷等, 「渤海灣西岸考古調査和海岸線變遷研究」, 『歷史研究』 1期, 1966.

한대 해침의 범위와 영향에 대해서 검토한 자들은 다음과 같이 추정하였다.

"해침의 범위는 주로 天津市 교외에서 寧河 남부와 黃驊 북부 지구를 포괄하였다. 지세로 보면, 침수 구역이 해발 4m까지 이르렀다. (중략) 해침 지역은 한·위 시대에 이르러 해침 이전의 상황으로 회복되었다."[45]

최근 30년 발해 연안 고고 발굴 작업의 진전은 상술한 역사 시대에 발생한 발해 해침 사실에 대한 고증이 정확하다는 것을 증명해 줄 뿐만 아니라, 나아가 한대의 해침이 단지 발해 서해안에 제한된 것이 아니고 그 여파가 지금의 요서 발해만 북안 및 영구 일대에까지 미쳤음을 보여 주고 있다. 최근에 발굴된 요동만 서부 수중현 만가진萬家鎮 장자리와 흑산두 등 몇 곳의 대형 진·한대 유적을 보면, 진대와 전한 시기 유물만 보인다.

예를 들어 전형적인 기문夔紋·권운문卷雲紋 와당, 회승문灰繩文 판와板瓦, 통와, 그리고 전국 시대에서 한 초에 이르기까지의 기하문 공심전 및 기타 건축구조물이 있다. 전한 말에서 후한에 이르는 시기의 유물은 매우 적게 보인다. 이 밖에 고고 지표조사에 따르면, 영구營口와 개주蓋州 일대 바닷가에 붙어 있는 한대 묘 중에서도 역시 해침에 의한 모래 퇴적층이 발견되었다. 당시 발해의 해침이 미친 바가 이미 발해 동안과 북안에까지 영향을 주었음을 설명해 준다. 이는 발해 서안의 고고 유적과 완전히 서로 부합하는 것으로, 당시 발해의 해침이 파급된 지역이 넓었음을 증명해준다.

---

45. 韓嘉谷等, 「渤海灣西岸考古調査和海岸線變遷研究」, 「歷史研究」 1期, 1966.

수중현으로부터 북쪽으로 10여 리 떨어진 곳에 이르기까지, 해안으로부터 멀리 떨어진 4m 등고선 이상 지역의 옛 성곽과 요새 유적을 보면 한대 고성 중에서도 전한 만기 및 후한대의 유물은 매우 적게 발견되었다. 이는 고대 요서 지역의 해안 교통로 상에 위치했던 고성들이 양한 시대에 바다에 함몰되지 않았음에도 불구하고, 일찍이 해침이 조성한 교통 단절로 인해 폐기되었음을 설명해 준다. 현재까지의 사료와 고고 유적을 통해 고찰해 보면, 후한 말 건안 연간에 조조가 북쪽으로 삼군오환을 정벌할 때 회군로로 사용한 육고하 하류 유역의 "고성채"와 요서 연안의 "갈석도"는 전한 이래 근 200년 간 해침으로 단절된 교통로가 이후 새롭게 회복되었음을 보여준다. 이 해안 교통로는 노룡도와 마찬가지로 전한 말부터 후한 건무 시기 이래 200년 가까이 단절되었다. 다른 점은 노룡새를 나와 유성柳城을 향한 평강도는 새북 오환의 입새라는 정치적 원인에 의해 단절되었지만, 요서 해안의 갈석도는 주로 전한 이래 발해의 대해침이라는 자연적 원인에 의해 끊겼다는 것이다. 후한 말 삼군오환에 대한 조조의 북벌 때에 이 해안 교통도가 기본적으로 회복되었다 하더라도, 계절적 기후의 영향을 받는 것이 비교적 크고, 해침 여파의 영향으로 한여름에는 "얕아도 거마가 교통할 수 없고, 깊어도 배를 띄울 수 없었다." 단지 초겨울 10월에 이르면, 바야흐로 해안도로를 따라 갈석에 이르러 창해를 보고, 요서와 어양의 여러 군 사이를 왕복할 수 있었다. 이로부터 수·당에 이른 이후에야 요서 해안의 갈석도는 비로소 요서 해안 교통의 중추로서 중요한 역사적 지위를 회복할 수 있었다.

5. 요서군의 유성-교려도交黎道

한·위 시대 요서 지역의 교통지리 가운데 대릉하와 육고하를 잇는 옛길과 더불어 중요하였던 것은 요서군 서부도위 치소인 유성으로부터 동남쪽으로 가서 요서군 동부도위 치소인 교려현에 이르는 간선이다. 이 노선은 한·위 시대 요서 지역 육상 교통의 요로 중 하나이다. 이 교통 노선의 주요 출발점과 종착점은 요서군 요동도위의 교려와 요서군의 요충지인 유성이다. 이 육로 교통의 중요성은, 군사적인 측면에서 그 서쪽으로 서부도위 유성으로 이어져 북쪽으로 우북평군의 평강과 요서의 변새로 나갈 수 있고, 중간에 요서의 중심지인 양락陽樂[46]을 관통하여, 동쪽으로 요서군 동부도위 교려로 연결된다는 점에 있다. 요동과 요서 두 군 사이에서 도위의 요충지를 잇는 군사적 요도이다. 정치적인 측면에서 보면 이 길은 요서의 유성으로부터 동쪽으로 교려를 거쳐, 대릉하를 건너 무려를 지난 뒤, 다시 동쪽으로 양평으로 가는 군·국 사이의 교통 간선이다. 이 노선은 동북 지역 남부의 교통 지리 가운데, 한대의 유주의 북부 영역인 북경에 속했던 요동과 요서 및 우북평이라는 세 개의 군을 연결하는 교통간선이다. 이 교통로상에 위치한 주요 경유지로는 유성, 교려, 무려 등이 있는데, 이를 연결하여 하나의 노선을 이룬다.

(1) 유성柳城

유성은 한대 요서군 서부도위의 치소이다. 『한서』「지리지」에는 그 현

46.　[역자주] : 요서군의 치소.

의 경내에 마수산馬首山이 있고, "참류수參柳水[47]가 북쪽으로 흘러 바다에 들어가는데, 서부도위의 치소이다."라고 기록되어 있다.[48] 앞에서 서술한 바와 같이 조조가 북으로 삼군오환을 정벌한 요서도에 대한 고증에 따르면, 한의 유성은 현재 조양朝陽시 남쪽 12.5km 지점에서 발견된 유성진 원대자袁臺子 한대 고성이다.

유성 고지古址가 확인됨에 따라 유성으로부터 동남쪽 육로로 가는 또 하나의 교통 간선의 방향에서 비교적 정확한 주요 경유지를 찾을 수 있게 되었다. 즉 이 길은 현재의 조양 남쪽 원대자로부터 대릉하의 지류를 따라 동남쪽으로 가서 오늘날의 몽고영자蒙古營子와 서영자西營子 오십가자五十家子를 거쳐, 소릉하小凌河 북안의 이십가자二十家子에 이른다. 이십가자로부터 다시 소릉하의 곡도를 따라 동쪽으로 약 100리를 가면, 바로 대릉하 하류 유역의 한대 요서군 동부도위 교려현, 즉 지금의 의현義縣 남쪽에 도달한다.

(2) 교려

후한 이후에는 창려昌黎라 부르기도 하였으며 요동속국 도위의 치소로 바뀌었다. 『한서』「지리지」 교려현 조에서는 "유수渝水가 새외로부터 흘러들어와 남쪽으로 바다로 들어간다. 동부도위의 치소이다."라고 적었다.[49] 북위 역도원의 『수경주』「백랑수白狼水조」에서는 유수가 남쪽으로 흘러 창려고성 동쪽을 지난다고 하였다. 유수는 오늘날 요서 대릉하 하류 및 그 북쪽 지류인 상류의 망우하牤牛河를 가리킨다. 『한서』「지

---

47. [역자주] : 현재의 소릉하.
48. 『한서』 권28 「지리지」.
49. 『한서』 권28 「지리지」.

리지」와 『수경주』에 기록된 창려와 유수의 지리 관계를 분석해 보고, 또 최근에 요서 대릉하 하류의 서안에서 발견된 능해凌海시 대업향大業鄕 한·위 시대의 유적과 대량의 무덤군으로 추정해 보면 대릉하 하류 서안의 대업향 일대가 한대 요서군의 동부도위 요충지인 교려현일 것이다. 이곳으로부터 동쪽으로 대릉하[유수]를 건너 의무려산醫巫閭山 동남쪽에 이르면, 바로 요동군의 서부도위 치소 무려현無慮縣의 경내에 도달한다.

(3) 무려

한·위 시대의 요서와 요동군 사이의 교통에서 상술한 유성에서 동쪽으로 양평에 이르는 요서도遼西道가 대릉하를 건너 거치게 되는 무려현은 요동군과 요서군이 경계를 맞대는 또 하나의 요충지이다. 무려현은 유주의 북진北鎭인 의무려산에서 이름을 얻었다. 선진으로부터 한·위에 이르는 여러 문헌에 이미 여러 차례 기록이 보이므로, 사가들 사이에서도 이에 대한 논쟁은 없다. 다만 의무려산에서 이름을 따 명명한 한대의 무려현은 이전에는 고고 유적의 증거가 없기 때문에, 대체로 현재 요서 의무려산의 북진 일대로 비정하였을 뿐이다. 그러다가 20세기 60년대 요령성 북진현 서남부 의무려산 동남쪽 기슭에서 요둔진廖屯鎭 대량갑大亮甲 한성漢城이 발견된 이후 유적과 가까이에 있는 의무려산의 방위 등의 고찰을 통해 양한 이래 요동군 서부도위 무려현임이 의심의 여지가 없게 되었다.

상술한 한의 유성으로부터 동남쪽으로 소릉하 북안을 따라, 동쪽으로 대릉하 하류의 창려와 의무려산 남쪽의 무려현으로 가는 고도는 양진남북조 시기에는 용성龍城으로부터 동남쪽으로 여라성汝羅城을 거쳐 요동으로 가는 육로 교통선이 되었다.

6. 요서·우북평군의 수변도戍邊道

한대 동북지역 남부의 교통로는 요동·요서·우북평 등 각 군 사이의 교통을 제외하고 3군이 모두 변방과 관새關塞에 위치했기 때문에, 북쪽으로는 부여·흉노와 오환과 접해있었다. 따라서 군의 경계에서 북쪽으로 가거나, 군대가 변새로 나가는 수변도가 있었다. 앞 절에서 기술하였듯이 요동군에는 양평·후성에서 북쪽으로 현도를 지나 부여·고구려로 가는 변경의 길이 있었다. 요서와 우북평군에는 북쪽으로 흉노좌부匈奴左部와 오환·선비로 통하는 길이 있었다. 한·위 시대의 요서·우북평군의 수변로는 고고 유적과 문헌 기록상으로 고찰해 보면 주로 두 노선이 있다. 하나는 요서군 서부도위가 있던 유성에서 서북쪽으로 나가 옛 우북평군의 평강을 경유하는 길이고, 다른 하나는 유성 동북쪽으로 백랑수[지금의 조양 동북의 대릉하]·유수[지금의 망우하]를 따라 동북쪽으로 임유·신안평을 경유하는 길이다.

1) 유성에서 서북쪽으로 우북평군의 치소인 평강으로 가는 길

한대 요서군에서 우북평군에 이르는 사이에 서북 새외로 나가는 수변도의 기점은 유성이다. 유성은 백랑의 험준함을 공제하는 위치에 있었기 때문에 요서군 서부도위가 둔병하는 기지가 되었다. 교통지리상으로 보면 백랑수[지금의 대릉하] 소재의 옛길에 위치한 요충지였다.

요서군의 유성은 교통과 군사지리상의 중요성 때문에 전한 시대에는 북쪽 흉노좌부로 가려면 동쪽 길은 먼저 유성을 지났다. 후한의 요서 태수 조포趙苞가 어머니를 맞이하여 군으로 갈 때 오환의 기마병을 맞닥뜨린 곳도 유성이었다. 한 말 건안 12년 조조가 거병하여 삼군오환을 정벌할 때, 그 최종 목표는 산을 파서 골짜기를 메우기를 5백 리 하여 "동쪽으로 바로 유성으로 향하는 것"이었다. 그 후 북제 문선제 고양 高洋이 북으로 거란을 토벌할 때, 서둘러 길을 가서 영주에서 회전會戰 했는데, 즉 한·위 시대 옛 유성의 고지이다.[50] 한·위·진 시대의 유성은 줄곧 요서군의 변새에 가까운 요충지였다. 고고 유적을 보면, 주로 유성을 경유하여 북쪽으로 대릉하 본류를 건너며, 서북쪽으로는 지금의 조양시 소도파고성召都巴古城과 대묘진 토성자를 지나가는데, 두 곳 모두 중요한 고성이다. 이 두 고성은 모두 유성 서북쪽 변경으로 가는 교통로 상에 있고, 또한 대청산 관애와 가까우며, 이곳에서 대청산과 노노아호산努魯儿虎山 관새를 넘어 북쪽으로 우북평군의 변새에 이른다. 이 수변도상에서 중요한 전국 시대에서 한대의 유적은 상술한 조양 서북의 소도파고성, 대묘진 토성자고성, 대청산 관애이다. 이들 관성은 교통로선상의 남북 방향의 순서대로 간단히 열거하면 다음과 같다.

소도파고성

지금의 조양 서북쪽에서 옛 건평으로 가는 도로 북쪽의 소도파진에 있다. 고고 조사를 통해 밝혀진 고성의 잔존규모는 가로·세로 모두 300여 미터이며, 성곽의 북쪽 토벽은 희미하지만 판별이 가능하다. 고성 안의 유물로 보아, 이곳이 중요한 한대 성임을 알 수 있다. 이곳은 현재의 조양 서북쪽에 있는데, 남쪽으로 가면 한대의 유성[원대자]이 겨우 수십 리에 있고, 성 남쪽은 지금의 조양朝陽에서 옛 건평으로 가는 도로에 인접해 있다. 이 교통로는 예나 지금이나 북쪽으로 대청산과 노로아호산으로 나가는 주요 교통 노선이었을 것이다. 한대 유성의 서북쪽을 방어하는 비교적 큰 규모의 현치였거나 혹은 군사요새이자 교통

50.　『北齊書』卷7, 文宣帝紀.

의 거점이었음을 사적을 통해 살필 수 있다.

대묘진 토성자

이 성은 조양 서북 25km, 소도파고성 서쪽 20~30리에 있다. 현존하는 성터를 통해 고찰해보면, 성은 판축토성으로 평면은 대체로 방형이다. 그 가운데 남쪽 성벽의 보존 상태가 비교적 양호한데, 잔존 길이는 약 130여 미터이다. 성터 안의 유물은 대다수가 전국시대에서 한대의 회승문灰繩紋 판와와 권운문卷雲紋 와당이다. 성터 안의 문화층은 비교적 단순하며, 후한 이후의 유물은 없다. 고고 유적을 통해 판명할 수 있는 것은, 이 성이 후한 초에 요서 변새가 오환에게 함락되기 이전인 전한 시대의 교통 거점 가운데 하나라는 것이다.[51] 지금의 토성자촌과 소도파고성은 모두 조양 서북쪽에서 옛 건평으로 가는 도로에 가까운데, 대묘진 토성자는 도로에서 더욱 가깝다. 오늘날 조양에서 대청산 어귀로 가는 도로는 곧바로 고성 터를 통과해서 지나간다. 특히 고성 서북쪽의 대청산 관성關城 유적이 대묘진 토성자와 불과 10km 거리에 있다. 고금의 지리상으로 보았을 때, 대묘향 토성자는 확실히 전국시대와 전한의 유성에서 서북쪽 요서 변새로 나가는 군사와 교통의 요지였다.

대청산 관새

대청산은 지금의 조양 서북쪽에 있는데, 대릉하 좌안과 노합하 우안에 있는 각 지류의 분수령인 노로아호산의 한 줄기이다. 대청산 위의

---

51. 王綿厚, 「考古學所見漢末遼西郡縣的廢遷與邊塞的内徙」, 『中國考古學會第六次年會論文集』, 文物出版社, 1987.

관새[관성] 유적은 고고 조사에 의하면 조양현 대묘진 토성자 서북쪽 약 10km 교통 간선의 길목에 있다. 관새 유적은 해발 1,153m인 대청산 주봉 동쪽의 마미수촌馬迷水村에 있다. 1982년 고고 조사를 통해 마미수촌 부근의 산 위에 남·북 두 개의 산성이 남아 있다. 두 성은 남북으로 길을 사이에 두고 서로 마주해 있는데, 남성은 길이 120m, 너비 70m이고, 북성은 길이 40m, 너비 35m이다. 남북으로 마주하고 있는 두 성의 규모는 군·현 고성으로서는 충분하지 않다. 또한 성이 모두 산세에 의지하고 있고 대청산 어귀의 서북쪽 변경으로 나가는 고금의 교통 노선을 제어하고 있는 것으로 보아 고대 대청산 관애의 입구를 지키는 보루로 보인다. 초보적인 고고학 고찰을 통해, 교통 노선의 길목에 있는 두 기의 고성 유적에서 한대부터 요대의 유물이 출토되었다. 적어도 한대 이후의 유물은 대청산 상의 두 기의 관성이 유성 서북쪽의 소도파고성과 대묘진 토성자를 방어하던 주요 교통 관새였음을 증명하여 준다. 마미수촌 대청산 관애에서 서북쪽으로 10여 리쯤 가면 노호산하老虎山河 상류, 즉 지금의 오한기敖漢旗 사가자진四家子鎮 노로아호산 서쪽 기슭을 통하는 한대의 장성 유적이 있다. 노호산하장성을 지나 다시 서북쪽 새외로 나가면 불과 수십 리에 우북평군 북쪽 경내의 전국시대부터 한 초에 이르는 연·진·한의 옛 장성유적이 있다. 이로써 대릉하 중류의 한대 유성에서 서북쪽 대청산 협곡을 지나는 이 요서에서 우북평군에 이르는 고대 교통 노선은, 고고 유적 조사에 의하면 한대와 그 이전 시대에 요서군 서부도위의 치소인 유성에서 서북쪽으로 오늘의 대청산 협곡을 나가 곧바로 우북평군 북부 변새로 통하는 수변도였다는 것이 증명되었다. 이 옛 도로는 전국 시대에 5군을 설치한 뒤에 개통되었고, 전한대에 번성하였으나 후한 시대에 일시적으로 오환에 의해 차단되었다. 그러다가 수·당대에 다시 개통되어 요·금에 이르기까지 지속적으로 통행되었다. 당대의 저명한 지리학자 가탐의 『도리기』 기록에 "영주에서 서북쪽으로 100리를 가면 송형령이 있다. 그 서쪽은 해, 동쪽은 거란이다."라고 하였다. 당대의 영주는 오늘의 조양이다. 영주 서북 100리의 송형령은 지금의 대청산[청만령靑巒嶺]으로 송령松嶺이라고도 한다. 당대에 조양 서북쪽의 청산은, 또한 해奚와 거란의 경계로 양 부족 사이를 왕래하는 관애이기도 하였다. 이 교통 노선은 한대의 고도를 그대로 이용했을 것이다.

2) 유성에서 동쪽으로 임유·신안평으로 가는 길

한대에 요서 수변로의 또 다른 노선은, 요서군 유성에서 출발하여 대릉하 본류를 따라 동북쪽으로 가서 지금의 요령성 북표시 하부下府 일대에 이르는 길이다. 이곳에서 대릉하 북쪽 지류인 망우하를 거슬러 올라 북쪽으로 가면, 지금의 나만기 경내로 진입하고 요서의 새외에 도달한다. 이 고대 교통 노선이 지나가는 경로는 고고학적 발견에 의해 지금의 조양 동북 방향으로 두 개의 육상 노선이 있음이 밝혀졌다. 하나는 정동 쪽으로 가서 대릉하 계곡을 따라가는 것으로, 지금의 대릉하 북안의 의현 북쪽에 있는 부흥보 한대 성에 도달한다. 다른 하나는 조양에서 동북쪽으로 망우하 곡도谷道를 따라 북쪽으로 변새를 나가는 길로서 지금의 내몽고 나만기 사파영자고성沙巴營子古城과 서토성자西土城子 등의 중요 고성과 관새유적에 이르는 길이다. 이를 나누어 기술해보면 아래와 같다.

의현 북쪽의 부흥보 한성漢城

이 성은 조양 동쪽 의현 동북의 구도령진九道嶺鎭 부흥보 부근에 있다. 성터의 남쪽은 지금의 대릉하[옛 백랑수] 옛길 10여 리에 임한다.

서쪽은 남류하여 대릉하로 들어가는 망우하[옛 유수 상류]에서 50~60 리 떨어져 있다. 동쪽은 대릉하의 또 다른 지류인 서하 즉, 세하[옛 후수]에 가깝다. 부흥보 한성 주변의 지리 분석에 의하면, 『한서』 지리지에 "한 현의 경내에 백랑·유수·후수가 합류한다."라고 한 것은 다만 요서 임 유현 한 현에만 해당된 것일 뿐이다.[52] 이 옛 노선은 유성 동북쪽에서 전한 요서군 북부의 변경 현인 임유현으로 향하는 교통 지선 가운데 하 나일 것이다. 후한 이후 오환의 입새로 인해, 이 길은 임유 등의 현과 연동되어 남쪽으로 옮겨졌다.

나만기 사파영자고성

한대 유성 동북쪽에서 새외로 나가는 또 하나의 길은, 유성 동북쪽 을 지나 옛 백랑수[지금의 대릉하] 하곡을 따라 지금의 하부下府 일대에서 북쪽으로 방향을 바꾼 후에 망우하를 따라 변새를 나와 북쪽으로 가는 것이다. 이 교통로상에 있는 중요한 성터가 지금의 나만기 사파영자고 성이다. 이 성은 망우하 상류 동안의 선보영자향善堡營子鄕 사파영자촌 동쪽에 있다. 지리상 좌표는 동경 120° 50′, 북위 42° 40′이다. 1973년 과 1974년 길림성 고고학팀의 두 차례 조사와 발굴이 있었다. 현존하 는 성터는 방형이며, 북동·남동·북서 3면의 성벽이 남아 있다. 성벽은 판축으로 되어 있으며 둘레는 1,350m이다. 요서군에 있던 진·한 시대 의 변새가운데 비교적 큰 고성지에 해당한다. 성터 안에서 전국시대의 연·진부터 전한 시대의 유물이 대량으로 나왔고, 아울러 진시황 26년 (기원전 221년)에 통일된 도량형 조판詔版 도량과 철제 저울이 나왔다. 그

52. 王綿厚, 「考古學所見漢末遼西郡縣的廢遷與邊塞的内徙」, 『中國考古學會第六次年會論文集』, 文物出版社, 1987.

러나 후한 이후의 유물은 적다.[53] 성의 위치를 보면, 북쪽은 진·한 장성과 25㎞ 떨어져 있고, 망우하의 곡도에 위치해 있다. 실제로 진·한 시대의 요서 변새와 요서 지역의 교통로상에 있던 요충지였다. 성이 변새와 가까운 위치에 있고, 특히 성의 경내에 동북 방향으로 멀지 않은 곳에서 이수(夷水, 지금의 신개하)가 동쪽으로 새외로 들어가는 등의 지리조건과, 『한서』 지리지 신안평현 주에 이수가 동쪽으로 새외로 들어간다는 기록 등을 종합적으로 고찰해보면, 변경 가가운 곳에 있는 중요한 고성은 한대 요서군의 신안평현일 것이다.[54]

나만기 서토성자

이 성은 사파영자고성 서북쪽 40여 리에 있으며, 교통로상으로는 망우하 상류 서안에 해당한다. 북쪽으로 진·한 장성과의 거리가 겨우 20여 리 떨어져 있어서 진·한대 요서군 변진邊鎭의 성 가운데 하나였다고 할 수 있다. 성터의 규모는 사파영자고성과 매우 비슷하여, 진·한 장성의 연선에 위치한 대형의 군사 성보였음을 보여준다. 서토성자에서 출토된 유물과 지리 환경 분석을 통해 이 성이 한대 요서군 변새의 중요한 방어 성 가운데 하나였음을 알 수 있다. 이 추론은 다음과 같이 증명할 수 있다. 지금의 나만기 사파영자고성으로부터 서북쪽으로 하곡도를 따라 서토성자와의 사이 약 수십 리가 되는 변새 내의 교통로상에서의 고고 조사에 의해 수 기의 고대 봉수대 유적과 관애 유적이 서로 연속되어 있다는 것을 알게 되었다. 이런 유적들은 대청산 상에 위치한 관성 유적과 같은 목적에서 설치되었다. 고대 망우하 곡도를 따라 북쪽

---

53. 李殿福,「西漢遼西郡水道·郡縣治所初探」,『遼寧大學學報』 2期, 1982.

54. 王綿厚,「考古學所見漢末遼西郡縣的廢遷與邊塞的内徙」,『中國考古學會第六次年會論文集』, 『漢書』 28下,「地理志」遼西郡.

으로 요서 변새로 가서 사파영자·서고성자 등을 경유하는 고대 교통로
는, 당시 병사를 두어 지키고 장障을 설치하여 군대가 통행하던 길이다.
『한서』 무제기에 있는 당 안사고의 주에 "한의 제도에는 새의 요처마다
별도로 성을 쌓고 사람을 두어 지키게 하여, 이를 후성이라 하였는데,
이것이 곧 장이다."라고 한 것과 같다.[55]

상술한 바와 같이, 옛 교통로는 한대 요서군 유성에서 서북쪽으로 대
청산 관애를 나가 노호산장성과 적봉 북쪽의 연·진 장성을 지나서 새
외로 나가 북쪽으로 가는 수변도와, 유성에서 동북쪽으로 가서 대릉하
와 망우하를 따라 동북쪽으로 나만기 사파영자고성과 나만기 서토성자
고성을 지나서 곧바로 요서 변새로 간다. 이 교통로에서 발견된 고성
과 봉수유적 및 당대의 고고자료로써 옛 문헌 기록의 한대 장새를 두어
변방을 지킨 제도[設障屯邊之制]로서 증명되었다. 오랫동안 문헌에서 산
실된 ·우북평군의 고대 교통지리 및 변진邊鎭 수비 관련 유적이 문헌기
록으로는 대체할 수 없는 중요한 실증자료를 역사가들에게 제공해 주
었다. 고고 유적의 발견과 고금의 하도河道에 대한 주향 탐구에 근거하
여, 전국시대와 진·한대 요서 및 우북평군의 경내에 있던 수변도의 주
요 주향을 대체로 구획할 수 있게 되었다.

---

55. 『漢書』 卷6, 武帝紀.

한위시대 요동의 수로 교통

앞의 각 절에서 기술한 여러 육로 간선을 제외하더라도, 한위 시대 동북지역 교통의 역사에서 문헌 기록에서 확인할 수 있는 해상교통과 하천 운송은 매우 발달하였다. 고대의 자연지리 조건 때문에 한·위 시대 동북지역과 중원 사이의 해상 교통은 주로 동북지역 남부에 있는 요동군이 중심이었다. 또한 주요 노선은 요동반도 해안 주변의 읍락에서 출발하여 남으로 발해해협을 건너거나 혹은 황해 연안을 따라서 산동반도에 있던 한대의 제군齊郡과 동래군東萊郡 지역을 왕래하는 것이었다. 역사기록을 통해 검토해 보면 당시 동북지역 남부의 주요 해상 교통로는 세 가지의 노선이 있었다.

① 산동의 등登·래萊에서 바다길로 묘도廟島열도의 북쪽 해로를 거쳐 현재의 요동반도 여순 노철산 인근에 이른 뒤 북행하여 옛 마석진馬石津과 답진沓津으로 상륙하는 노선

② 산동에 있던 한대의 제군齊郡과 동래군東萊郡에서 바다길로 동북으로 항해하여 황해 해안을 따라서 압록강 어귀의 안평도安平道로 들어가

다시 방향을 돌려 조선만 해역을 지나 대동강 입구(옛 列口) 또는 청천강 (옛 淇水) 입구를 통해 상륙하는 열구도列口道와 조선도朝鮮道

③ 산동의 동래군東萊郡이나 어양군漁陽郡 천주泉州(현재의 천진 일대)에서 발해를 건너 요구遼口로 들어간 이후 대요수大遼水와 양수梁水를 거슬러 양평襄平에 이르는 길

이상의 여러 해로를 나누어 기술하자면 다음과 같다.

1) 산동의 제군齊郡과 동래군東萊郡에서 출항하여 요동의 마석진과 답진에 이르는 길

이 간편한 해상교통로는 제1장 선진시대 동북지역의 고대 교통에서 지적하였는데, 일찍이 신석기시대부터 이미 (요동과 산동) 두 반도 사이를 왕래하는 해로가 있었다. 생각건대 이 해로는 한위시대에도 여러 문헌기록에서 분명하게 볼 수 있었다. 이 시기 두 반도 사이의 해로를 왕래했던 주류는 민간의 자연스런 이동이나 상업교류활동이 아니었다. 그것은 주로 정치적 원인으로 발생한 해상교통이나 선박의 왕래로서 그 규모는 매우 컸을 뿐 아니라 긴 시간에 항해는 지속되었다. 문헌에서 몇 조목을 들어보자면 다음과 같다.

『후한서』 일민전逸民傳 : [봉맹逢萌의 자字는 자강子康으로 북해군北海郡 도창현都昌縣 사람이다. 왕망王莽이 아들 왕자王宇를 죽이자 봉맹은 친구들에게 "삼강三綱이 끊어졌으니 떠나지 않는다면 화가 장차 다른 타인에게도 미칠 것이요."라고 하고는 곧 관冠을 벗어 낙양洛陽의 성문에 걸고

돌아가 가속을 데리고 항해하여 요동군의 객客이 되었다.]¹

『후한서』 봉맹 열전에 기록된 왕망의 사건은 서한 말기에 해당한다. 그의 고향 북해 도창은 한대의 북해군 도창현을 가리킨다. 『한서』 지리지에 따르면 북해군은 서한 경제景帝 중원中元 2년(기원전 148)에 설치되었고, 옛 군은 산동성 영구營丘의 옛 터로서 수현首縣이었던 영릉營陵은 현재의 산동성 창락시昌樂市이다. 한말漢末에 봉맹은 왕망의 폭정을 피해 한나라의 동도東都인 낙양에서 동쪽 산동반도의 북해군으로 갔고, 그 후 북해(현재의 발해)를 건너 "배를 타고 가서 요동에서 타향살이"하였다. 이러한 행로는 당연히 요동반도와 산동반도 사이의 해로를 취하였을 것이다. 한위 시대에는 그 뒤에도 계속하여 정치적 이유로 산동의 북해군이나 제군 지역에서 해로를 통해 요동에 피신하는 이들이 적지 않았다.

『삼국지』 관녕전管寧傳 : [관녕의 자字는 유안幼安으로 북해군北海郡 주허현朱虛縣 사람이다. (중략) 중국에서에 큰 난리가 일어나자 공손탁公孫度이 해외海外에서 기강을 세웠다는 말을 듣고선 병원군邴原郡과 평원군平原郡의 왕렬王烈 등과 더불어 요동에 이르렀다.]²

『후한서』 독행전獨行傳(왕렬王烈) : [왕렬의 자는 언방彦方으로 태원太原 사람이다. (중략) 황건黃巾과 동탁董卓의 난을 만나 요동으로 피신하니 이인夷人이 존경하여 받들었다. 요동태수 공손탁이 형제의 예로 접대하고 그

1.　『후한서』 권83 逸民傳(逢萌).
2.　『삼국지』 권11 管寧傳.

를 찾아 정사를 논하기도 하였다. [그를] 장사長史로 삼고 싶어 하였다. (중략) 조조曹操는 왕렬의 명성을 듣고 [사람을] 보내어 불렀으나 응하지 않았다. 건안建安 24년(219)에 요동에서 죽으니 나이 78세였다.[3]

『삼국지』에서 인용한 「선현행장先賢行狀」에 다음과 같이 전한다. [왕렬은 동탁의 혼란기를 만나 요동에 피신하였다. 몸소 농구를 들고 평민과 함께 하였다. (중략) 태조[조조]가 여러 번 불러들이려 하였으나 요동은 [그를] 풀어놓아 보내지 않았다. 건안 23년(후한서에선 24년으로 기록) 와병으로 나이 78세에 별세하였다.[4]

위와 같이 한말의 관녕, 병원, 왕렬은 산동에서 해로를 통해 요동으로 간 인물로서 분명 개별의 인물이라곤 보기 어렵다.[5] 이들은 한말 요동태수 공손탁과 그 아들 및 손자가 요동에서 자립하고 해외에서 웅비할 수 있었던 인적 요소의 하나였다.

당시 요동 공손씨와 중원의 오나라 사이에 있었던 정부 차원의 해로를 통한 왕래를 보자면 그 규모는 배를 타고 요동에 피신하였던 유민의 경우와는 비교할 바가 아니었다.

『삼국지』 손권전孫權傳 기록: [가화嘉禾 원년(232) 3월 장군 주하周賀와 교위校尉 배잠裵潛을 보내 바다를 통해 요동으로 가게 하였다. (중략) 겨

---

3.   『후한서』 권81 獨行傳(王烈).

4.   저자 미상. 한말~삼국시대 인물의 언행과 사적을 기록한 책으로 裵松之는 『삼국지』 注에서 이 문헌을 여러 곳에서 인용하였다. 이 문제는 후일 행장 문체의 맹아로 평가됨.

5.   (역주) 저자는 정치적 이유로 망명한 인물들에 대해 개별 망명인 아닌 것으로 판단하고 있으나 관녕·병원·왕렬의 경우는 오히려 개별망명으로 보는 편이 망명인의 성격을 분류하는 차원에서도 적합할 것으로 본다.

울 10월에 위의 요동태수 공손연公孫淵이 교위校尉 숙서宿舒와 낭중령郎中令 손종孫綜을 보내 손권에게 번신藩臣을 칭하고, 아울러 담비[가죽]과 말을 바치니 손권은 크게 기뻐하여 공손연의 작위를 더해 주었다.[6]

한말~삼국시기 멀리 강릉江陵 일대에 자리한 손오정권은 해로를 통해 은밀히 요동 공손씨와 맹약하여 조위를 견제하고자 했다. 손권은 가화 원년 3월 공손연이 사절을 보내 손권에게 칭번한 다음해 다시 태상太常 장미張彌 등을 파견하여 대규모 함대를 이끌고 항해하여 요동으로 가게 하였다.

　　같은 책 손권전 기록 : [가화 2년 3월 숙서와 손종을 보내 돌아가게 하였다. 태상 장미, 집금오執金吾 허안許晏, 장군 하달賀達 등에게 장병 만 명과 진귀한 보화 구석九錫 등 하사품을 갖추어 배를 타고 가 공손연에게 수여하였다.[7]

『삼국지』와 『후한서』에서 기록한 한 제국 말기부터 손오정권은 이미 장병 만 명의 대규모 함대와 구석 물품을 실을 수 있는 웅장한 선박을 갖추어 강절江浙 지역 오 땅에서 수천 리의 바닷길로 요동 양평의 공손씨 땅에 이르렀으니, 한위시기 동북지역 남부와 중원지역 그리고 강회江淮 지역 사이의 왕성한 해상교통을 볼 수 있겠다. 동시에 이 대규모적인 선단은 요구遼口(요하 하구)를 거쳐 양평(현재의 遼陽)에 도달할 수 있었다. 이와 같이 만 명이 항해할 수 있는 해상교통로는 기원후 3세기

6.　　『삼국지』 권47 吳主傳2.

7.　　앞의 책.

무렵 중국의 해상교류에서 뿐만 아니라 당시 아시아 전역에서도 종전의 해상교류에서 찾아 볼 수 없던 규모임이 분명하다.

한위시대 중원中原에서 해로를 통해 요동을 왕래하던 수로의 방향에 대해선 한위시대 이래의 사적에 간간히 기록이 있어 약간이나마 고증할 수 있다. 남쪽부터 북에 이르기까지 경유하는 주요 교통지점으론 삼산도三山島, 마석진馬(烏)石津, 답진沓津 등이 있다.

『삼국지』 병원전에 의하면 병원은 요동으로 피신하였다. [나중에 병원은 고향으로 돌아가고자 하여 삼산에 머물렀다.][8] 『삼국지』에서 삼산이란 응당 현재의 요동반도에서 해로로 남행하여 산동반도로 갈 때 도착하게 되는 삼산도三山島를 가리키는 데, 삼산포三山浦라고도 부른다. 『신당서』 고려전에 의하면 당 정관(627~649)에[9] 해로로 고구려를 정벌하였는데 "조서를 내려 삼산포三山浦에 양곡과 무기를 비축"하게 하였다.[10] 송 『태평환우기』[11]에 기록하기를 삼산[포]는 액아掖縣 북쪽 5십리에 있다고 하였다.

『삼국지』에서 병원이 바다를 건너 머물던 삼산이란 『신당서』와 『태평환우기』에서의 삼산포이다. 그 위치는 현재 산동반도 액현(옛 登州, 현재의 萊州市) 이북 5십 리 바다에 있다. 이로써 한위에서 수당에 이르는 시기에 산동반도의 북해군에서 바다를 건너 요동으로 향하자면 반드시 수

---

8.   위 [ ] 안의 인용문은 『삼국지』 邴原傳의 내용이 아니라 병원전에서 배송지가 注에서 인용한 「邴原別傳」의 내용이다. 따라서 이 문단의 『삼국지』는 「邴原別傳」으로 바뀌어야 한다.

9.   『新唐書』 권220 高麗傳에 의하면 위의 내용은 貞觀22년(648년)의 일이다.

10.   『新唐書』 원문의 내용은 「詔陜州刺史孫伏伽 萊州刺史李道裕 儲糧械於三山浦·烏胡島」의 형태이다.

11.   『太平寰宇記』는 송 태종 太平興國(976~983)년간에 樂史가 편찬한 지리지로서 총 200권이다. 13道에 소속된 州府에 관해 서술하면서(171권) 遼에 귀속된 燕雲十六州에 대해서도 동일하게 서술하였다. 四夷에 관해서도 29권을 할애하였다.

상교통의 요지인 내주만萊州灣의 삼산도를 먼저 거쳐야 했음을 확실히 알 수 있다. 그리고 나서 삼산포에서 배로 가로질러 북행하여 현재의 요령성 여순구 노철산 부근으로 상륙하였다. 노철산은 진대晉代 사람이 "마석진"이라고 불렀다. 『자치통감』은 『진서』 재기의 편년에 의거하여 "함화 9년8월(334년 9월) 모용황慕容皝을 진군대장군鎭軍大將軍 평주자사平州刺史 대선우大單于 요동군遼東公에 봉하였는데, (중략) 마석진에서 하선하였다."라고 하였다.

위진시대 요동반도 남단 해로의 항구인 마석진은 김육불 선생이 『동북통사東北通史』에서 다음과 같이 고증하였다.

"마석진은 마석산의 포구로서 현재는 여순구旅順口라고 부른다. 마馬와 오鳥 두 글자는 형태가 유사한 바 나는 마석산을 오석산으로 표기해야 한다고 주장한다. 지금은 노철산老鐵山이라고 하는데, 바위가 까맣게 탄 색깔이라 이름을 얻게 되었다."

김육불의 견해는 비교적 합리적이라고 하겠다. 한위시대 이후 산동반도의 북쪽 해안에 위치한 군현에서 요동반도를 향한 항해의 수로는 대부분 액현 북쪽 내주만의 삼산포에서 출발하였다. 배가 북쪽으로 가면서 묘도열도의 해협을 지나 요동 여순구 노철산 항구에 이르러 상륙하였는데, 이곳이 마석진 즉 "오석진"이다.

마석진(노철산)에서 상륙하여 북행하면 먼저 요동반도 남단의 답진 즉 답현의 경내에 이르게 된다. 『삼국지』 공손탁전에서 인용한 『위략』에 실린 공손연 표문에 의하면 "적의 무리는 본래 만 명이라고 하였지만 숙서와 손종이 염탐한 바로는 칠팔천 명으로써 답진에 도착하였습니다. 장군 한기韓起 등을 보내어 삼군三軍을 이끌고 말을 달려 답현沓縣에 이르게 하였습니다."라고 하였다. 『삼국지』에서 답진이란 한위시대 요동군의 답현 포구를 가리키며 답저沓渚라고도 부른다.

『독사방여기요讀史方輿紀要』 권37, 금주위金州衛조에 의하면 답지성沓氏城은 (중략) 서남쪽이 바다에 면해 있는데 답저라고 부른다고 하였다.[12] 이에 근거하여 답진의 위치를 고찰하면 답지현은 현재의 요령성 보란점시 화아산향花兒山鄕 장점촌張店村 옛 성을 가리킨다고 보아야 한다. 이 성에는 전국시대에서 한위시대에 이르는 중요 유적과 유물이 있다. 그 서남쪽은 현재 발해의 보란점만寶蘭店灣 소하구沙河口로서 고대부터 현재까지 요동의 육지와 바다를 아우르는 요지로서 현재까지도 요동 남부 항구의 하나이다. 이런 연유로 한대 답진의 위치를 확정할 수 있다. 한위시대 북해의 여러 군에서 북으로 발해를 건너 요동의 오석진과 답진에 이른 뒤 육로를 따라 곧장 평곽平郭과 안평安市 그리고 양평襄平으로 나아갈 수 있었다. 또한 요구遼口에서 배를 타고 대요수大遼水를 거슬러 요동군성에 이를 수 있었다. 한위시대 이후 개통된 이 요동의 해로 노선은 산동의 북해北海나 등주·내주 지역을 왕래하는 수로교통으로서, 진晉 당唐 요遼 금金 원元의 각 시대를 거쳐 명청明淸의 대규모 해상활동과 하천의 조운 업무에 이르기까지 2천여 년 동안 오래도록 쇠퇴하지 않았다.

2) 산동 동래군과 제군에서 동북으로 항해하여 안평구와 열구에 이르는 길

한위시대 동북지방 남부의 해로교통은 북해군이나 동래군에서 삼산

---

12. 『讀史方輿紀要』 청초 顧祖禹(1631~1692) 등이 편찬한 지리서로 원명은 『二十一史方輿紀要』이다. 명대 이전의 역사지리서를 모아 집대성한 것으로 총 1130권이다.

을 경유 요동의 마석진과 답진에 이르는 것 외에도 약간 동북쪽으로 항해하면 압록강 어귀의 안평구와 현재 북한 대동강 어귀의 열구로 진입할 수 있다. 이것은 한위시대에 중원에서 고구려나 고조선 그리고 낙랑군을 왕래하던 중요한 수로 교통노선의 하나이다.

『한서』 무제본기에 원봉 2년(기원전 109년) "누선장군樓船將軍 양복楊僕과 좌장군左將軍 순체荀彘를 보내어 응모한 죄인들을 거느리고 조선을 쳤다."[13]고 하였다. 누선樓船이라고 이름한 수군의 장군 양복 등은 전한 초기 대규모의 함대로 발해와 황해를 가로질러 조선과 낙랑군 지역을 원정하였으니, 곧 한 초기 수군의 번성함과 수로교통의 발달을 보여주는 것이라 하겠다. 양복은 수군을 이끌고 한 초기 위만조선의 항구였던 열구로 나아갔다. 그래서 『사기』 조선열전에서는 누선장군 또한 열구에 이르러 병사 일에 연좌되었다고 하였다.[14]

열구란 한 무제 이후 낙랑군 구역인 열수列水의 어귀이다. 열수는 낙랑군의 치소인 왕검성—현재의 북한 대동강 하류의 평양 옛 성—지리 위치에서 보자면 응당 현재 한반도의 대동강을 가리킨다. 『한서』 지리지에선 열수는 서쪽 점제黏蟬에 이르러 바다로 들어간다고 하였다. 1913년 일본학자 이마니시 류(今西龍)는 조선의 평안남도 용강군 을동의 옛 성 부근에서 발견된 석비의 기록에 대한 고증에 근거하여 평안남도 용강군 을동 옛 성을 곧 한대 낙랑군 점제현의 옛 성이라고 하였다. 오늘날 대동강 본류는 을동乙洞 고성의 왼쪽 기슭을 지나 황해로 들어가는데, 이로써 한대 낙랑군의 열수가 현재의 대동강이라는 것을 더욱 인정하기에 이르렀다. 그리고 한위시대 산동의 연해지역에서 동북 수

---

13. 『한서』 권6 武帝紀, 194쪽(中華書局印行本)에 의하면 …去朝鮮은 擊朝鮮의 오류임.
14. 『사기』 권110 조선열전, 2989쪽에 의하면 坐兵至洌口라고 하였다.

로로 항해하면 응당 먼저 안평구(압록강 어귀)에 이르게 되고, 다시 동으로 서조선만을 건너 항해하면 대동강의 열구에 도착하게 되어 당시의 북해, 동래, 제, 요동, 낙랑군 등 여러 군의 해상교통이 서로 연결돼 있었다.

한대에 강남의 오 지방이나 산동의 제군과 동래군에서 동북방면으로 안평구의 수로에 들어서는 해로는 문헌의 기록이 더욱 분명하다. 안평구란 압록강 하류에 있는 한대 요동군 서안평현의 항구를 말한다. 한대 서안평현은 현재의 요령성 단동시丹東市 북쪽 압록강 서안에 있는 애하 첨고성靉河尖古城임이 분명해졌다.

『삼국지』 오서吳書 손권전孫權傳에서는 가화 3年(234) 손권은 사굉謝宏과 중서中書 진순陳恂을 보내 고구려왕 궁宮[東川王]을 선우單于로 봉하였다고 기록하였다.[15] 사굉 등은 먼저 배를 타고 항해하여 안평구에 이르렀었다. 고구려는 말 수백 필을 바쳤었는데, 이 때 사굉의 배가 작아서 말 8십 필만 싣고 돌아왔다.

한말~삼국시대에 강릉 손오의 땅에서 바다를 통해 요동 안평구에 도착하려면 장강 하류 손오정권의 중심지인 건강建康(현재 남경)에서 배를 타고 장강 하구에 이르러 다시 동해와 황해를 건너야 비로소 압록강 어귀로 들어설 수 있다. 이 남북 해로의 노선은 수천 리里로서 당시 해운의 번성함을 볼 수 있겠다.

그 후 동진 함강咸康(335~342) 연간 후조後趙의 횡해장군橫海將軍 왕화王華는 수군을 움직여 전연前燕 모용씨慕容氏를 공격하였는데, 역시 거듭하여 해로를 통해 안평安平을 습격한 것이었다. 이곳 역시 제군과 동래군에서 동북으로 항해하여 이르게 되는 현재의 압록강 어귀로서, 옛 안

15.　이 기록 내용은 『삼국지』 본문 내용이 아니라 裵松之 注에서 인용된 「吳書」 내용의 일부임.

평구란 안평성 해구의 의미이다. 『자치통감』 진기에 기록하기를 성제 함강 7년(341) 10월에 후조횡해장군 왕화가 수군을 거느리고 해로로 연의 안평을 습격하여 격파하였다고 하였다.[16]

동진 시기의 조란 함강 연간의 후조 석호石虎정권을 의미한다. 그 지역의 중심은 하북성 형대형대邢臺로서 양국襄國에 도읍하였다. 후조는 바다로 나가 전연을 공격하였는데 당연히 수군으로써 산동의 등주·내주에서 출병하여 바다를 건너 안평을 공격하였다. 『자치통감』에서 연나라 안평이란 한말과 위 그리고 진대의 서안평현을 가르킨다. 전연 시기 요동지역은 서안평 해구를 포함하므로 이미 모용선비 전연의 영역이라 하였으며, 그래서 『자치통감』에서는 "연의 안평"이라고 기술한 것이다. 실제로 전연 시기에 후조의 횡해장군 왕화가 바다를 통해 연의 안평을 습격했던 수로는 한위시대 제군과 동래를 거쳐 동북 바다로 나아가 요동 안평구로 진입했던 것과 동일한 해로임이 분명하다. 이것은 한위漢魏시대부터 양진兩晉시대에 이르기까지 중원지역에서 고구려의 중심지를 포함하여 요동에 이르는 중요한 해로 교통로이다. 남북조시대에서 수당이후까지 오래도록 천여 년 동안 운항되었다.

3) 한위시대 산동에서 바다길로 요구로 가서 양평에 이르는 수로

한위시대 중원에서 동북지방을 향한 해로는 상술한 두 노선 외에 산동에서 바닷길로 요구遼口로 진입하여 대요수大遼水와 대량수大梁水(현재의 太子河)를 거슬러 배를 타고 양평에 이르는 노선이 있다. 이러한 수로 교통 노선은 모두 요동군의 내지에 있는데 주요 경유지인 대요수의 요

---

16.   『자치통감』 권96 晉紀18 咸康7년.

구에서 내하内河 수로로 접어들며 다시 대량수를 거슬러서 바로 요동군 수도인 양평에 도착할 수 있다.

이 수로에서 발생한 유명한 사건은 위 경초 2년(238) 6월에 사마의가 요동 공손연을 정벌한 전쟁이었다. 군사는 두 길로 나뉘어졌다. 하나는 육로로서 [요동의] 대장군 비연卑衍과 양조楊祚 등이 보병과 기병 수만을 거느리고 육지로 나아가 요대[17]에 주둔하면서 주위에 참호 2십여 리를 쌓고 사마의를 공격하려 한 것이다. 다른 하나의 수로는 해로를 통하여 배를 타고 발해만에 이르러선 먼저 요구에 도착한 후 요하를 거슬러 올라가 지금의 해성海城 삼차하三岔河를 지나 요대에 이르고, 그 후 배로 양평에 도착하였다. 『삼국지』 공손탁전에 다음과 같이 전한다.

"경초 2년 봄, 태위太尉 사마선왕司馬宣王을 보내어 공손연을 정벌하였다. 6월 군대는 요동에 도착하였다. 공손연은 장군 비연과 양조 등 보병과 기병 수만을 요대에 주둔시키고 참호를 주변 2십여 리에 만들었다. (중략) 선왕은 군에 명령하여 참호를 뚫게 하고, [일부] 병사를 이끌고 동남쪽으로 향하다가 동북쪽으로 급히 돌려 양평 쪽으로 내닫게 하였다. 비연 등은 양평에 수비가 없을까 두려워 밤중에 도주하였다. [사마의] 여러 부대가 진격하여 수산首山에 이르렀다. 공손연은 다시 비연 등을 파견하여 위군魏軍을 맞아 죽을 각오로 싸웠다. 다시 쳐서 크게 격파하고, 군을 추격하여 마침내 [양평]성 아래에 이르고 주변에 참호를 구축했다. 마침 큰 장마가 3십여 일 지속되니 요수의 물이 크게 불어 배를 움직이는 데 요구부터 양평성까지 빠르게 도달할 수 있었다. (중

---

17. (역주) 『한서』에서는 遼隧(요수)라고 하였으나 『후한서』 이후엔 이를 간략히 하여 遼隊(요대)로 표기하였다.

략) 8월 병인일 밤 길이가 수십 장이나 되는 큰 유성이 수산으로부터 동
북으로 날아 양평성 동남쪽에 떨어졌다. (중략) 성을 깨고 상국相國 이하
수급을 벤 것이 천을 헤아릴 정도였는데, 공손연의 머리는 낙양으로 보
냈다. 요동 대방 낙랑 현도군이 모두 평정되었다."

  위 조항의 역사 사실은 다시 『자치통감』에서도 볼 수 있다. "경초 2년
가을 7월에 큰 장마로 요수가 크게 불었다. 요구부터 [양평]성 아래까지
배가 신속히 운항할 수 있었다. 비는 한 달이 지나도록 멈추지 않았다.
평지인데도 물높이는 여러 척이나 되었다. 삼군은 두려워 군영을 옮기
고자 하였으나 사마의는 군중에 령을 내려 감히 옮기는 일을 말하는 자
참형에 처할 것이라고 하였다."[18]

  『삼국지』와 『자치통감』에 (각각) 기록된 위 경초2년은 사마의가 요동의
공손연을 정벌한 동일한 전쟁이었다. 이 전쟁에서 수군은 "요구(대요하
가 바다로 들어가는 어귀)부터 양평성 아래까지 신속하게 배를 운행할 수 있
었다." 이것은 한위시기 요하의 하천 항로가 처음으로 열린 것이었다.
요구부터 시작하여 곧장 양평(현재의 遼陽)으로 나아가는 수백 리 하천
의 수운교통은 명말 청초에 이르도록 줄곧 계속하여 통항 왕래할 수 있
었다. 명대 요동위소遼東衛所에서 둔전屯田하는 수병戍兵의 군량은 곧 대
부분이 산동포정사山東布政司로부터 해로를 통해 요구 또는 대릉하구로
운반되었고 그 후에 다시 운송되어 요양遼陽 또는 광녕廣寧에 이르렀다.
어떤 때는 직예성直隸省의 천진위天津衛에서 출항하여 발해만을 가로질
러 나아가 요하구 안쪽의 삼차하나 우장에 이르고 그리곤 요동 각지로
수송되었다.

---

18.   『자치통감』 권74 魏紀6, 景初2년.

현재에 이르도록 북경 제일당안관第一檔案館에 보관돼 있는 명대『지요해운도支遼海運圖』에서는 바다와 하천의 어귀인 천진위에서 해로를 통해 삼차하구로 들어가고 더 나아가 우장성에 이른다고 하였다. 이는 명의 말기에 이르도록 요하가 바다로 들어가는 어귀가 여전히 우장 부근의 삼차하로 뻗어 있었음을 말해준다. 아울러 경유하는 해로는 산동의 등주·내주 각지와 북경과 천진의 관문을 연결시키는 해상교통의 요로였다. 청대 이후에 이르면 요하 하류의 하도河道가 침전물[뻘]에 막혔기 때문에 중류의 흐름이 완만해졌다. 2천 년이 넘도록 운항하였던 이 동북지역 남부의 최대 하천 수로는 결국엔 폐기되어 역사의 묵은 자취가 되고 말았다.

3

제3장

양진兩晉·남북조시대南北朝時代의 동북지역 육로 교통의 변천

양진·남북조시대는 중국 시대사에서 한漢·위魏 이후 서진西晉의 통일(280)로부터 동진東晉·오호십육국五胡十六國과 남북조南北朝를 거쳐 수隋가 재통일한 589년까지를 가리킨다. 이 시기는 중국 역사상 남·북 민족의 대이동과 대융합이 이루어진 300여 년이었다. 그간 남·북 왕조의 잇단 교체와 행정구획의 잦은 변화는 이 시기의 가장 두드러진 역사적 특징이다. 이러한 현상은 동북지역의 교통지리에도 반영되었다. 선진先秦시대 이래 역사상 장기간에 걸쳐 형성된 교통제도와 교통노선은 역대 지방행정제도와 비교해 보면 대체로 안정적으로 계승되었다. 그렇지만 양진·남북조시대의 부족들의 잦은 이동과 정권교체로 말미암아 동북지역의 고대 교통 또한 전에 없는 복잡한 변화가 나타났다. 양진·남북조시대 300여 년간의 동북지역 남부지구의 고대 교통을 두루 살펴보면 여전히 요동遼東의 양평(襄平 ; 魏의 平州)과 요서遼西의 용성(龍城 ; 營州)을 중심으로 하여 변경과 내지의 각지로 통하였다. 전자는 고성古城 양평을 거쳐 동쪽으로는 고구려로 통하고, 북쪽으로는 부여夫餘 및 물길勿吉과 통하는 교통로가 있었다. 후자는 요서의 용성에서 출발하여 초원과 대막大漠[1]을 통과하여 북쪽으로 지금의 길림성·흑룡강성 서부의 선비鮮卑 고지故地와 오락후烏洛侯로 가는 교통로가 있었다. 또한 한·위시대 이래 새로 개통된 요서에서 중원으로 통하는 세 갈래의 육로는 양진·남북조시대의 북중국에서 교통의 남북 동맥이 되어 역사적으로 중요한 영향을 끼쳤다. 이를 본 장의 이하 각 절에서 나누어 서술해 보려고 한다.

1.　[역자주] : 大漠은 구체적으로는 몽골 남부와 중국 내몽고의 烏蘭察布市·巴彦淖爾市·錫林郭勒盟 북부에 걸쳐 있는 戈壁大沙漠을 가리키나, 여기에서는 '큰 사막'이란 일반적인 의미로 사용된 듯하다.

중원에서 요서로 통하는 세 갈래의 육로

　양진·남북조시대에 중원에서 새외塞外로 나가 요서와 동북지역의 내
지로 통하는 육로 간선은 대체로 한·위시대 이래의 노선을 계속 이용
하였다. 사서에 명확히 보이는 것은 노룡중도盧龍中道와 도하동도徒河東
道 및 노룡서도盧龍西道—열옹새도蠮螉塞道가 있는데, 역사상 출새삼도出
塞三道라고 한다.『요사遼史』「영위지營衛志」에, 隋隋 이전 요서의 거란契丹
10부部는 "북위北魏 말에 (중략) 기수가한奇首可汗의 고지故地[1]를 떠나 백랑
수白狼水의 동쪽에 거주하였다. 북제北齊 문선제文宣帝가 평주平州로부터
세 길로 쳐들어 와서 남녀 10여 만인을 사로잡아 여러 주州에 나누어
두었다."[2]라고 하였다. 이른바 북제 문선제 고양高洋이 평주(平州 ; 지금의
하북성 노룡)로부터 세 길로 나누어 거란을 북벌하였을 때 취한 노선이 바
로 양진·남북조시대 이래 중원에서 북쪽으로 출병하여 새외로 나가는

1.　[역자주] : 奇首可汗은 거란족의 시조로 전해지는 인물이다. 그의 여덟 아들들이 8部를 이루
　　어 '松漠之間'에 거주하였는데, 이곳이 기수가한의 故地로 潢河(지금의 西拉木倫河)와 土河
　　(지금의 老哈河) 일대이다.
2.　『遼史』 卷32, 「營衛志」.
　　[역자주] : 元魏末 (중략) 乃去奇首可汗故壤 居白狼水東 北齊文宣帝自平州三道來侵 虜
　　男女十餘萬口 分置諸州(『遼史』 卷32, 「營衛志」 部族 上).

세 갈래의 육로였다.

1. 노룡중도盧龍中道

노룡중도는 한·위시대의 옛 노룡새도盧龍塞道이다. 이 고대 교통로의 노선은 이전의 사서와 고고 발견에 의해 이미 비교적 명확해졌다. 앞서 인용하였듯이『삼국지』에, 한말漢末 조조曹操가 북으로 삼군오환三郡烏桓[3]을 정벌할 때 전주田疇가 향도가 되고 아울러 진언하기를 "옛날 북평군北平郡의 치소治所는 평강(平剛, 平岡)에 있었고, [그곳으로 가는] 길은 노룡盧龍에서 나와 유성柳城에 이르렀습니다만 건무建武 연간(25~56) 이래로 무너져 내려 끊긴지 거의 2백 년이 되었습니다."[4]라고 하였다.

전주가 조조의 군대를 인도한 이 길이 '길은 노룡에서 나와 유성에 이르는' 옛길로, 바로 양한시대부터 이미 군대를 정돈하여 새외로 나가는 노룡·평강·유성을 잇는 육로간선이었다. 이 노선은 전국시대의 연燕·진秦이 북으로 흉노匈奴와 동호東胡를 물리치고 5군郡을 개설한 이후에 개통된 요서의 주요 교통로 가운데 하나였다. 그러나 후한 이후 주로 요서오환遼西烏桓의 변방 침입으로 인해 두절됨에 따라 '건무(후한 光武帝) 연간 이래로 무너져 내려 끊긴지 거의 2백 년이 되는' 상황이 되었다. 북위 역도원酈道元의『수경주水經注』에 이 변새도邊塞道의 경로가 명확히 기재되어 있다. "[난수灤水[5]는 또 동남쪽으로 흘러 노룡새를 지난다.]

---

3. [역자주] : 三郡烏桓은 後漢代에 3部로 나뉘어 각각 右北平郡·遼西郡·遼東郡 일대에 거주하던 烏桓을 말한다.

4. [역자주] : 舊北平郡治在平岡 道出盧龍 達于柳城 自建武以來 陷壞斷絕 垂二百載(『三國志』卷11,「田疇傳」).

5. [역자주] : '濡水'는 지금의 하북성 동북부의 灤河인데, 顏師古 등의 注家의 설에 따라 '난수'로 읽었다.『漢書』卷28下,「地理志」下 遼西郡 肥如縣의 濡水에 대한 안사고의 주에

새도塞道는 무종현無終縣에서 동쪽으로 나가 난수를 건너 임란형林蘭陘으로 향하며, 동쪽으로 청형靑陘에 이른다."⁶라고 하였고, 또 "노룡에서 동쪽으로 청형을 지나 범성凡城까지 약 200리이며, 범성에서 동북쪽으로 나와 평강고성平岡故城으로 가면 180리 정도 된다. 황룡성黃龍城으로 가면 500리이다."⁷라고 하였다.

『삼국지』와 『수경주』에 기재된 내용은 노룡새도상의 주요 교통경유지와 통과하는 산천 및 관문이다. 이들 가운데 무종에서 동쪽으로 가는 주요 경유지로는 난수·임란형·청형·범성·유성·평강 등이 있다. 그 가운데 난수는 곧 지금의 난하灤河로, 이미 사가史家들에 의해 공인되었다. 지금의 하북성 옥전현玉田縣 경내의 옛 무종無終으로부터 동쪽 난수로 가는 노룡새도는 바로 지금의 하북성 옥전·풍윤豊潤·진자진榛子鎭·사하역진沙河驛鎭·노룡 등지를 거쳐 동북 새외로 나가는 한·위시대의 고도古道였다(자세한 것은 제2장 제3절 참조). 이 노선이 바로 양진시대 이래의 노룡중도이다.

이 노룡새도에서 동쪽으로 난수를 건넌 후에 주요 교통관문으로는 임란형과 청형이 있는데, '형陘'이란 산간의 애구隘口⁸를 말한다. 임란형은 사서에 명확한 기록이 없다. 그렇지만 옛 노룡도상의 위치인 '동쪽으로 나가 난수를 건너 임란형으로 향한다'는 방위로 보면 그 고지故址

"濡 音乃官反"이라 하였다. 또한 楊守敬·熊會貞의 『水經注疏』 卷14, 「濡水」에서도 趙一淸의 설을 인용하여 "音乃官切 讀若難"이라 하였다.

6. [역자주] : 濡水又東南逕盧龍塞 塞道自無終縣東出 渡濡水 向林蘭陘 東至靑陘(『水經注』 卷14, 「濡水」). 원문에는 맨 끝의 '東至靑陘'에 이어 '盧龍之險'을 倂記하였으나, 이 구절은 다음 문장의 첫구절이므로 삭제하였다.

7. 『水經注』 卷6, 濡水注(『永樂大典』 輯本).
    [역자주] : 盧龍東越靑陘至凡城二百許里 自凡城東北出 趣平岡故城可百八十里 向黃龍則五百里(『水經注』 卷14, 「濡水」).

8. [역자주] : 隘口는 험하고 중요한 길목을 말한다.

는 난하의 동북쪽인 지금의 하북성 노룡현을 거쳐 동북쪽으로 장성長城을 나가는 도림구桃林口의 조금 남쪽에 있었을 것이다.

『수경주』의 '임란형에서 동쪽으로 청형에 이르는' 일부 구간의 옛 노룡새도는 고금의 지리로 사정査定해보면 난하의 상류인 청룡하를 따라 동북쪽으로 간 후 새외로 나갔을 것이다. 그 중에 청형靑陘은 옛 청산靑山의 형(陘, 隘口) 즉 청산구靑山口를 가리킬 것이다. 『삼국전략三國典略』에, 북제 문선제가 북쪽으로 거란을 토벌할 때,[9] "사도司徒 반상락潘相樂이 정예 기병 5천을 거느리고 동도東道로 가서 청산에 이르러 백랑성白狼城으로 향하였다."[10]라고 하였다. 청산을 나가 백랑성으로 가는 이 길은 청형구靑陘口를 나가 북쪽으로 가는 변새도邊塞道였을 것이다. 그 청산은 지금도 여전히 하북성 청룡현靑龍縣과 요서 건창현建昌縣의 경계 지역에 있는데, 바로 청룡하와 남원대릉하南源大凌河[11]의 분수령이 되는 곳이다. 그러므로 위·진시대 이래의 옛 노룡도상의 청형은 청룡하가 청산 곡도谷道를 통과하는 교통로의 애구를 가리켰을 것이다. 『독사방여기요讀史方輿紀要』에, "청형은 구지舊志에 용성龍城의 서남쪽 400여 리에

---

9. [역자주] : 북제 문선제(550~559)는 天保 4년(553) 9월에 거란이 변방을 침범하자 冀州(하북성 冀州市)·定州(하북성 定州市)·幽州(北京市)·安州(하북성 隆化縣 隆化鎭)를 巡狩한 후에 북으로 거란을 토벌하였다(『北齊書』 卷4, 「文宣帝紀」 天保 4년 9·10월조).

10. 『太平御覽』 卷326, 「兵部」.
   [역자주] : 三國典略曰 齊主以契丹犯塞親征 (중략) 司徒潘相樂率精騎五千 自東道趣靑山 向白狼城(『太平御覽』 卷326, 「兵部」57, 虜掠).

11. [역자주] : 요령성 서부의 大凌河 상류의 발원지는 南源과 西源이 있다. 남원은 建昌縣 남부의 新開嶺과 要路溝 일대로, 이곳에서 발원하여 북으로 흐르는 대릉하 상류가 南源大凌河이다. 서원은 凌源市 西邊의 努魯兒虎山脈으로, 이곳에서 발원하여 동남으로 흐르는 대릉하 상류를 西源大凌河 또는 大凌河西支라고 한다. 이들은 喀喇沁左翼蒙古族自治縣(喀左縣)의 소재지인 大城子鎭의 동남에서 합류하여 동북으로 흘러 朝陽市를 지난다.

있으며 또한 청령靑嶺이라고도 한다."[12]라고 하였다. 청룡하 옛길의 노선으로 보면, 용성(지금의 조양시) 서남쪽 400여 리에 있는 청형은 지금의 하북성 노룡현의 도림구로부터 요령성 건창현의 신개령향新開嶺鄉에 이르는 한 구간의 산간 곡도를 가리킬 것이다.

이 청룡하 하곡河谷에서 대릉하 상류로 통하는 고대 교통로에서는 지금도 교통 유적을 찾아 볼 수 있다. 근래의 고고 조사에 의하면 대릉하 상류의 곡도 가운데 건창현 토금탑土金塔 부근에 지금도 '요로구要路溝'라는 지명이 있다. 이 요로구는 대릉하의 남쪽 발원지에 위치하는데, 대릉하와 청룡하 상류의 청형고도靑陘古道를 잇는 요충지이다. 이곳은 옛 청형구에서 백랑성으로 가는 요로要路에 위치하기 때문에 요로구란 이름을 얻었던 것이다. 지금 요로구 일대의 산 위에는 고도古道가 남긴 깊숙한 수레바퀴의 흔적이 여전히 남아있다. 가장 깊게 패인 곳은 산중의 돌로 된 고도 위에 마멸된 깊이가 무려 6·7cm나 된다.[13] 요로구에서 남하하여 청룡하 하곡으로 들어가면 고대에 청형구라고 부른 곳에 이를 수 있으며, 옛 노룡새도의 여러 관문을 거쳐 무종으로 들어간다.

이 노룡고도盧龍古道는 북쪽으로 청형을 나간 후에 동북쪽으로 광성廣成·범성凡城·백랑성 등 대릉하 상류의 옛길로 간다는 것은 이미 제2장 제3절에서 설명하였으며, 이는 또한 고고발견과 연구에 의해 확인되었다. 그 가운데 범성은 조조가 북쪽으로 삼군오환을 정벌한 교통지리에 대한 고증에서 백랑산白狼山과 서로 가까울 것이라고 이미 지적하였다. 『삼국지』「무제기武帝紀」에 따르면, 건안建安 12년(207) 8월에 조조는 "백랑산에 올라 (중략) 답돈蹋頓 및 명왕名王 이하를 죽였으며 항복한

12.　[역자주] : 靑陘 舊志在龍城西南四百餘里 亦曰靑嶺(『讀史方輿紀要』卷18, 「直隸」9 大寧衛 索莫汗陘).

13.　1984년에 喀左縣博物館의 劉新民 선생이 조사에 참여하였으며 그 결과도 알려주었다.

호인胡人과 한인漢人이 20여만 명이었다."[14] 같은 책의 「오환전烏丸傳」에
서는 건안 11년[15]에 위 무제 조조가 오환의 답돈선우蹋頓單于와 "범성에
서 싸웠다."[16]라고 기재되어 있어서, 같은 『삼국지』의 두 기사가 서로 입
증해주고 있다. 건안 12년에 조조가 백랑산과 범성에서 오환선우 답돈
을 격파한 것은 실은 동일한 전투였다. 따라서 백랑산과 범성은 틀림없
이 같은 지역이다. 제2장에서 검토한 결과, 한·위시대의 요서 백랑산
은 지금의 객좌현喀左縣 서남쪽의 대양산大陽山임을 알 수 있었다.[17] 『삼
국지』의 기록만으로 보면 백랑산과 같은 지역에 있던 범성은 현재의 고
고발견과 결부시켜 볼 때 지금의 객좌현 서남의 대양산 북측인 [산취자
진山嘴子鎭의] 황가점촌黃家店村에 있는 토성자유지土城子遺址일 것이다.[18]
그 지리좌표는 북위 40° 55′, 동경 119° 40′이다.[19]

백랑성과 범성의 위치 확정은 이곳이 옛 노룡새도가 청형을 나와서

---

14. 『三國志』卷1, 「武帝紀」.
[역자주] : (建安)十二年 (중략) 將北征三郡烏丸 (중략) 八月 登白狼山 (중략) 公登高 望
虜陳不整乃縱兵擊之 使張遼爲先鋒 虜衆大崩 斬蹋頓及名王已下 胡·漢降者二十餘萬
口(『三國志』卷1, 「武帝紀」). 名王은 명성이 높은 烏桓의 우두머리들을 가리킨다.

15. [역자주] : 원문에는 建安 12년이라고 하였으나 『三國志』 「烏丸傳」에 따라 建安 11년으로
바로잡았다. 그러나 『三國志』 「武帝紀」와 『後漢書』 「烏桓傳」에서는 建安 12년이라고 하
였다.

16. 『三國志』卷30, 「烏丸傳」.
[역자주] : 建安十一年 太祖自征蹋頓於柳城 潛軍詭道 未至百餘里 虜乃覺 尙與蹋頓將
衆逆戰於凡城 (중략) 臨陳斬蹋頓首 死者被野(『三國志』卷30, 「烏丸傳」).

17. 본서 제2장 제3절 참조.

18. 본서 제2장 제3절 참조.
[역자주] : 土城子遺址의 소재지를 원문에서는 桃花池鄕이라고 하였으나 黃家店村으로
바로잡았다(國家文物局主編, 『中國文物地圖集(遼寧分册)』, 西安地圖出版社, 2009, 上册
206쪽 및 下册 534쪽 참조).

19. 劉新民, 「白狼山與白狼城考」, 『遼寧省考古博物館學會書刊』, 1981.
[역자주] : 土城子遺址의 위도를 원문에서는 '북위 44° 55′'이라고 하였으나 앞의 『中國文
物地圖集(遼寧分册)』을 참고하여 '북위 40° 55′'으로 바로잡았다.

북쪽으로 가는 노선이 경유하는 곳이기 때문에 중요한 교통지리의 좌표를 제공한다. '노룡에서 동쪽으로 청형을 지나 범성까지 약 200리이다'라고 한 『수경주』의 기사로 보면, 청형의 위치는 지금의 도림구 일대일 것이다. 이수里數로 계산하면 지금의 하북성 노룡현의 도림구 일대에서 새외로 나가 동북쪽으로 요서의 객좌현 대양산 북쪽 기슭의 범성유지까지 실제로 160여 리여서, 한·위시대의 '약 200리'와 거리가 대체로 일치한다. 이 노선에서 청형으로부터 동북쪽으로 범성에 이르는 옛길은 또 한대의 옛 우북평군의 광성현廣成縣을 경유하는데, 양진시대 이후에는 광도廣都라고도 하였다. 『진서晉書』「재기載記」에, 전연前燕 때 "석계룡石季龍이 또 석성石成을 시켜 범성을 공격하게 하였으나 이기지 못하자 광성廣城으로 진군하여 함락시켰다."[20]라고 하였다.

석계룡이 북쪽으로 전연을 공격한 전투에서는 바로 청룡하와 대릉하 상류의 노룡도를 따라 동북쪽으로 진군하였던 것이다. 그 노선의 경유지인 광성은 이미 지금의 대릉하 상류인 오목륜하傲木倫河[21] 동쪽 기슭의 객좌현 남공영자진南公營子鎭 철구촌鐵溝村의 후성자고성後城子古城으로 비정되었다.[22] 이곳에서 대릉하고도를 따라 서북쪽으로 수십 리를 가면 상술한 백랑산과 범성에 이른다.

이 대릉하남원고도大凌河南源古道는 백랑산과 범성 이북의 백랑성을 지나는데, 바로 한대 요서군의 백랑현白狼縣으로, 지금의 요서 객좌현 평방자진平房子鎭의 황도영자고성黃道營子古城이다. 황도영자고성은 대릉

---

20. 『晉書』 卷109, 「慕容皝載記」.
   [역자주] : (石)季龍又使石成入攻凡城 不克 進陷廣城(『晉書』 卷109, 「慕容皝載記」).

21. [역자주] : 오목륜하는 요령성 建昌縣 서남부의 要路溝鄕과 新開嶺鄕 일대에서 발원하여 북쪽으로 흐르는 대릉하의 남쪽 상류인 南源大凌河를 말한다.

22. 孫進己等 主編, 『東北歷史地理』, 黑龍江人民出版社, 1989, 第1卷 第3編 第2章 第3節 右北平郡 廣成縣條.

하 서쪽 기슭의 북위 41° 3′,[23] 동경 119° 39′쯤 되는 곳에 있다. 동쪽으로 대릉하(옛 白狼水)까지 고작 1화리(華里, 약 500m)여서, 역도원의 『수경주』에 기재된 "백랑수는 북쪽으로 백랑현 고성의 동쪽을 지난다."[24]라고 한 방위와 완전히 일치한다.

고대 요서의 교통지리 형세로 보면 대릉하남원고도를 따라 황도영자의 백랑성에서 남쪽으로 가면 대양산과 영벽산影壁山으로 형성된 애구隘口가 있다. 이 애구를 나와 남쪽으로 가면 석성과 광성을 통과하여 노룡새의 안쪽으로 진입할 수 있다. 한편 황도영자의 백랑성에서 서북쪽으로 가면 대릉하서지大凌河西支의 하곡평원河谷平原을 10km 쯤 지나서 또 쌍첨산雙尖山과 관대해산關大海山으로 형성된 북로北路의 애구가 있는데, 이 노선이 대릉하서지를 따라 한대 우북평군의 치소인 평강으로 가는 수변도戍邊道이다. 백랑성에서 동북쪽으로 대릉하남원곡도를 따라 5화리(약 2.5㎞)를 가면 남초산구南哨山口가 있다. 이 일대의 험준한 오자산五子山과 남산南山이 대릉하고도의 양측에 나뉘어 늘어서 있어서 웅장하고 험준한 관문을 호위하는 형세를 이루고 있다. 객좌현의 대성자진大城子鎭을 지난 후의 노선은 백랑성에서 요서의 요충지인 서부도위西部都尉의 치소 유성으로 가는 교통 요도였다. 그 당시 조조의 군대가 바로 이 길을 거쳐 백랑산에서 유성까지 동북쪽으로 200리를 곧장 나아가 오환을 기습하였던 것이다.

상술한 자연지리로 보면, 요서 객좌현의 옛 백랑성은 하나의 성城이 세 발원지[三源]를 제어하였다고 할 수 있다. 즉 대릉하 남쪽 발원지[南

---

23. [역자주] : 黃道營子古城[白狼縣故城址]의 위도를 원문에서는 '북위 41° 21″'이라고 하였으나 '북위 41° 3″'이 옳을 듯하다(앞의 책, 『中國文物地圖集(遼寧分冊)』, 上冊 206쪽 및 下冊 547쪽 참조).

24. [역자주] : 白狼水北逕白狼縣故城東(『水經注』 卷14, 「大遼水」).

源]와 서쪽 발원지[西源] 및 삼진하滲津河[25] 상류이다. 또한 하나의 성이 세 길과 연결되어 있었으니 곧 남쪽으로는 광도[광성]로 가고, 동북쪽으로는 유성으로 가며, 서북쪽으로 평강으로 가는 길이다. 이 백랑성은 옛 노룡도가 동북쪽 새외로 나간 후에 우북평군 경내에서 가장 중요한 교통과 군사의 요충지였다. 이 백랑성과 그 동북쪽 약 200리에 있는 요서군 서부도위 치소인 유성은 각각 대릉하 중·상류의 요서 고도古道의 남북 양쪽에 우뚝 솟아있었다. 전국시대와 한·위시대를 거쳐 진·당대 이후까지 천여 년 동안 요서의 행정구획은 자주 바뀌고 부족들도 잇달아 흥기하였다. 그렇지만 백랑수의 중·상류에 굳게 자리 잡은 이들 두 교통의 요충은 오랜 세월이 지났어도 쇠락하지 않고, 고대 동북지역과 중원의 육로교통을 연결하는 역사적 명성名城이자 교통의 연결고리가 되었다.

2. 노룡서도盧龍西道—열옹새도蠮螉塞道[26]

양진시대 이후의 노룡서도에 대한 사서의 기록은 비교적 적은 편인데, 이를 기록한 사적은 주로 『진서晉書』·『북제서北齊書』·『태평어람太平御覽』 등이 있다. 『진서』와 『북제』에는 동진시대 선비鮮卑 모용씨慕容氏가 후조後趙의 석호石虎와 상쟁할 때 노룡서도로 출병하였다고 기술되어 있다. 『북제서』와 『태평어람』에서는 북제北齊 문선제文宣帝가 거란을 북벌할 때 역시 동도와 서도 두 길을 택하였다고 기술하고 있다.

---

25. [역자주] : 대릉하 남쪽 상류인 南源大凌河의 지류. 凌源市 남부에서 발원하여 喀左縣 서남부의 山嘴子鎭을 거쳐 서북쪽으로 흘러 平房子鎭 남쪽에서 남원대릉하로 흘러든다.
26. [역자주] : 蠮螉塞는 지금의 북경시 昌平區 서북의 居庸關으로 비정하나 일설에는 하북성 唐山市 遷西縣 북단의 喜峰口 일대로 보기도 한다. 저자는 후자의 입장이다.

『진서』에는 함강咸康 6년(340) 10월에 "모용황慕容皝이 장차 석씨(石氏 ; 石季龍)를 공략하고자 하였다. (중략) 이에 기병 2만을 거느리고 열옹새蠮螉塞를 나가 곧장 달려 계성薊城[27]에 이른 후 진군하여 무수진武遂津[28]을 건너 고양高陽[29]으로 진입하였다. 지나가면서 비축해 둔 물자를 불태우고, 유주幽州와 기주冀州의 주민 3만여 호를 약탈하여 이주시켰다."[30]라고 하였다.

『자치통감』 권98에서는 또 동진東晉 영화永和 6년(350)에 모용준慕容儁[31]이 군사를 세 길로 보내 후조後趙를 공격하였는데 동도東道는 도하徒河를, 중도中道는 노룡새盧龍塞를, 서도西道는 열옹새蠮螉塞를 나가 남쪽으로 진군하였다고 기술하고 있다.[32] 이로써 동진시대에 '열옹새를 나가 곧장 달려 계성에 이르렀던' 길은 당시 중원에서 새외로 나가는 '서도西道'였음이 틀림없다.

이 서도는 『북제서』와 『태평어람』에서는 또한 장참長塹 또는 장점長漸이라고 하였다. 『북제서』「문선제기文宣帝紀」에 천보天保 4년(553)에 거란을 북벌할 때 "서도西道를 따라 '장참長塹'으로 향하였다. (중략) 동도東道

---

27.   [역자주] : 薊城은 본래 전국시대 燕의 都城으로 지금의 북경시 서남단에 위치하였다. 秦이 이곳에 처음으로 薊縣을 설치하였으며 후한 이후 남북조시대까지 幽州의 치소였다.

28.   [역자주] : 武遂津은 武遂縣(治所는 지금의 하북성 武強縣 서북의 沙洼鄕) 일대를 지나는 易水(지금의 瀑河)의 별칭. 『水經注』에 易水가 武遂縣을 지나기 때문에 俗稱 武遂津이라 한다고 하였다. 易水 (중략) 又東流 南逕武遂縣南·新城縣北 (중략) 俗又謂是水爲武遂津(『水經注』 卷11, 「易水」).

29.   [역자주] : 高陽은 지금의 하북성 高陽縣 舊城鎭에 治所가 있던 郡·縣.

30.   『晉書』 卷109, 「慕容皝載記」.
     [역자주] : 皝將圖石氏 (중략) 於是率騎二萬出蠮螉塞 長驅至于薊城 進渡武遂津 入于高陽 所過焚燒積聚 掠徙幽冀三萬餘戶(『晉書』 卷109, 「慕容皝載記」).

31.   [역자주] : 원문의 '慕容皝'을 『資治通鑑』에 따라 '慕容儁'으로 바로잡았다.

32.   [역자주] : (永和 六年) 二月 燕王儁使慕容覇將兵二萬自東道出徒河 慕輿 自西道出蠮螉塞 儁自中道出盧龍塞以伐趙(『資治通鑑』 卷98, 「晉紀」20, 穆帝 永和 6년 2월조).

로 가서 청산靑山으로 향하였다."[33]라고 하였다. 장참은 산골짜기의 길을 가리킬 것이다.[34] 그 후 『태평어람』에서는 이를 더욱 명확히 기술하여 "제주(齊主;문선제)는 거란이 변새를 침범하자 친히 정벌하였는데, 평주平州에 이르러 서도西道로 길을 잡아 곧장 '장점長漸'으로 갔다. 사도司徒 반상락潘相樂은 정예 기병 5천을 거느리고 동도東道로 가서 청산靑山에 이르러 백랑성으로 향하였다."[35]라고 하였다.

『진서』「재기」에서는 서도에 대하여 "열옹새를 나가 곧장 달려 계성薊城에 이르렀다."고 하였고, 『태평어람』[36]에서는 문선제 고양高洋이 평주를 출발하여 "서도로 길을 잡아 곧장 장점으로 갔다."라고 하였다. 이 둘은 시간상 서로 2백여 년의 차이가 있지만 실제로 취한 노선은 모두 양진시대 이래 평주(지금의 하북성 노룡) 혹은 계성(지금의 북경시)[37]에서 장참으로 달려간 후 열옹새를 지나서 요서에 이르는 노룡새서도盧龍塞西道였다.

이 진대晉代의 노룡서도는 한·위시대 요서의 교통지리로 소급해 보

---

33. [역자주] : 『北齊書』卷4,「文宣帝紀」天保 4년 9·10월조. 원문의 인용문은 "東道趣靑山 (중략) 西道驅長塹"이라 하였으나, 『북제서』에는 "從西道趣長塹 (중략) 自東道趣靑山"으로 되어 있다.

34. [역자주] : 『자치통감』의 '長塹'에 대한 胡三省의 注에 "曹操가 烏桓을 정벌할 때 盧龍塞를 나와 산을 깎고 골짜기를 메워 500리의 길을 만들었는데, 후대 사람들이 이 때문에 이 길을 長塹이라 한다."라고 하였다(『資治通鑑』卷165,「梁紀」21, 元帝 承聖 2년 10월 丁酉條).

35. 『太平御覽』卷326.
[역자주] : 三國典略曰 齊主以契丹犯塞親征 至于平州 取其西道 直指長漸 司徒潘相樂 率精騎五千 自東道趣靑山 向白狼城(『太平御覽』卷326,「兵部」57, 虜掠).

36. [역자주] : 원문에는 '北齊書'라고 하였으나 인용문은 바로 앞에서 인용한 『태평어람』의 기사이므로 '태평어람'으로 바로잡았다.

37. [역자주] : 薊城의 위치를 원문에서는 지금의 天津市 薊縣이라고 하였다. 그러나 전연의 모용황이 後趙를 공격할 때 거쳐 간 薊城(『晉書』卷109,「慕容皝載記」)은 東漢 이후 남북조시대까지 幽州의 치소였던 薊縣으로 지금의 북경시 서남단에 위치하였다.

면, 당시 조조가 전주田疇의 무리를 이끌고 노룡고새盧龍古塞로부터 진군할 때[38] 500리에 걸쳐 산을 깎고 골짜기를 메우면서 우회하였던 길이다. 그러므로 『북제서』에서는 이 서도를 장참長塹이라고 하였다. 송대宋代의 『무경총요武經總要』에서도 역시, "평주 노룡군. (중략) 『삼국지』에서 조공曹公이 오환을 북벌할 때 전주田疇가 노룡도를 따라 군대를 인도하였는데, 500리에 걸쳐 산을 깎고 골짜기를 메우며 백랑산에 오른 것은 바로 이 길이다."[39]라고 하였다. [이 노룡서도는] 『자치통감』에서 모용농慕容農이 일찍이 "열옹새를 나가 범성을 지나 용성으로 향하였다."[40]라고 한 사실로도 입증된다. 이는 전연의 모용농이 요서의 열옹새를 나가 범성을 지나 용성으로 향한 길 역시 바로 조조가 북쪽으로 오환을 정벌할 때 거쳐 간 범성에서 유성에 이른 길임을 설명해 주는 것이다. 한대의 유성은 지금의 요서 조양시朝陽市 남쪽 20여 리의 원대자袁臺子에 있었고, [한대의 유성을 개칭한] 전연의 용성은 유성의 북쪽인 지금의 조양시로 옮겨졌다.[41] 그러므로 범성에서 유성과 용성으로 가는 옛길은 한대나 진대 모두 실제로는 동일한 대릉하곡도였던 것이다.

---

38. [역자주] : 원문에는 '회군할 때'라고 하였으나, 조조가 烏丸을 정벌하면서 500리에 걸쳐 산을 깎고 골짜기를 메운 것은 柳城으로 진격할 때의 일이므로 '진군할 때'로 바로잡았다. 조조의 회군 노선에 대해서는 본서 제2장 제3절 참조.

39. 『武經總要』 卷22.
   [역자주] : 원문의 인용문에는 오자와 탈자가 많아 바로잡아 번역하였다. 『무경총요』의 원문은 다음과 같다. 平州盧龍郡 漢屬遼西郡 三國志曹公北伐烏丸 田疇從盧龍道引軍 塹山堙谷五百里登白狼山卽此道(『武經總要』 卷22, 「幽州四面州軍」).

40. [역자주] : 인용문의 전거를 원문에는 『晉書』 「慕容皝載記」라고 하였으나 『資治通鑑』의 오류이며, '慕容農'도 원문에는 '慕容隆'이라 하였는데 역시 오류이다. (燕王垂)遣慕容農出蠮螉塞 歷凡城 趣龍城 會兵討餘巖(『資治通鑑』 卷106, 「晉紀」28, 太元 10년 8월조).

41. [역자주] : 東晉 咸康 7년(341)에 前燕의 慕容皝은 한대 이래의 柳城을 龍城縣으로 개칭하고 치소를 지금의 朝陽市로 옮겼으며 이듬해에 棘城에서 이곳으로 천도하였다(『晉書』 卷109, 「慕容皝載記」).

양진시대 이래의 고대 자연지리로 보면 요서의 열옹새도를 서도西道라고 부른 까닭은 방위상 노룡중도의 서쪽에 위치하였기 때문이다. 즉 지금의 하북성 노룡인 옛 평주에서 출발한 곡도谷道는 방향을 바꾸어 서북쪽으로 가서 지금의 청룡하 서쪽 지류인 사하沙河[42]를 거쳐 천안시遷安市의 북부를 통과하고 또 건창영진建昌營鎭·청룡현靑龍縣·편애자偏崖子·탕도하진湯道河鎭을 지난 후에 요서 능원시凌原市 남부의 도이등진刀爾登鎭으로 이어졌다. 이곳에서 동북쪽으로 가서 삼진하滲津河 상류의 옛길로 진입하거나 정북방으로 대릉하서지大凌河西支의 능원남대하凌源南大河로 진입하여 북쪽으로 갔다. 전자는 삼진하 옛길로 진입하여 바로 지금의 객좌현 대양산 즉 옛 백랑산과 범성에 이른 후에 동북쪽으로 유성과 용성에 다다를 수 있었다.

이 노룡서도는 앞에서 설명한 노룡중도와 나란히 가면서 서쪽으로 치우쳐 있는데, 진·당대 이래로 중원에서 옛 노룡새를 나와 서도西道로 길을 잡아 요서와 새북塞北으로 통하던 중요한 육로 간선 중의 하나였다. 『진서』에서 "열옹새를 나가 곧장 달려 계성에 이르렀다."[43]고 하였고, 『자치통감』에서 "모여우慕輿于는 서도로 가서 열옹새를 나갔다."[44]고 하였다. 이는 모두 지금의 청룡하의 서쪽 지류에서 도산애구都山隘口를 지나 희봉구로喜峰口路에 이르러 지금의 준화遵化·계현薊縣으로 직통하는 교통로를 가리킨다. 수·당대 이후에 이 노룡서도를 기초로 하여

---

42. [역자주] : '沙河'의 원문은 '瀑河'인데, 진행 노선으로 보아 沙河의 오류이므로 바로잡았다. 사하는 청룡현의 서북쪽 寬城縣과의 경계에 있는 都山의 남쪽에서 발원하여 남쪽으로 흘러 靑龍縣 肖營子鎭·長城·遷安市 建昌營鎭 등을 차례로 거친 후 천안시 楊各莊鎭 남쪽에서 靑龍河로 흘러든다.

43. [역자주] : 주 30) 참조.

44. 『資治通鑑』 卷98, 「晉紀」20, 穆帝 永和 6년조.
    [역자주] : 주 32) 참조.

난하 중류 이북의 희봉구를 거쳐 북쪽으로 폭하瀑河 유역의 관성寬城·
영안永安·평천平泉을 지나 요서 노합하老哈河 상류의 흑성黑城으로 진입
하여 곧장 요대遼代의 중경中京 즉 지금의 내몽고 영성현寧城縣의 대명성
大明城[45]에 이르는 길이 개통되었다. 이 노선이 송·요대의 유명한 송정
관도松亭關道[46]이다.

3. 도하동도徒河東道(沿海道)

양진시대 이래 요서의 도하동도는 상술한 노룡중도 및 노룡서도와
함께 『진서晉書』의 여러 「재기」 및 『자치통감』과 『태평어람』 등에 기술되
어 있다.

『진서』 「모용황재기」에 따르면, 단요段遼[47]가 병사를 나누어 두 길로
전연의 고도故都인 요서의 극성棘城을 협공하였는데, 한 길은 극성 서북
방의 유성에서 출발하였고, 다른 한 길은 극성 동남방의 도하徒河에서
왔다.[48]

『진서』 「목제기穆帝紀」에 따르면, 영화永和 4년(348)[49]에 모용황의 둘째

---

45. [역자주] : 내몽고 寧城縣 大明鎭의 遼 中京城遺址.
46. [역자주] : 松亭關道는 遼代의 南京(지금의 북경시)과 中京·上京(내몽고 巴林左旗 林東
  鎭 遼 上京城 遺址)을 왕래하던 주요 교통로로, 송과 요의 使行路로도 이용되었다. 송정
  관은 이 노선의 주요 경유지로, 지금의 하북성 寬城縣 孟子嶺鄕 上石梯村 남쪽에 그 遺
  址가 있다. 또는 하북성 遷西縣 북쪽의 喜峰口로 비정하기도 한다.
47. [역자주] : 段遼(?~339)는 오호십육국시대 遼西 鮮卑族 段部의 족장. 前燕 慕容皝과 後
  趙 石虎를 여러 차례에 걸쳐 공격하였으나 후조의 대규모 토벌로 전연에 투항하였다. 咸
  康 5년(339)에 모반하였다가 모용황에게 誅殺되었다.
48. 『晉書』 卷109, 「慕容皝載記」.
49. [역자주] : '永和四年'은 원문에 '永和五年'이라 하였으나 『晉書』 「穆帝紀」에 따라 永和四
  年으로 바로잡았다. (永和)四年 (중략) 九月丙申 慕容皝死 子儁嗣僞位(『晉書』 卷8, 「穆帝
  紀」).

아들 모용준慕容儁이 연왕燕王의 지위를 계승하였다. 『자치통감』에 영화 6년에 "연왕 모용준[50]이 모용패慕容覇에게 병사 2만 명을 거느리고 동도 東道로 가서 도하를 나가게 하고, 모여우慕輿于는 서도西道로 가서 열옹 새를 나가게 하였으며, 모용준은 중도中道로 가서 노룡새를 나가 조趙를 쳤다."[51]라고 하였다.

그 후 송대의 『태평어람』에서는 『삼국전략』을 인용하여, "제주齊主는 거란이 변새를 침범하자 친히 정벌하였는데, 평주에 이르러 서도로 길 을 잡아 곧장 장점長漸[52]으로 갔다. 사도司徒 반상락潘相樂은 정예 기병 5 천을 거느리고 동도로 가서 청산에 이르러 백랑성으로 향하였다."[53]라 고 하였다.

상술하였듯이 사서에 기재된 중원으로부터 새외로 나가 북쪽으로 가 는 이 동도東道는 교통지리상으로 보면 그 주된 방향은 요서의 도하와 극성으로 향하였다. 도하는 한대 요서군의 속현屬縣이었다. 본서의 제 2장에서 인용하였듯이 『한서』 「지리지」에 의하면 "당취수唐就水는 도하 徒河에 이르러 바다로 흘러든다."[54]라고 하였다. 당취수는 지금의 소릉 하小凌河이다.[55] 그 하류의 바다에 가까운 도하는 물길로 보면 소릉하의 지류인 여아하女兒河를 가리킬 것이다. 고고조사에 의해 입증되었듯이

---

50. [역자주] : '慕容儁'을 원문에서는 '慕容皝'이라고 하였으나 『資治通鑑』의 해당 기사에 의 하면 慕容儁의 오류이다.

51. 『資治通鑑』 卷98, 「晉紀」20, 穆帝 永和 6年. 趙는 後趙의 石遵를 가리킨다.
    [역자주] : 주 32) 참조. 위의 原注에 前燕이 공격한 趙는 後趙의 '石遵'이라고 하였으나 '石鑒'의 오류이다.

52. [역자주] : 『太平御覽』에 따라 원문의 '長塹'을 '長漸'으로 바로잡았다.

53. 『太平御覽』 卷326, 「兵部」.
    [역자주] : 주 35) 참조.

54. [역자주] : 唐就水至徒河入海(『漢書』 卷28下, 「地理志」下, 遼西郡 狐蘇縣).

55. [역자주] : 唐就水 今蒙古土黙特右翼小凌河 東南流奉天錦縣入海(『漢書水道圖說』).

하천을 지명으로 삼은 한대의 옛 도하현徒河縣은 지금의 요서 호로도시
葫蘆島市 경내의 여아하 북쪽 기슭의 태집둔한성台集屯漢城에 있었을 것이
다.[56]

그렇지만 한대 요서의 도하는 전연시기에 이르러 그 위치가 바뀌
었다. 『십육국춘추十六國春秋』에는 전연왕 모용외[57] 시기에 "도하현을 동
쪽으로 옮겨 영구군營口郡의 북진北鎭에 두었다."[58]라고 하였다. 새로 옮
긴 도하의 위치는 북위 역도원의 『수경주』 백랑수조에 의하면[59] 유수渝
水 하류의 왼쪽 기슭인 지금의 대릉하 하류 동쪽 기슭의 요령성 능해시
凌海市 동화東花 일대의 고성古城에 있었을 것이다.[60]

양진시대에 도하동도의 경유지였던 극성棘城은 342년에 전연의 모용
황이 용성으로 천도하기 전의 옛 도읍이었다. 『위서』 권95, 「모용외전
慕容廆傳」에 전연왕 모용외의 증조부인 막호발莫護跋이 "극성의 북쪽에
서 비로소 건국하였다."[61]라고 하였다. 『진서』에도 "모용황이 스스로 요
동을 정벌하여 양평襄平을 점령하였다. 모용인慕容仁이 임명하였던 거취
현령居就縣令 유정劉程이 성을 들어 항복하였고 신창현新昌縣 사람 장형張
衡이 현령을 붙잡아 항복하였다. 이에 모용인이 임명한 수령들을 참살

56.　본서 제2장 제3절 참조.

57.　[역자주] : 원문에는 '慕容皝'이라고 하였으나 인용한 『太平寰宇記』에 의거하여 '慕容廆'
　　　로 바로 잡았다.

58.　『太平寰宇記』 卷71, 「河北道」 引 『十六國春秋』.
　　　[역자주] : 十六國春秋 : 慕容廆東遷徒河縣 置營丘郡北鎭(『太平寰宇記』 卷71, 河北道 營
　　　州 柳城縣).

59.　[역자주] : 渝水又東南逕一故城東 俗曰女羅城 又南逕營丘城西 (중략) 其水東南入海(『水
　　　經注』 卷14, 「大遼水」).

60.　「兩晉南北朝遼寧建置述要」, 『東北地方史研究』 1985-3.

61.　[역자주] : 원문에는 '前燕主 慕容皝이 '棘城의 북쪽에서 비로소 건국하였다.'"라고 하였
　　　으나 『魏書』 卷95, 「徒何慕容廆傳」에 의하면 모용황이 아니라 慕容廆의 증조부인 莫護
　　　跋이다. 徒何慕容廆 (중략) 曾祖莫護跋 (중략) 始建國於棘城之北.

하고 요동의 세족世族들을 나누어 극성으로 이주시켰다."[62]라고 하였다. 당시 선비 모용씨는 요서의 극성을 중심지로 여겼고 그래서 사서에서 모용황을 창려昌黎 극성인棘城人이라 하였다. 그리고 위진시대에 창려와 극성은 다수 병칭竝稱되었으므로 극성은 당연히 한대 요서의 창려현昌黎縣과 인접해 있었음을 알 수 있다. 창려는 한대 요서군 동부도위東部都尉의 치소였다. 『수경주』의 기술에 의하면 한대 요서의 옛 창려현은 유수(渝水, 지금의 대릉하) 하류의 서쪽 기슭에 있었을 것이며 고지故址는 지금의 요령성 의현義縣의 서남, 금현錦縣 북쪽의 대업보고성大業堡古城으로 비정된다.[63] 그리고 창려와 인접한 극성은 창려 이북에 있었을 것이다. 당대의 『통전』에는 그 위치를 "극성은 유성(지금의 조양시) 동남쪽 170리에 있다."[64]라고 하였다. 또 『태평환우기』에서도 "극성은 전욱顓頊의 유허遺墟인데, 군(유성)의 동남쪽 170리에 있다."[65]라고 하였다.

상술한 사적에 기재된 위치와 고고유적에 의하면 동진시대의 극성은 한대의 옛 창려현보다 약간 북쪽에 있었으며, 또한 유성 동남쪽 170리에 있던 극성은 지금의 요서 의현 이남의 대릉하 서쪽 기슭인 칠리하진七里河鎭 일대에 있었을 것이다. 이곳이 바로 옛 유성의 동남쪽, 유수 하

---

62. 『晉書』 卷109, 「慕容皝載記」.
   [역자주] : 皝自征遼東 克襄平 仁所署居就令劉程以城降 新昌人張衡執縣宰以降 於是斬仁所置守宰 分徙遼東大姓於棘城(『晉書』 卷109, 「慕容皝載記」).

63. 본서 제2장 참조.
   [역자주] : 大業堡古城은 지금의 凌海市 大業鄉에 있다.

64. 『通典』 卷178, 「州郡典」.
   [역자주] : 棘城卽顓頊之墟 在郡城東南百七十里(『通典』 卷178, 「州郡典」8, 柳城).

65. 『太平寰宇記』 卷71, 「河北道」.
   [역자주] : 棘城 卽顓頊之墟也 在郡東南一百七十里(『太平寰宇記』 卷71, 「河北道」20, 營州 柳城縣). 원문에는 인용문 앞에 『後魏輿地圖風土記』를 인용하여'란 구절이 있으나 『태평환우기』에는 그러한 구절이 없으므로 삭제하였다.

류와 한대 창려현 경내의 중요한 교통대로상의 한 곳이었다.

도하동도상의 도하와 극성의 위치를 정하고 나면 이 노선이 노룡도를 나와 동쪽으로 가는 교통노선임을 대략 확정지을 수 있다. 지명으로 검토해보면 이 도하동도의 기본 경로는 다음과 같다.

어양(漁陽, 지금의 북경 부근)에서 출발하여 지금의 하북성 옥전玉田과 천진시 계현을 경유하여 옛 무종無終 경내에서 육로로 동북쪽으로 가면 난하 하류의 옛 해양(海陽, 지금의 灤縣)·평주(平州, 지금의 노룡)에 이른다. 여기에서 육로가 나뉜다. 그 가운데 노룡중도와 노룡서도가 각각 청룡하를 따라 두 갈래로 나뉘어 북상한다. 그리고 동도는 지금의 난현에서 정동正東으로 가서 창려와 노룡현의 경내를 거쳐 해안에 이르러 바다를 끼고 간다. 『자치통감』에, 동진 영화永和 6년(350) 2월에 "모용패慕容霸에게 병사 2만을 거느리고 동도로 가서 도하를 나가게 하고 (중략) 모용패의 군대가 삼형三陘에 이르렀다."[66]라고 하였고, 원대元代 호삼성胡三省의 주에 "위수魏收의 [『위서魏書』]「지형지地形志」의 해양현海陽縣에 횡산橫山이 있는데 아마 삼형의 땅일 것이다."[67]라고 하였다. 진대의 요서 해양현은 지금의 하북성 난현 서남쪽의 흥륭장興隆莊이므로[68] 당시 모용패가 도하동도로 길을 잡아 삼형에 도달한 길은 바로 지금의 난현을 지나 동쪽으로 창려·노룡에 이르는 길이었음을 알 수 있다. 이 동도의 경로는 이곳에서 노룡새를 나간 후 또 동쪽으로 유관渝關을 지나는데, 지금

66.　[역자주] : 燕王儁使慕容霸將兵二萬自東道出徒河 (중략) 霸軍至三陘(『資治通鑑』 卷98, 「晉紀」20, 穆帝 永和 6년 2월조).

67.　『資治通鑑』 卷98, 「晉紀」20.
　　　[역자주] : 魏收地形志 海陽縣有橫山 蓋卽三陘之地(『資治通鑑』 卷98, 「晉紀」20, 穆帝 永和 6년 2월조).

68.　[역자주] : 譚其驤 主編, 『中國歷史地圖集 釋文彙編(東北卷)』, 中央民族學院出版社, 1988, 2쪽.

의 하북성 진황도시秦皇島市 산해관山海關의 서남쪽 8리에 있는 고성촌古城村이다. 그런 후에 바다를 끼고 육로로 동북쪽으로 가면 한대 이전의 요서 갈석도碣石道를 거쳐 지금의 육고하六股河 하류에 도달한다(상세한 것은 제2장 제3절 참조). 이 바닷가의 노룡동도는 육고하가 바다로 흘러드는 곳 서쪽의 한 구간에서 흑산산맥黑山山脈 남쪽 기슭의 연해 육로를 경유한다. 흑산산맥은 연산산맥燕山山脈에서 갈려 나간 줄기로 지금의 요서 대릉하 상류인 오목륜하敖木倫河와 육고하 및 그 지류의 천연 분수령이다. 그 동쪽으로 갈려 나간 산줄기 또한 요서 소릉하와 여아하女兒河 상류의 분수령이다. 옛날에는 육고하와 대릉하의 하곡을 따라 각각 나뉘어 새외로 나가던 천연의 경계선이었다. 흑산산맥 이남[으로 가는 길]은 바닷가의 도하동도—유관도渝關道라고도 한다—이고, 흑산산맥 이북[으로 가는 길]은 청룡하와 대릉하를 따라 새외로 나가는 노룡중도, 즉 옛 노룡·백랑도이다.

이 도하동도는 육고하를 거슬러 올라가서 지금의 수중현綏中縣 북쪽의 용왕산龍王山 부근의 요고성채腰古城寨를 거치는데, 한대 요서군의 양락陽樂일 것이다.[69] 그런 후에 육고하의 상류를 따라 건창현建昌縣 이도만자향二道灣子鄉의 후성자한·위고성後城子漢·魏古城을 거친 후에 곧 동쪽과 북쪽의 두 길로 나누어진다. 북도는 소릉하의 상류로 진입하여 곧장 요서의 유성 고지로 가는데, 바로 제2장에서 설명한 조조가 북으로 삼군오환을 정벌하였을 때 유성에서 회군한 길이다.

동도는 육고하 상류에서 방향을 바꾸어 여아하 상류로 들어간다. 지금의 이도만자향·삼도구향三道溝鄉·황토량자黃土梁子를 거쳐 여아하 하곡으로 들어가는데, 바로 옛 도하도徒河道이다. 이 교통노선에서 필자가

69.　王綿厚, 「關于漢遼西郡'陽樂'的再考察」(未刊).

1984년 여름에 실시한 현지조사에 의하면 여아하 하곡을 따라가는 육로교통로는 산비탈처럼 평탄했다. 특별한 것은 여아하 북쪽 기슭인 호로도시葫蘆島市 태집둔진台集屯鎭에서 대형의 한대 고성인 도하성徒河城을 발견한 점이다.[70] 다시 태집둔진에서 동쪽으로 60여 리를 가면 지금의 소릉하 하류의 대도시인 금주시錦州市에 이른다. 금주시에서 동북쪽으로 또 큰 도로가 있어서 곧장 지금의 대업향大業鄕·칠리하진七里河鎭과 의주진義州鎭으로 통한다. 지금의 이 교통노선은 또한 고대 요서의 도하·극성·창려 사이를 연결하는 교통간선의 기본 경로였을 것이다. 이 노선과 이 노선의 서쪽에 치우쳐 있던 백랑白狼·유성도柳城道는 모두 한·진시대 이래 요서 교통간선의 중추였다. 이들 두 교통로가 서로 인접하여 갔기 때문에 동진 함화咸和 9년(334)에 "모용황이 사마司馬인 봉혁封弈을 보내 백랑에서 선비鮮卑 목제木堤를 공격하게 하였고 (중략) 단요段遼가 드디어 도하에 침입하였다."[71] 특히 한·위시대 이후 요서의 해침海浸 현상이 회복됨에 따라 이 연해육로가 요서의 교통지리에서 갖는 중요성이 점점 두드러지게 되었다. 수·당대 이후에는 점차 대릉하 하곡의 백랑·유성도를 대신하여 육고하 하구로부터 다시는 북쪽으로 우회하지 않고 곧장 요서의 발해渤海 해안을 따라 지금의 흥성시興城市를 거쳐 곧바로 금주시로 갔다. 이로써 도하동도는 수·당대 이후로 동북지역과 중원을 왕래하는 교통에서 중요한 간선 도로가 되었다.

---

70. 앞의 책, 『東北歷史地理』第1卷 第3編 第2章 第2節 遼西郡 徒河縣條 참조.
71. 『晉書』卷109, 「慕容皝載記」.
   [역자주] : 咸和九年 皝遣其司馬封弈攻鮮卑木堤于白狼 (중략) 段遼遂寇徒河 皝將張萌逆擊 敗之(『晉書』卷109, 「慕容皝載記」).

용성龍城을 중심으로 한 요서의
여러 교통로

　　342년에 전연前燕의 모용황慕容皝은 유성柳城 북쪽, 용산龍山 남쪽의 복덕福德의 땅을 택하여 용성龍城을 건립하였는데,[1] 역사상 화룡성和龍城이라 한다. 유성은 한대 요서군의 유성현을 가리키는데, 지금의 조양시朝陽市 남쪽의 원대자袁臺子이다. 용산은 지금의 조양시 동쪽의 봉황산鳳凰山을 말한다. 이 유성의 북쪽, 용산 남쪽의 용성은 곧 지금의 조양시朝陽市이다. 동진東晉 함강咸康 8년(342)에 모용황은 아버지 모용외慕容廆의 고거故居였던 극성棘城에서 서북쪽의 용성으로 도읍을 옮겼다.[2] 이로부터 용성은 한대의 유성을 대신하여 요서에서 삼연(三燕 : 前燕, 後燕, 北燕)의 정치·경제·군사의 중심지가 되었다. 북위시대에는 영주營州의 치소였다.

　　용성은 [수도로서] 정치적 위상이 확립됨에 따라 동진 이후 원대元代까

1.　[역자주] : (咸康 八年) 冬 十月 燕王皝遷都龍城 胡三省註 : 慕容廆先居徒河之靑山 後徒棘城 今自棘城徒都龍城 (중략) 慕容皝以柳城之北 龍山之南 福德之地 遂遷都龍城 號新宮爲和龍宮(『資治通鑑』 卷97, 「晉紀」19, 咸康 8년 10월조).

2.　[역자주] : 천도한 연대를 『晉書』 卷109, 「慕容皝載記」와 『魏書』 卷95, 「徒何慕容廆傳」에서는 咸康 7년(341년), 『資治通鑑』 卷97, 「晉紀」19에서는 咸康 8년(342년)이라 하였다.

지 요서 지역의 군사와 교통의 중심지가 되었다. 양진兩晉에서 수·당대까지, 용성을 중심으로 하는 요서의 육로는 남향, 북향, 그리고 동향의 세 갈래로 나눌 수 있다. 남쪽으로 가는 대로는 주로 대릉하大陵河의 곡도谷道를 따라 서남쪽으로 가서 백랑성白狼城을 거쳐 한·위시대의 노룡새도盧龍塞道로 들어갔다. 동쪽으로 가는 대로는 대릉하 하류의 여라성汝羅城을 거쳐 동쪽으로 평주(平州, 옛 襄平)로 가는 한·위시대 요서와 요동군 사이의 교통로 그대로였다. 북쪽으로 가는 대로는 지금의 대흥안령大興安嶺 즉 대선비산大鮮卑山의 부족들과 왕래하던 길인데, 본장의 제4절에서 상세히 서술하겠다.

1. 대릉하 상류의 백랑도白狼道

이 육로는 한대 이래로 우북평군右北平郡 경내의 요서 요충인 백랑현白狼縣과 광성현廣成縣 등을 경유한다. 후한대에 요서의 변경 요새에 대한 수비를 포기한 이후로 중원과 연결되어 변새邊塞로 들어가는 주요 간선幹線의 하나였다.

『십육국춘추十六國春秋』「후연록後燕錄」: "건흥建興 5년(390)에 북평北平의 오주吳柱가 무리 천여 인을 모아 북평을 공격하여 함락시키고, 방향을 돌려 광도(廣都 ; 廣成)를 노략질하고 백랑성에 침입하였다."[3]

『북제서北齊書』「문선제기文宣帝紀」: 천보天保 4년(553) "시월 정유丁酉일

---

3. 『熱河志』卷98, 古迹條 所引 『十六國春秋』.
    [역자주] : 白狼城 (중략) 十六國春秋 後燕錄 慕容垂時 北平吳柱聚衆寇廣都 入白狼城 (『熱河志』卷98, 「古蹟」2, 建昌縣 白狼城) ; (太元 十五年) 九月 北平人吳柱聚衆千餘 立沙門法長爲天子 破北平郡 轉寇廣都 入白狼城(『資治通鑑』卷107, 「晉紀」29, 孝武帝 太元 15년조).

에 황제가 평주에 이르러, 마침내 서도西道를 따라 장참長塹으로 갔다. 사도司徒 반상락潘相樂에게 조詔를 내려 정기精騎 오천을 거느리고 동도東道로 가서 청산靑山으로 향하게 하였다. 신축일辛丑日에 백랑성에 이르렀다. 임인일壬寅日에 창려성昌黎城을 지났다. (중략) 계묘일癸卯日에 양사수陽師水에 이르렀다."[4]

『십육국춘추』와 『북제서』에 기록된, 후연의 오주가 백랑성에 침입할 때나 북제 문선제가 북으로 거란을 정벌할 때 갔던 길은 동일한 대릉하 상류의 고도古道였다. 다른 점은 시대가 바뀌었기 때문에 이 교통로상에 몇몇 지명이 새로 생기거나 바뀐 것이다. 그 가운데 여러 서적에 산견散見되는 주요 교통 경유지로는 북평·광도·백랑·석성石城·창려·양사·영주營州 등이 있다. 교통로상에서 이들의 위치는 다음과 같다.

북평 : 옛 평주平州이다. 송대宋代의 『태평환우기太平寰宇記』에는 "노룡현은 본래 한대의 비여현肥如縣으로 요서군에 속하였다. (중략) 당唐 무덕武德 3년(620)에 임유현臨渝縣을 폐지하고 평주를 옮겨 이곳에 두었다."[5]라고 하였다. 당 무덕 3년 이전의 북위北魏 평주는 치소가 비여현, 즉 지금의 하북성 노룡현 서북쪽의 노룡새도상에 있었다.[6]

광도 : 본래는 『한서』「지리지」에 수록된 우북평군 광성현廣成縣이

---

4. [역자주] : 冬十月丁酉 帝至平州 遂從西道趣長塹 詔司徒潘相樂率精騎五千自東道趣靑山 辛丑 至白狼城 壬寅 經昌黎城 (중략) 癸卯 至陽師水 倍道兼行 掩襲契丹(『北齊書』卷4, 「文宣帝紀」).

5. 『太平寰宇記』卷70, 「河北道」.
   [역자주] : 盧龍縣 本漢肥如縣也 屬遼西郡 (중략) 唐武德三年 省臨渝 移平州置此(『太平寰宇記』卷70, 「河北道」19, 平州).

6. 『中國歷史地名辭典』213쪽.
   [역자주] : 前漢 이후 肥如縣의 治所는 지금의 하북성 노룡현 북쪽의 潘莊鎭 沈莊 일대에 있었다.

었다.[7] 모용연慕容燕 때 "현을 나누어 광도현을 설치하고, 우북평군에 속하게 하였다." 역도원酈道元의 『수경주水經注』에, "백랑수白狼水는 우북평군 백랑현에서 발원하여 동남쪽으로 광성현을 거쳐 북쪽으로 흐르다가, 서북쪽으로 꺾여 광성현 고성古城의 남쪽을 지난다. 왕망王莽 때의 평로현平虜縣이며, 속칭 광도성廣都城이라고 한다."[8]라고 하였다. 『수경주』의 기록으로 보면, 옛 광성현은 백랑수(대릉하) 상류의 동북쪽 기슭에 있어야 할 것이며, 전연 때 현을 나누어 광도현을 설치하였다. 그 고지故址는 지금의 대릉하 상류의 동북쪽 기슭인 건창현建昌縣 이도만자향二道灣子鄕의 후성자유지後城子遺址일 것이다.

백랑 : 한·위시대부터 양진시대까지 바뀌지 않았다. 다만 북연北燕 때 "백랑성을 요충이라 하여, 병주并州 및 건덕군建德郡의 치소를 이곳에 두었다."[9] 고지故址는 제2장에서 살펴본 바와 같이, 지금의 대릉하 상류인 객좌현喀左縣 서남쪽의 황도영자고성黃道營子古城이다. 동진시대 이후에는 이곳에 건덕군을 설치하였다.

석성 : 한대 우북평군의 옛 석성현이다. 이 성은 석성천수石城川水[10]에서 이름을 따왔다. 삼진하滲津河 하류의 객좌현 산취자진山嘴子鎭 황가점촌黃家店村의 토성자土城子에 위치하였다. 그 지리 좌표는 북위 40° 55′, 동경 119° 35′이다.

창려 : 『북제서』에 나오는 창려는 『한서』 「지리지」에 기재된 요서군

---

7. [역자주] : 『漢書』 卷28下, 「地理志」下, 右北平郡 廣成縣.
8. 『水經注』 白狼水條.
    [역자주] : (白狼)水出右北平白狼縣 東南逕廣成縣 北流 西北屈 逕廣成縣故城南 王莽之平虜也 俗謂之廣都城(『水經注』 卷14, 「大遼水」).
9. [역자주] : 白狼縣 漢屬右北平郡 燕以白狼城爲重鎭 置并州 魏後入併建德郡廣都縣 有白狼山·白狼水(『資治通鑑』 卷123, 「宋紀」5, 文帝 元嘉 13년(436) 4월조 胡三省註).
10. [역자주] : 지금의 南源大凌河의 지류인 滲津河이다.

동부도위 치소인 창려현이 아니라, 전연 때 지금의 조양시 서남쪽의 백
랑수 동쪽 기슭으로 치소를 옮긴 창려이다. 그래서 역도원은 창려고성
昌黎故城이라고 하였다. 『수경주』의 기재에 따르면, 백랑수는 방성천수方
城川水와 만나고, "다시 동북쪽으로 흘러 창려현고성의 서쪽을 지난다.
(중략) 고평천수高平川水가 백랑수로 흘러든다."[11] 고평천은 고증에 의하면
지금의 엽백수하葉柏壽河이다.[12] 전연에서 북위에 이르는 시기의 창려는
고평천이 백랑수로 흘러 들어가는 지점보다 조금 남쪽의 대릉하 동쪽
기슭인 지금의 객좌현 동북쪽의 마영자馬營子 일대의 고성古城에 위치하
였을 것이다.[13]

양사 : 전연 이후 창려의 위치로 비정해 보면, 북제 문선제가 북쪽으
로 거란을 토벌할 때 창려를 지난 뒤 하루 행정行程으로 지나간 양사수
陽師水는[14] 실제로는 대릉하의 지류인 엽백수하葉柏壽河일 것인데, 옛날
에는 고평천高平川이라고 하였다. 남북조시대 이후 물가에 양사진陽師鎭
을 두었기 때문에 양사수라 불렸던 것이다. 따라서 문선제가 지나간 창
려 이북 영주로 가는 노선상의 양사는 지금의 엽백수하가 대릉하로 유
입되는 하류인 객좌현 공영자진公營子鎭과 수천향水泉鄕 사이에 있었을
것이다. 이곳은 예나 지금이나 반드시 거쳐 가야하는 교통의 요지이다.

영주 : 곧 삼연三燕시기의 요서 용성이다. 북위 이후 영주의 치소로 바

---

11. [역자주] : 白狼水又東 方城川水注之 (중략) 白狼水又東北 逕昌黎縣故城西 (중략) 高平
川水注之(『水經注』卷14,「大遼水」).

12. 王綿厚,「大凌河水系歷史地理考辨」,『社會科學戰線』1982—1.
[역자주] : 엽백수하는 지금은 深井河라고 부른다.

13. 王綿厚,「大凌河水系歷史地理考辨」,『社會科學戰線』1982—1.

14. [역자주] : 『北齊書』卷4,「文宣帝紀」에 의하면, 북제 문선제는 天保 4년(553) 10월 平州를
거쳐 辛丑日(12일)에 白狼城에 도착하였으며 다음날인 壬寅日(13일)에 昌黎城을 지나 다
시 다음날인 癸卯日(17일)에 陽師水에 이르러 倍道兼行하여 거란을 엄습하였다.

뀌었다. 고지故址는 여전히 지금의 조양시였다. 『북제서』에 나오는 영주
는 북위 때 설치한 영주를 가리킬 것인데, 지금의 요서 조양시이다.

상술한 광도로부터 영주에 이르는 요서에서 중원으로 들어가는 대릉
하 상류의 이 옛길은 한·위시대에 개통된 이래 양진시대 이후에는 용
성에 이르러 길이 나뉘어졌기 때문에 사서에서는 또한 황룡도黃龍道라
고도 한다. 『수서隋書』 「장손성전長孫晟傳」에 따르면, 개황開皇 원년(581)에
"장손성을 거기장군車騎將軍에 임명하여 황룡도黃龍道로 나가게 하였다.
예물을 가지고 가서, 해奚·습霤·거란契丹 등에게 주고, 그들을 보내 향
도嚮導로 삼아 처라후處羅侯[15]가 있는 곳에 이를 수 있어서, 널리 심복을
심어 그를 회유하여 내부內附하게 하였다."[16] 당시 사람들은 장손성이
사이四夷에 이르는 노정路程과 산천의 형세를 잘 알고 있는 것에 대하
여 "입으로는 지리적인 상황을 진술하고, 손으로는 산천山川을 그리며,
그 허실虛實을 묘사하는 것이 모두 손바닥을 가리키는 것처럼 잘 알고
있다."[17]라고 하였다. 이로써 양진시대에서 수초隋初까지 대릉하의 하곡
河谷을 통과하는 이 황룡도는 줄곧 중원에서 새외로 나가 요서 이북의
해부奚部와 거란으로 통하는 요도要道였음을 알 수 있다. 『수서』에 나오
는 처라후가 있던 곳은 『진서晉書』에 보이는 새외塞外 오환(烏丸, 烏桓)의

---

15. [역자주] : 處羅侯(?~588)는 東突厥의 제6대 可汗인 葉護可汗(587~588)이다. 형인 沙
鉢略可汗(攝圖)을 계승하여 숙적인 西突厥의 阿波可汗(大邏便)을 사로잡기도 하였으나
그 직후인 隋 開皇 8년(588) 西征 도중에 流矢에 맞아 죽었다(『隋書』卷51, 「長孫晟」및
卷84, 「突厥傳」).

16. 『隋書』卷51, 「長孫晟傳」.
   [역자주] : 授晟車騎將軍 出黃龍道 齎幣賜奚·霤·契丹等 遣爲嚮導 得至處羅侯所 深布
   心腹 誘令內附(『隋書』卷51, 「長孫覽傳附 長孫晟傳」).

17. 『隋書』卷51, 「長孫晟傳」.
   [역자주] : 晟復口陳形勢 手畫山川 寫其虛實 皆如指掌(『隋書』卷51, 「長孫覽傳附 長孫
   晟傳」.

실라후悉羅侯의 치소일 텐데[18] 요서의 평강平剛, 즉 지금의 노합하老哈河 상류의 영성현寧城縣 흑성黑城이었다.[19] 그러므로 황룡도는 당시 대릉하 와 노합하를 연결하여 북쪽으로 가는 육로의 중추로서 오랜 세월이 지 났어도 쇠퇴하지 않았던 것이다.

2. 대릉하 하류의 여라도汝羅道

양진·남북조시대에 요서의 용성에서 동남쪽으로 대릉하 하류의 여 라성汝羅城을 거친 다음에 동쪽의 요동으로 가는 육로는 실은 한·위시 대 유성에서 동남쪽으로 창려·무려無慮를 거쳐 요동군으로 통하던 옛길 이었다. 이 교통로상의 교통 요지는 진·당대에 대릉하 하류에 있던 여 라성이었다.

진대晉代 이후 요서 여라성의 위치에 관해서는 역도원의 『수경주』에 처음으로 보이는데, "유수(渝水, 대릉하 하류)는 또 동남쪽으로 흘러 한 고 성故城의 동쪽을 지나는데, 세간에서는 여라성(女[汝]羅城)이라고 한다. 또 남쪽으로 흘러 영구성營丘城의 서쪽을 지난다."[20]라고 하였다.

그 후, 당대唐代 가탐賈耽의 『군국현도기郡國縣道記』에서는 "양제煬帝 8 년(612)에 요서군을 설치하고, 돌지계突地稽를 태수로 삼아 영주營州 동쪽

---

18.   [역자주] : 悉羅侯는 烏丸의 族長으로 東晉 咸和 9년(334)에 鮮卑 慕容皝의 揚威將軍 淑 虞의 공격 을 받아 平堈(平剛)에서 죽었다(『晉書』 卷109, 「慕容皝載記」).

19.   본서 제2장 제3절 참조.
      [역자주] : 내몽고 寧城縣 甸子鄕 黑城村의 黑城城址(國家文物局 主編, 『中國文物地圖 集(內蒙古自治 區分冊), 西安地圖出版社, 2003, 上冊 159쪽 및 下冊 206쪽 참조).

20.   『水經注』 卷14, 「大遼水」.
      [역자주] : 渝水又東南逕一故城東 俗曰女羅城 又南逕營丘城西(『水經注』 卷14, 「大遼水」).

200리의 여라성을 치소로 하였다."[21]라고 하였다.

　　그 후, 『원화군현보지元和郡縣補志』에서는 또 "영주 동쪽에 진안군鎭安軍이 있는데, 본래 연군수착성燕郡守捉城이었다. (중략) 또 여라汝羅·회원懷遠·무려巫閭·양평襄平 등의 네 수착성이 있다."[22]라고 하였다.

　　상술한 사서로 보면, 영주(지금의 조양시) 이동의 여라성은 『수경주』에서 이미 고성故城이라고 하였기 때문에, 적어도 북위 역도원 이전에 이미 대릉하 하류의 교통과 변경 방어의 요충지가 되었다. 중간에 남북조 시대를 거쳐 수·당대까지 여전히 요서의 군사상 요충지로서의 지위를 잃지 않았다. 당대에 여라성과 영주 이동의 연군수착 및 회원·무려·양평 등의 세 수착성守捉城은 모두 영주에서 안동도호부(安東都護府, 襄平)로 통하는 군사 요충이었다. 수·당 두 왕조의 사적史籍으로 보면, 영주에서 양평 사이의 여라·연군·회원·무려 등의 여러 수착성은 모두 여러 차례에 걸친 동정東征에서 군대가 주둔하고 군량을 저장하던 곳이었으니, 교통과 군사란 면에서 이중의 의의를 함께 가지고 있었다. 진대부터 당대까지 대릉하 하류의 교통 요충이었던 여라성의 위치는, 역도원의 『수경주』에 '영주 동쪽의 유수渝水 서쪽 기슭'에 있다고 한 기록과 [가탐의 『군국현도기』에] 당대 요서의 '영주 동쪽 200리'라고 한 둘을 대응 좌표로 삼아 판단해야 한다. 당리唐里 200리는 지금의 약 160여 화리華里에 상당하므로 지금의 조양시 동쪽 160여 리의 대릉하 서쪽 기슭에 해당하는 곳을 설정해 보면, 여라성은 의현義義 남쪽, 대릉하 오른쪽 기슭

21.　「漢唐地理書鈔」에서 인용.
　　[역자주] : 煬帝八年 爲置遼西郡 以突地稽爲太守 理營州東二百里汝羅城(『漢唐地理書鈔』所收 『賈耽郡國縣道記』).
22.　「元和郡縣補志」卷3, 「河北道」營州.
　　[역자주] : 營州東有鎭安軍 本燕郡守捉城 (중략) 又有汝羅·懷遠·巫閭·襄平四守捉城 (『元和郡縣補志』卷3, 「河北道」營州).

의 왕민둔王民屯과 노군보老君堡 일대에 위치하였을 것이다. 즉 지리 좌
표가 대략 북위 41° 25′, 동경 121° 20′인 지역이다.

대릉하 하류의 이 동서 육로 간선은 여라성과 무려수착을 지난 후,
동쪽으로 요택遼澤을 건너 양평 및 요동의 여러 성으로 나아갈 수 있
었다. 한대 이래로 백랑수 중류의 영주(유성)로부터 동쪽으로 유수 하류
의 여라성을 거치고, 다시 동쪽으로 무려를 지나서 요택을 건너 요동으
로 가는 이 천년의 고도故道는 동북 고대 교통지리에서 줄곧 중요한 지
위를 유지하였다.

요동의 평주(平州, 襄平)를 중심으로 한 육로간선

　　양진시대 이래 한대 요동군의 치소였던 양평은 여전히 동북지역 남부의 정치·경제와 문화의 중심지였다. 한말에 공손탁公孫度이 요동을 점유한 후에 양평에 평주平州를 설치하였으나 오래지 않아 폐지되어 유주幽州로 편입되었다. 서진 태시泰始 10년(274)에 다시 양평에 평주를 설치하였다. 서진 영가永嘉 연간(307~312) 이후에 처음으로 요동의 평주를 요서 지역으로 옮겼다.[1] 그 후 양평은 동이교위東夷校尉의 치소가 되어 여전히 요동의 군사와 교통의 요지가 되었다. 『진서』「지리지」평주조에 "후한 말에 공손탁이 스스로 자신을 평주목平州牧이라 하였다. (중략) 위魏가 동이교위를 설치하여 양평에 주재하게 하고, 요동遼東·창려昌黎·현도玄菟·대방帶方·낙랑樂浪 등 5군으로 나누어 평주를 설치하였다. (중략) 함녕咸寧 2년(279) 10월에 창려·요동·현도·대방·낙랑 등 5군국郡國

1.　[역자주] : 『晉書』卷14「地理志」平州. 평주는 兩晉 이후에도 존속하였으나 그 治所는 자주 바뀌었다. 前燕 : 襄平, 前秦 : 和龍(朝陽市), 後燕 : 龍城(朝陽市), 후에 平郭(營口市 熊岳鎭 東)으로 옮겼다가 慕容寶 이후에는 宿軍(朝陽市 東北, 또는 北鎭市)에 僑置, 北燕 : 宿軍, 北魏 : 肥如(河北省 盧龍 北), 唐 : 盧龍(현 노룡).

으로 나누어 평주를 설치하였다"라고 하였다.[2] 그 후 대흥大興 3년(320)에[3] "평주자사平州刺史 최비崔毖가 별가別駕인 고회高會를 사신으로 보내와서 숙신씨肅愼氏의 궁시弓矢를 바쳤다."[4]

양진시대 이후 요동의 육로교통은 평주를 중심으로 하여 남쪽, 동쪽, 그리고 북쪽으로 가는 세 노선으로 나눌 수 있다. 이들 각각의 교통간선이 경유하는 역사적 명성名城을 교통좌표로 삼으면, 남쪽으로 가는 평곽도平郭道, 동북쪽으로 가는 목저木底·환도도丸都道와 북쪽으로 가는 남소도南蘇道로 나눌 수 있는데, 이들을 아래에서 나누어 서술하겠다.

1. 남쪽으로 가는 건안建安·평곽도平郭道

이 길은 한·위시대 이래로 요동군 양평에서 남쪽 요동의 연해지역으로 가는 간선이었다. 동진시대 이래로 요서의 육로가 막힘에 따라 양평에서 남쪽으로 가려면 반드시 거쳐야 하는 평곽平郭이 더욱 요동의 주요 해로와 육로의 길목을 제어하는 내지의 요충이 되었다. 사서의 기록에 의하면, 전연의 모용황慕容皝과 모용인慕容仁이 요동을 놓고 평곽과 문성汶城 일대에서 여러 차례 쟁탈전을 벌였는데, 결국 모용황이 최후로 요동을 차지함으로써 결말이 났다. 양진시대 평곽에서 남쪽으로 가는 노선의 경유지로는 한대 이래의 문성과 답씨沓氏 외에 또 역성力城과 북풍北豊이 더해졌다. 「광개토왕비廣開土王碑」에 의하면, "영락永樂 5

---

2.   『晉書』卷14「地理志」.

3.   [역자주] : '大興三年'은 원문에는 '大興二年'으로 되어 있으나 『山海經』에 따라 大興三年으로 바로잡았다.

4.   『山海經』「大荒北經」郭璞注.
     [역자주] : 晉大(太)興三年 平州刺史崔毖遣別駕高會 使來獻肅愼氏之弓矢.

년에 (중략) 양평도襄平道를 통하여 동쪽으로 △성△城·역성力城·북풍에 이르렀다. 왕은 사냥할 채비를 하여 영토를 유람하고 사냥도 하면서 돌아왔다"[5]라고 하였다. 고구려의 광개토왕이 회군할 때 양평도로 길을 잡아 동쪽으로 역성·북풍에 이르렀던 것이다. 이를 통하여 이들 두 성은 당연히 서로 인접해 있던 동진시대 요동의 유명한 성이었음을 알 수 있다. 북풍은 『삼국지三國志』 「위지魏書」에 처음 보이는데, 정시正始 원년 (240)에 "요동의 문현汶縣[6]과 북풍현北豊縣의 주민들이 유망流亡하여 바다를 건너자 제군齊郡[7]의 서안西安·임치臨菑·창국현昌國縣 지역에 신문현新汶縣[8]과 남풍현南豊縣[9]을 설치하여 이들 유민을 거주하게 하였다."[10] 삼국 위魏나라 때 요동의 주민들이 문현과 북풍현을 거쳐 바다를 건너 산동의 제군으로 옮겨갈 수 있었던 지리적 조건으로 보면, 북풍은 요동반도 남부의 바다 가까운 곳에 위치하였을 것이다. 이와 상응하여 『위서魏書』 「풍발전馮跋傳」에서는, 북연北燕 때 풍문통(馮文通 ; 馮弘)이 요동에 이르자 "고구려가 그를 평곽平郭에 머물게 하였다가 얼마 되지 않아 북풍으로 옮겼다"[11]라고 하였다. 풍발이 북연을 세웠을 때 요동은 이미 고구

---

5. 王健群, 『好太王碑研究』, 吉林人民出版社, 1984에서 인용.
   [역자주] : 永樂五年 (중략) 因過襄平道 東來△城·力城·北豊 王備臘 流觀土境 田獵而還.

6. [역자주] : 前漢의 文縣으로 後漢代에 汶縣이라 하였다. 치소는 지금의 요령성 瓦房店市 太陽升街道 王家店村. 본서 제2장 제2절 참조. 일설에는 지금의 요령성 大石橋市 湯池鎭 英守溝古城으로 보기도 한다.

7. [역자주] : 齊郡은 西漢 때 臨淄(菑)郡을 고쳐 설치하였으며 치소는 臨淄(菑)縣으로 지금의 산동성 淄博市 臨淄區 북쪽에 있었다.

8. [역자주] : 치소는 지금의 산동성 淄博市 淄川 동쪽에 있었다.

9. [역자주] : 치소는 지금의 산동성 壽光市 豊城鄕에 있었다.

10. 『三國志』 卷4 「齊王芳紀」.

11. 『魏書』 卷97 「馮跋傳」.
    [역자주] : 馮弘(馮文通)은 北燕(407~436)의 마지막 군주로, 북위의 공격으로 궤멸되는 과정에서 고구려로 망명하였다. 고구려는 그를 平郭에 머물게 하였다가 고구려의 下待에 반발하

려가 점거하고 있었다. 고구려는 처음에 북연주北燕主[12] 풍문통을 평곽에 머물게 하였다가 얼마 되지 않아 북풍으로 옮겼다. 이러한 사실은 평곽과 북풍이 서로 인접해 있었을 뿐만 아니라, 또한 함께 요동반도의 바다 가까운 곳에 있어서 유망하여 바다를 건너기에 편했음을 말해 주는 것이다. 그리고 고구려가 요서 북연의 혼란을 피하기 위하여 얼마 되지 않아 풍문통을 평곽에서 북풍으로 옮겼던 사실로 보면, 북풍은 또한 평곽의 조금 남쪽에 있었을 것이다. 한대 평곽현을 지금의 영구시營口市 웅악진熊岳鎭의 온천고성溫泉古城으로 추정하면,[13] 그보다 조금 남쪽의 바다에 가까운 북풍은 지금의 요령성 보란점시普蘭店市 동북쪽의 위패산성魏覇山城에 처음 설치되었을 것이다. 위패산성은 오고성吳姑城이라고도 하는데, 이곳은 위·진시대 이후로 평주(양평)에서 남쪽으로 평곽을 거쳐 바다를 통하여 산동의 제군齊郡으로 가는 교통의 요지 가운데 하나였다.

또 하나 북풍과 함께 「광개토왕비」에 기록된 역성力城은 동진시대 이후에 처음 보이는데 사서의 기록도 비교적 적은 편이다. 동진시대 이래 요동의 행정구획으로 보면, 역성은 고구려가 요동을 점유한 이후에 교통의 요지에 건립한 새로운 성일 것이다. 동진시대 이후 북풍과 역성이 함께 요동에 있었던 정황으로 분석해보면, 역성 역시 요동의 남부에 있었을 것이다. 또한 역성은 교통지리와 관련이 있는 고구려의 산성이었을 것이다. 이러한 사실들로 추정하면, 동진시대 이래 요동의 역성은

자 곧 北豊으로 옮겼다. 그러나 서로 적대관계에 있던 北魏와 劉宋이 모두 풍홍의 인도를 요구하자 고구려는 그를 죽임으로써 외교적 難題를 해결하였다(『魏書』 卷97 「海夷馮跋傳」 및 『宋書』 卷97 「夷蠻傳」 高句驪).

12. [역자주] : '北燕使'의 원문은 '燕使(北燕의 사신)'이나 오류이므로 '北燕主'로 바꾸었다.

13. 본서 제2장 제2절 참조.

지금의 와방점시瓦房店市 경내의 득리사산성得利寺山城, 일명 용담산산성龍潭山山城에 처음 설치되었을 것이다. 지금의 용담산산성은 진·당·고구려의 유물이 있을 뿐만 아니라, 또한 남쪽으로는 보란점시의 오고성(북풍)으로 통하며, 동북쪽으로는 황해 서안의 장하莊河 하구로 통한다. 용담산성에서 동북쪽으로 장하로 가는 곡도谷道가 지나는 주변 지역에서는 이미 많은 여러 유적이 발견되었을 뿐만 아니라, 또한 지금의 장하시 서북쪽 50리의 교통 요로상의 성산城山 위에서 고구려 산성이 발견되었다. 고고 유적을 통하여 대체로 우리는 지금의 와방점시 용담산산성(역성)에서 동북쪽으로 장하 하구에 이르고, 또한 도중에 성산산성을 거치는 하나의 선을 그릴 수 있다. 이는 발해 해안에서 황해 연안에 이르는 하나의 동서 교통요로가 된다. 이 고고 유적들을 선으로 이어보면 당시 고구려의 광개토왕이 환도丸都를 중심으로 하는 압록강 중류에서 압록강을 따라 남하하여 양평도襄平道를 따라간 후에 동쪽으로 역성과 북풍을 지나면서 순유하고 사냥하며 회군했던 노선과 교통지리상 기본적으로 서로 일치한다.

2. 동북쪽으로 가는 목저木底·환도도丸都道

양진·남북조시대에 요동의 양평에서 동북쪽 고구려의 옛 도읍으로 가는 길은 한·위시대에 개통된 또 하나의 중요한 교통로였다. 이 교통노선은 요동의 신성新城을 전환점으로 하여 앞뒤 두 구간으로 나눌 수 있다. 앞 구간은 양평에서 동북쪽으로 개모蓋牟를 거쳐 신성에 이르는데, 이 노선은 한대 요동군에서 현도군에 이르는 수변도戍邊道였다.[14] 뒤

---

14.   자세한 것은 본서 제2장 제2절 참조.

구간은 신성에서 혼하渾河를 따라 동쪽으로 목저성木底城에 이르러 소자하蘇子河를 거슬러 가 창암蒼嵒을 거쳐 환도丸都에 이르는 길로, 동쪽으로 고구려의 고지故地로 가는 남협南陜의 길이었다.[15] 이 저명한 교통로상에서 개모·신성·목저·환도 등이 사서에 나오는 중요한 교통의 거점들로, 모두 동진시대 이후에 보인다. 역대 요동의 군현 설치와 고고자료로 고찰해보면, 위의 여러 성들은 모두 양진시대 이후 고구려가 요동에 세운 산성들의 일부였다.[16] 특히 목저성은 혼하와 소자하로 조성된 남협의 중심에 있었으므로 교통지리적 위치가 매우 중요하였다. 그리고 환도는 더욱이 양진시대 고구려의 옛 도읍지였다. 198년 즉 고구려 산상왕山上王 2년(漢 獻帝 建安 3년)에 국내성國內城의 동북쪽에 쌓은 환도성은 343년(東晉 康帝 원년)에 평양平壤으로 천도하기 전까지 140여 년 동안 동북지역의 교통사에서 특별히 중요한 위치를 점한다. 양진·남북조시대 요동의 신성에서 동쪽으로 환도로 가는 육로 간선은 주로 혼하와 소자하를 따라갔다. 소자하 중·상류의 산지를 거쳐 혼강 서쪽 지류의 산곡山谷과 애구隘口로 진입하여 동남쪽으로 혼강 옛길을 통과한 후 최후로 다시 남로南路를 경유하여 지금의 압록강 중류의 길림성 집안시集安市, 즉 고구려의 옛 도읍인 환도와 국내성에 도달하였다. 사서에 기록된 강을 따라 골짜기를 뚫고 가는 이 육로의 주요 경유지는 다음과 같다.

1) 개모성

개모는 동진시대 이래로 요동의 양평에서 동북쪽으로 현도와 신성으

---

15. [역자주] : 당시 新城 방면에서 고구려의 도읍인 丸都로 통하는 교통로는 南道와 北道가 있었는데, 南陜은 남도를 말한다. 자세한 내용은 본서 제3장 제4절의 「高句麗의 南道와 北道」 참조.
16. 「東北歷史地理」 제2권 제5편 제6장 제3절 「晉代高句麗國諸城邑」 참조.

로 가는 첫 번째 거점이었다. 사서를 통해 고찰해보면, 개모성의 설치 시기는 비교적 늦어서 『구당서』와 『신당서』에 가장 일찍 나오는데, 고구려가 한·위시대의 요동군을 점유한 이후 마지막으로 건설한 일군一群의 성읍 가운데 하나일 것이다. 『신당서』 「지리지」에 안동도호부安東都護府에서 발해왕성渤海王城으로 가는 길에 대하여, "안동도호부(지금의 요양)에서 동북쪽으로 옛 개모와 신성을 거치고 또 발해의 장령부長嶺府[17]를 거쳐 1,500리를 가면 발해왕성[18]에 이르는데, 성은 홀한해忽汗海[19]에 임해 있다"[20]라고 하였다. 또 『구당서』 「위정전韋挺傳」에서는, 정관貞觀 19년 (645년)에 당 태종이 군대를 통솔하여 "개모성을 격파하고 위정에게 조詔를 내려 군대를 통솔하여 개모성을 지키게 함으로써 그를 점차 임용할 뜻을 보였다. 위정이 성을 지키는데 대군과는 매우 멀리 떨어져 있었고 고구려의 신성과 이웃해 있어서 밤낮으로 전투가 벌어져 북을 치고 함성을 지르는 소리가 끊이지 않았다"[21]라고 하였다.

『신당서』에서 '옛 개모와 신성'이라고 기술한 것을 보면, 개모와 신성은 적어도 당대 이전에 건립되었다. 이들 두 성의 상대적 위치는 『구당서』와 『신당서』의 명확한 기록에 의하면, 서로 인접하여 안동도호부 동북쪽의 주요 교통로에 차례로 배열되어 있었다. 진·당대 요동의 양평과 신성의 위치가 확인되었고, 특히 1950년대 이래 지금의 심양시瀋陽

---

17. [역자주] : 長嶺府의 치소는 瑕州로, 지금의 吉林省 樺甸市 동쪽의 蘇密城, 또는 吉林省 梅河口市 서남쪽의 山城鎭으로 비정된다.

18. [역자주] : 발해왕성은 上京 龍泉府로, 지금의 黑龍江省 寧安市 渤海鎭 남쪽에 그 遺址가 있다.

19. [역자주] : 忽汗海는 지금의 鏡泊湖로, 흑룡강성 寧安市 서남쪽의 牡丹江(옛 忽汗河) 상류에 있다.

20. 『新唐書』 卷43下 「地理志」7下.

21. 『舊唐書』 卷77 「韋挺傳」.

市 남쪽 소가둔구蘇家屯區 진상가도陳相街道의 탑산산성塔山山城이 발견됨
에 따라 안동도호부와 신성 사이의 교통로상에 있던 옛 개모성은 지금
의 심양시 남쪽 소가둔구에 있는 탑산산성임에 틀림이 없다.[22]

2) 신성

신성은 3세기 진晉 함녕咸寧 연간(275~279)에 처음으로 보이는데, 고
구려 서쪽 변경의 군사상 요충이었다. 당대에 와서는 안동도호부 아래
에 설치된 9도독부의 첫 번째 도독부였다. 당 총장總章 연간(668~670)
이후에 신성주도독부新城州都督府라 하였다. 『구당서』 「고려전」에, "신성
은 고구려 서부의 진성鎭城으로 가장 요해처다"라고 하였다. 『구당서』와
『신당서』 및 가탐賈耽의 『도리기道里記』에 의하면, 안동도호부에서 동북
쪽으로 개모를 지난 뒤에 바로 신성에 도달한다고 하였다. 이곳은 당대
장령영주도長嶺營州道[23]상의 주요 거점 가운데 하나였다. 신성에서 남쪽
으로는 개모로, 동쪽으로는 목저로, 북쪽으로는 남소南蘇로 가는데, 모
두 간선도로가 있었다. 성에 가까이 있던 귀단수貴端水는 지금의 혼하渾
河이다.[24] 근래의 고고 발견을 참고하여 현재 학자들은 이미 지금의 요
령성 무순시撫順市 혼하 북쪽 기슭의 고이산산성高爾山山城을 바로 진·당
시대 요동의 신성으로 확정지었다. 신성이 당대 고구려 서부의 교통 요
지였기 때문에, 신성을 통과하는 당대의 요동 육로는 사서에서 대개 신
성도新城道라고 한다.

---

22. 『遼寧史迹資料』內刊本, 56쪽.

23. [역자주] : 장령영주도는 발해의 장령부와 당의 영주(지금의 요령성 조양시)를 잇는 교통로.

24. 『遼寧史迹資料』「新城」條.

3) 목저성

목저성은 이 교통로상에서 혼하 하곡河谷의 간선도로를 나와서 동남쪽으로 방향을 바꾸어 지금의 소자하 곡도谷道로 진입하는 첫 번째 교통요지였다. 진·당대에는 이곳이 신성에서 환도로 가는 남협南陜의 입구를 제어하는 곳이었기 때문에, 사서에서는 이 길을 목저도木底道라고도 한다. 목저성의 위치에 대해서 예전에는 대개 지금의 요령성 신빈현新賓縣의 목기진木奇鎭으로 비정하였다.[25] 그러나 근래의 고고 조사에 의하면 신빈현 목기진 현지에는 진·당대의 고성은 전혀 없으며, 목기진은 명·청대의 역참이었다. 다만 목기진 서북쪽 15리의 신빈현 상협하진上夾河鎭 오룡촌五龍村에서 비교적 규모가 큰 고구려 산성 하나가 발견되었다.[26] 이 성은 소자하 좌안의 오룡산 기슭에 있는 고금의 교통대로를 제어하였는데, 지리좌표는 북위 41° 52′, 동경 124° 35′이다. 고금의 교통지리와 고고 자료로 보면, 상협하진의 오룡산성이 곧 신성에서 남협을 지나 고구려의 옛 도읍인 국내성과 환도성으로 통하는 교통로상의 목저성일 것이다.[27] 이 때문에 혼하와 소자하의 하곡을 따라 동쪽 환도로 가는 이 옛길은 속칭 신성·목저도라고도 한다.

4) 신빈현 영릉진永陵鎭 북쪽의 두도립자산성頭道砬子山城

이 성은 신빈현 영릉진 북쪽의 소자하 북쪽 기슭 약 10여 리에 있는데, 상협하진의 옛 목저성에서 동남쪽으로 강을 따라 거슬러 가면 약 80리 떨어져 있다. 이곳에서 동남쪽으로 소자하의 남쪽 지류를 따라 약

---

25. 譚其驤 主編, 『中國歷史地圖集 釋文彙編 東北卷』, 中央民族學院出版社, 1988, 69쪽.

26. 『東北歷史地理』 제2권 제5편 제6장 제3절 木底.

27. 王綿厚, 「隋唐遼寧建置地理述考」, 『東北地方史研究』 1986—1.

60여 리를 가면 지금의 소자하 곡도상의 횡도하자橫道河子 애구로 진입한다. 이 성은 또한 고대에 목저성에서 동남쪽으로 소자하를 따라 혼강渾江 곡도로 들어가서 고구려의 옛 도읍으로 통하는 또 하나의 험준하고 중요한 관문이었을 것이다. 목저와 창암蒼岩은 사서에서 대개 함께 언급되고 있는 지리적 위치로 추정하면, 이 성을 서쪽으로는 목저와, 동쪽으로는 환도와 연결되는 교통로상의 창암성蒼岩城으로 판정하는 것이 합당할 듯하다.[28]

5) 횡도하자애구橫道河子隘口

이 애구는 지금의 신빈현 영릉진 동남쪽 소자하 지류의 차로자岔路子와 환인현桓仁縣 혼강渾江 지류의 횡도하자 사이의 교통로가 지나는 협곡의 입구에 있다. 지리좌표는 대략 동경 125°, 북위 41° 30′이며, 애구는 서쪽으로 해발 1,041m의 나권구羅圈溝 주봉主峰과 겨우 십여 리 떨어져 있다. 소자하 상류의 차로자를 통과하는 산간 요도要道는 예나 지금이나 모두 소자하 곡도谷道에서 동남쪽으로 혼강 곡도로 진입하는 중요한 교통노선이다. 횡도하자 애구를 통과하여 서북쪽으로 가면, 지금도 여전히 대로가 있어서 요령성 신빈현 유수향榆樹鄕과 영릉진을 지나며, 동남쪽으로는 환인현 화첨자鏵尖子와 사도하자四道河子 일대로 간다. 그리고 지금의 환인현 사도하자를 지나 곧장 동남쪽으로 혼강의 서쪽 지류인 횡도천橫道川과 혼강을 따라가면, 환인현 소재지를 지나 동남쪽으로 사도령자四道嶺子·이붕전자진二棚甸子鎭·오리전자진五里甸子鎭을 거치는데, 바로 이 남로南路를 따라 길림성 집안현으로 통할 수 있다. 즉 본절에서 기술한 목저·환도도의 종점에 도달한다.

---

28. 王綿厚, 「隋唐遼寧建置地理述考」, 「東北地方史研究」 1986—1.

상술한 요동의 신성에서 출발하여 연이어 지금의 혼하·소자하와 혼강의 동·서 지류를 따라 계곡 사이를 뚫고 가는 이 고대 교통로는 도중에 신성·목저·창암·환도 등의 유명한 성을 거친다. 고금의 교통지리와 사서의 기록을 종합적으로 고찰해보면, 이 노선은 진·당대에 요동에서 고구려의 옛 도읍인 국내성과 환도성으로 가던 남협[남도]일 것이다.

3. 북쪽으로 가는 신성新城·남소도南蘇道

양진·남북조시대 요동의 옛 양평은 동진시대 이후에 고구려 또한 요동성이라고 하였다. 진·당대에 요동성에서 북쪽으로 가는 육로는 사서에 이른바 남소도南蘇道라고 기록되어 있다.

『수서隋書』「단문진전段文振傳」에, "요동을 정벌하게 되자 좌후위대장군左候衛大將軍에 임명되어 남소도로 출정하였다. 도중에 병세가 위독하여 (중략) 며칠 뒤에 군중에서 죽었다"[29]라고 하였다.

당대의 『한원翰苑』「번이부蕃夷部」 고려조에, "남소성은 고구려의 서북쪽에 있으며, (중략) 성은 신성의 북쪽 70리의 산 위에 있다"[30]라고 하였다.

『십육국춘추十六國春秋』에, "모용황慕容皝 12년(345년)에 도요장군度遼將軍 모용각慕容恪을 보내 고구려의 남소성을 공격하여 빼앗고 주둔병을 두고 돌아왔다"[31]라고 하였다.

구양수歐陽修의 『신당서』「고종기高宗紀」에, 총장 원년(668년) "2월 (중략)

---

29. 『隋書』 卷60 「段文振傳」.
30. 『遼海叢書』 卷4 「翰苑」 卷30 「高麗」(『遼海叢書』 第4卷).
31. 『翰苑』 卷30 「高麗」조에 인용된 『十六國春秋·前燕國』.

임오일壬午日에 이적李勣이 고구려를 패배시키고 부여·남소·목저·창암성을 빼앗았다"[32]라고 하였다.

이상의 여러 사서에 기재된 신성을 경유하여 북쪽 남소로 가는 육로 요로는 진·당대 이래의 요동 남소도일 것이다.

이 남소도는 그 명칭이 옛 남소수南蘇水와 남소성南蘇城에서 연유하였을 것인데, 『한서』「지리지」 현도군玄菟郡 고구려현高句驪縣의 주에, "또 남소수가 있어 서북쪽으로 흘러 새외塞外를 지난다"라고 하였다. 이 고대 교통로상에서 또한 남소성을 경유하기 때문에 진·당의 사서에 [남소도란] 이름으로 기재되었을 것이다. 남소수와 남소성의 지리적 위치에 대해서는 고금의 국내외 학자들 사이에서 논의가 분분하다. 여러 학자들의 주요한 몇 가지 설을 골라 인용하면 다음과 같다.

　□ 소자하(蘇子河)설.[33]

　□ 동요하(東遼河 ; 赫尒蘇河)설.[34]

　□ 송화강(松花江) 상류 휘발하(輝發河)설.[35]

　□ 북류송화강(北流松花江)설.[36]

남소수의 옛 수로에 대한 고금의 고증이 분분하기 때문에 남소도의

32.　『新唐書』卷3「高宗本紀」.

33.　『大淸一統志』卷36「興京山川」蘇子河條 ; 譚其驤 主編, 『中國歷史地圖集』第二冊, 地圖 出版社, 1982, 28쪽에 인용.

34.　『漢書地理志水道圖說』卷2.

35.　『滿洲歷史地理(上)』第3篇「南蘇水」.

36.　郭守敬, 『前漢地理圖』第1圖.

교통노선에 대한 고증 역시 오랫동안 논쟁거리가 되었다. 진·당대 이래의 사료를 고찰하고 아울러 발견된 고고 자료를 참고하여 정정해보면, 한·진·수·당대 이래의 옛 남소수는 소자하나 동요하와 휘발하가 아니며 또한 북류송화강도 아니다. 당의 장초금張楚金이 찬술한 『한원』에 대한 옹공예雍公叡의 주기注記에 인용된 『고려기高麗記』에, "(남소)성은 신성의 북쪽 70리의 산 위에 있다"[37]라고 하였다. 신성이 지금의 요령성 무순시 북쪽 혼하 북쪽 기슭의 고이산산성임이 이미 확인되었기 때문에, '신성 북쪽 70리의 산 위'를 추정해보면, 바로 무순시 고이산산성 이북의 철령시鐵嶺市 남쪽 범하汎河 유역에 해당된다. 특히 근년에 범하 북쪽 기슭의 철령현 최진보催陣堡 북쪽 산 위에서 둘레가 약 10여 화리華里 되는 중요한 고구려 산성이 발견되었다. 이 성은 범하 북쪽 기슭의 산등성이에 웅건하게 자리잡고 있는데, 남쪽으로 고이산산성과 바로 60여 리 떨어져 있다. 성 안에는 대량의 진·당·고구려시대의 유물이 흩어져 있다. 이 성의 방향과 지리좌표 및 거리는 모두 『한원』에 기재된 '신성의 북쪽 70리 산 위'에 세운 남소성과 일치되지 않는 것이 없다. 그러므로 [위와 같은] 지리적 위치를 근거로 [이 최진보산성이] 진·당대의 옛 남소성이라고 추정할 수 있다.[38] 이전의 학계에서 검정한 남소성은 무순현의 살이호산성薩爾滸山城 혹은 신빈현의 오룡산성五龍山城이었으나, 하나의 가설로서 철저히 구명해보면, 최진보산성의 지리좌표는 북위 42° 10′, 동경 123° 55′[39]이다. 여기에서 한걸음 더 나아가 본절에서 추론해 보면 옛 남소성이 있던 지금의 요하 좌안의 지류인 범하가

37. 『翰苑』 卷30 「高麗」(『遼海叢書』 第4卷).
38. 王綿厚, 「漢晉隋唐之南蘇水與南蘇城考」, 『歷史地理』 4, 1986.
39. [역자주] : 원문의 '동경 13° 55″'은 '123° 55″'의 오류이므로 바로잡았다.

곧 옛 남소수일 것이다.[40]

남소수의 옛 수로와 남소성의 위치를 확정지음으로써 줄곧 묻혀버려 알 수 없었던 진·당대 요동의 남소도를 고증할 수 있는 증거를 밝힐 수 있게 된다. 전연 때 모용황이 동쪽으로 요하를 건너 고구려를 쳐서 남소성을 격파하고부터 수·당이 고구려를 공격하여 남소성을 급습하기까지 모두 신성도를 따라 진격하였을 것이다. 즉 요서에서 요하를 건넌 후 다시 혼하(신성도)의 고이산 북쪽에서 범하 하곡河谷의 육로로 진입하였던 것이다. 교통지리상으로 보면, 지금의 범하와 혼하는 나란히 서쪽으로 흘러 요하로 들어가는데, 두 수로 사이의 평행 거리는 무순시 고이산 이북 지역에서는 바로 60여 화리華里가 된다. 또한 혼하 북쪽 기슭의 고이산성 북문 애구로부터 북쪽으로 가면 범하 하곡의 최진보 일대로 통하는데, 예나 지금이나 줄곧 큰 길이 있어서 서로 통하였다.

이는 지금의 육로를 살펴보면 입증된다. 고금의 교통지리로 배열해 보면 범하 곡도谷道에서 서쪽 요하로 가면 지금의 법고현法庫縣 지역으로 진입하여 요서의 영주(지금의 조양시)로 통할 수 있었다. 범하 곡도에서 남쪽으로 가면 신성에 이르고, 또 요동성(지금의 요양시)에 도달할 수 있었다. 또한 범하 곡도에서 동쪽으로 가면 혼하 상류인 지금의 남잡목진南雜木鎭과 청원淸原으로 이어지고 북로北路를 거쳐 동쪽 집안시集安市로 가면 고구려의 옛 도읍인 국내성과 환도성에 이를 수 있었다. 진·당대 이래 상술한 신성 이북의 옛 남소수와 남소성을 경유하는 이 요동 육로가 바로 사서에서 빈번히 언급되는 옛 남소도일 것이다.

40.　王綿厚,「漢晉隋唐之南蘇水與南蘇城考」,「歷史地理」4, 1986.

제4절 ●

위진남북조 시기 동북주변부족의 교통

420년에서 581년은 중국 역사상의 남북조시기이다. 이 기간에 중원 왕조가 부단히 교체되었기 때문에 각족各族 사이의 전쟁과 천이遷移가 부단히 진행되었으며, 중원 왕조와 동북 각족의 흥쇠興衰에 새로운 변화와 발전이 있었다. 한진漢晉 이래로 이어지는 건치建置와 교통을 제외하고 한초 이래 지금 동북 송화강 유역의 길림·장춘지구에 건립된 부여왕국은 남북조 시대에 이르러 서부西部에 모용씨慕容氏가 건립한 전연前燕·후연後燕과 동부東部에 고구려의 공격 하에 있어서 날로 쇠망하게 되었다. 요서에서 발전·장대해진 모용연과 혼강·압록강 유역에서 흥기한 고구려는 모두 세력을 확장하여 요동지구에 이르렀다. 모용연 (전연·후연)과 고구려의 요동지구 쟁탈 투쟁 중에 고구려가 마침내 승리하여 요동지구를 점령하였고 아울러 북쪽으로 확장하여 지금의 제2송화강 이남 일대까지 이르렀고 북방에서 흥기한 물길(수·당시기 말갈이라 칭함)과 접하게 되었다. 물길은 흥기 후에 점차 남하하여 부여를 몰아내고 그 세력이 속말수(速末水, 粟末水) 즉 지금 제2송화강유역까지 밀고 나갔다. 남북조시대에 지금의 흑룡강·눈강 및 제1송화강 이서에 거주하던 실위(失韋, 室韋)·오락후烏洛侯·두막루豆莫婁 등의 제족等族도 계속 발

전·장대해지면서 중원왕조(북조)와 빈번한 조공사절 왕래를 개시하여, 수·당 시기에 이르러서는 다시 진일보한 발전을 이루었다.

지금 남북조시대의 물길·두막루·오락후·실위 각 부족과 중원왕조의 공사貢使왕래의 교통노선을 아래와 같이 나누어 서술하고자 한다.

1. 물길勿吉의 위치와 조공도朝貢道

물길의 명칭은 『위서魏書』 「물길전勿吉傳」[1]에 처음 보이는데, "물길국은 고구려의 북쪽에 있으며 옛 숙신국이다. 읍락邑落마다 각각 장長이 있으나 하나로 통일되어 있지는 않다. 그 사람들은 굳세고 사나운데 동이東夷 중에서 최강이다. 언어는 유독 다르다. 항상 두막루豆莫婁 등의 나라를 가벼이 여기니 여러 나라들도 또한 이를 근심거리로 여겼다. 낙양洛陽에서 5천 리 떨어져 있다. 화룡和龍에서 북으로 2백여 리에 선옥산善玉山이 있고, 그 산의 북으로 13일을 가면 기여산祁黎山에 이른다. 또 북으로 7일을 가면 여락양수如洛瓌水[2]에 이르는데 강폭이 1리 남짓 된다. 또 북으로 15일을 가면 태로수太魯水[3]에 이르고 또 동북으로 18일을 가면 그 나라에 도달하게 된다. 그 나라에는 큰 강이 있는데 폭이 3리里 정도이며, 이름은 속말수速末水[4]이다." 또 말하기를, 연흥(延興, 기원 471~

---

1. [역자주] : 25史 중에서 『魏書』와 『北史』만 물길전이 있다. 『후한서』·『삼국지』에는 挹婁, 『晉書』에는 肅愼, 『隋書』·『舊唐書』에는 靺鞨로 입전되어 있다.

2. [역자주] : 『北史』 卷94 列傳 第82 勿吉, "又北行七日至洛瓌水". Siramuren河(弱洛水·饒樂水·澆洛水)로 추정됨(津田左右吉, 「勿吉考」).

3. [역자주] : 『北史』 卷94 列傳 第82 勿吉, "又北行十五日至太岳魯水". 嫩江의 지류인 洮兒河로 추정됨(池內宏, 「勿吉考」).

4. [역자주] : 오늘날 松花江을 지칭. 晉代에는 弱水, 魏代에는 速末水, 隋唐代에는 粟末水, 金代에는 宋瓦江·白江.

476년) 중에 사신 을력지乙力支를 보내 조회하고 방물을 바치면서[5] "처음 나라를 출발하여 배를 타고 난하難河[嫩江]를 거슬러 서쪽으로 오르다가 태로수太魯水에 이르러 배를 물속에 감추어 두고 남쪽으로 육로를 걸어서 낙고수를 건너 거란契丹의 서쪽 경계를 따라 화룡和龍에 이르렀다." 고 하였다. 연흥 연간에 물길은 어디에 있었을까.

제설은 일치하는 않는다. 어떤 이는 지금의 북류 송화강(지금의 제2송화강) 동안에서 멀지 않은 동류 송화강(지금의 제1송화강)의 남부에 있었다고 본다.[6] 어떤 이는 지금의 송화강·눈강의 합류처 부근으로 보고,[7] 어떤 이는 지금의 길림시로 보고,[8] 어떤이는 지금의 아성阿城 일대로 본다.[9] 이처럼 다른 견해가 나오는 원인은 주로 난하難河[難水]를 지금의 어느 강에 해당하는가에 대한 견해가 다르기 때문이고, 그 다음은 연흥 연간 전후 물길의 세력 범위의 변화 유무에 대한 견해가 같지 않기 때문이다.

상술한 각설은 아성설을 제외하고 모두 난하가 지금의 눈강이라고 본다. 필자는 북위시대에 말하는 난하는 비단 지금의 눈강만을 가리키는 것이 아니라 지금의 제1송화강(동류송화강)과 흑룡강 하류를 포함한다고 본다. 『위서魏書』「오락후전烏洛侯傳」에 의하면, "그 나라의 서북쪽에 완수完水가 있는데 동북쪽으로 흘러 난수難水에 합류되고 그 땅의 작은 강은 모두 난수로 들어가며 동쪽으로 흘러 바다로 들어간다"고 되어

---

5.   [역자주]: 『北史』卷94 列傳 第82 勿吉, "去延興中 遣使乙力支朝獻 (생략 부분 : 太和初 又 貢馬五百匹 乙力支稱) 初發其國 乘船泝難河西上 至太渧河 沉船於水 南出陸行 渡洛孤水 從契丹西界達和龍".

6.   (日) 津田左右吉, 「勿吉考」, 『滿洲地理歷史研究報告』 第15册.

7.   于志耿·孫秀仁 著, 『黑龍江古代民族史綱』, 208쪽(黑龍江人民出版社, 1987年 1月版).

8.   金毓黻, 『東北通史』, 170쪽, 勿吉之國都應在今吉林之北部(社會科學戰線雜誌社飜印本).

9.   (日) 池内宏, 「勿吉考」 見 『滿鮮地理歷史研究報告』 第15册. 『新唐書』 高麗傳.

있다. 완수는 지금의 아르군강額爾古納河과 흑룡강 상·중류을 지칭한다. 소위 완수가 "동북쪽으로 흘러 난수에 합류된다"는 것은 지금의 흑룡강이 지금의 제1송화강에 합류되는 것을 가리킨다. 난수가 단지 지금의 눈강만을 지칭한다면 완수와 함께 동북쪽으로 흘러 난수에 합류된다는 기록과 부합되지 않는다. "그 땅의 작은 강은 모두 난수로 들어가며 동쪽으로 흘러 바다로 들어간다"는 것은 지금의 눈강 상류에 거주하던 오락후 소재지의 작은 강이 모두 난수, 즉 지금의 눈강으로 유입된다는 것을 가리킨다. "동쪽으로 흘러 바다로 들어간다"는 것은 난수가 동쪽으로 흘러 바다로 들어간다는 것을 가리킨다. 이것은 난수가 지금의 눈강, 제1송화강, 흑룡강 하류라고 하는 추정의 근거가 된다. 난하(난수)는 당대唐代에 이르면 나하那河라고 칭하게 된다. 『구당서』「실위전」에 의하면, 당대의 나하는 지금의 눈강과 제1송화강을 가리키는 것이지 흑룡강 하류를 포함하지 않고, 흑룡강 하류는 당대에 흑수黑水라고 칭했으며, 이와 남북조시대의 난수가 지금의 흑룡강 하류를 포괄하는 것과는 같지 않다.

연흥延興 연간(471~476)에 물길 사신 을력지가 왕래한 승선이 주행한 수로의 방향으로 볼 때 태로수(太魯水, 지금의 洮兒河)에서 동북으로 18일을 가면 도달되는 난수는 지금의 눈강을 가리킬 뿐만 아니라 지금의 제1송화강 하류를 포괄한다. 만약 난수가 지금의 눈강만을 가리킨다면 지금의 조아하 하류(지금 洮南市 일대)에서 배를 타고 물길을 따라 가면 송松·눈嫩이 합류처는 겨우 4백 리 정도로 결코 18일이라는 시간이 걸리지 않는다. 연흥 연간에 물길의 소재지는 지금의 조아하 하류에서 동북으로 18일 걸리는 지방으로 지금의 제1송화강 하류 일대에 해당한다. 구체적 지점을 확정하기는 어렵지만 어떤 이는 지금의 아성 부근으로 추정하는데, 다만 을력지의 귀국시점에 태로수·난수에서 물길을 따라 18일을 가면 겨우 그 나라에 도착하는 여정으로 볼 때, 마땅히 아성 동북의 통하通河 혹은 의란依蘭 일대로 고쳐야 하지 결코 지금의 송·눈 회류처會流處일 수는 없고 지금의 길림시 제2송화강(속말수) 일대는 불가능하다.

물길이 지금의 길림시 송화강 일대에 있었다고 주장하는 근거는, 태로수가 "또 동북으로 18일을 가면 그 나라에 도달하게 된다. 그 나라에는 큰 강이 있는데 폭이 3리 정도이며 이름은 속말수이다"라는 것이다. 속말수速末水, 즉 속말수粟末水는 지금의 제2송화강이므로, 이로부터 물길국을 추정하면 마땅히 지금의 길림시 송화강 일대이다. 다만 문헌기록의 이해로 하는 이 추론은 단면적이기 때문에 을력지가 "처음에 나라를 출발하여 배를 타고 난하를 거슬러 서쪽으로 올라 태로하에 이르렀다"고 하고 태로수가 "또 동북으로 18일을 가면 그 나라에 이른다"고 하는 기록이 합치되지 않는다. 만약 연흥 연간에 을력지의 물길이 지금의 길림시 송화강 일대라고 한다면 반드시 속말수를 끼고 배를 타고 물길을 따라 서북으로 가면 다시 "난하를 거슬러 서쪽으로 오르다가 태로하에 이르게 된다." 단지 문헌기록에 "처음 나라를 출발하여 배를 타고 난하를 거슬러 서쪽으로 올랐다"고 되어 있지 "처음 나라를 출발하여 속말수를 따라 서북쪽으로 갔다"는 기록은 없다. 뿐만 아니라 을력지의 귀국시 태로수 즉 태로하 지금의 조아하에서 동북으로 18일을 가면 그 나라에 이른다고 되어 있지, 동남쪽으로 18일을 가면 그 나라에 도착한다는 것은 아니다. 물길이 길림시 송화강 일대라고 주장하는 것은 문헌기록의 동북을 동남의 오류로 본 것인데 정말로 오해誤解에 속한다. 지금의 길림시 송화강 동안의 용담산龍潭山 일대에서 출토된 고구려 홍색방격문紅色方格紋 판와板瓦와 고려(즉 고구려) 영류왕營留王 34년(당태종 貞觀 5년, 기원 631년)에서 보장왕寶藏王 5년(정관 20년, 기원 646년)까지 16년 동안 수축修築된 "동북으로 부여성扶餘城에서 서남쪽으로 바다에 이르는 천여 리"[10]의 장성으로 볼 때, 남북조에서 당초에 이르기까지 지금의 길 림시 송화강 일대는 오히려 고구려의 세력 범위이지 연흥 연간의 물길 거주지는 아니다.

『위서』「물길전」에는 "연흥延興 중에 사신 을력지를 보내 조회하고 방 물을 받쳤다"고 되어 있는데 연흥 중은 북위 효문제 연흥 5년(기원 475 년)이다.[11] 이 1년은 바로 고구려가 백제를 크게 공격해서 백제 왕도 위 례성(지금 漢城[서울])을 함락시켰던 때이다. 물길이 이번에 을력지를 북 위에 보낸 목적은 조공 외에 북위에게 물길이 백제와 연합하여 고구려 를 공격하려는 모의를 지지해 주기를 청하는 것이 주요한 것이었다. 북 위 조정은 물길의 모의에 동의하지 않고 "삼국三國은 같은 번부藩附로 서 마땅히 서로 화순和順해야 할 것이니 서로 침범하지 말라"고 권고하 였다.[12] 그러나 물길은 고구려가 남하하여 백제를 공격하여 북쪽을 돌이 켜 볼 틈이 없을 때 남하하여 고구려 10락落을 점령하였고 아울러 기원 494년에[13] "서쪽으로 옮겨 연燕에 가까운" 부여를 공격하여 멸망攻滅시 켜서,[14] 부여고지夫餘故地에 진입하였고 그후 물길칠부勿吉七部를 형성하 게 되었는데 즉 후래의 말갈칠부靺鞨七部이다. 수·당시기의 속말부粟末 部 즉 그 중의 일부는 지금의 속말수(速末水, 지금의 제2송화강) 일대에 거주 하였다. 지금 영길현永吉縣 오랍가향烏拉街鄕 양둔揚屯 대해맹大海猛에서

---

10. 『(舊)唐書』高麗傳.
     『新唐書』高麗傳, "建武懼 乃築長城(千里) 東北首扶餘 西南屬之海".
     『三國史記』권20 高句麗本紀.

11. 『册府元龜』권969 外臣部.

12. 『魏書』勿吉傳.

13. 『三國史記』권90 고구려본기 제7 문자명왕 3년 2월조.

14. 『資治通鑑』권19 ; 『晉書』19 東晋穆帝永和二年正月條.

연속 3차 정리·발굴한 제3기 문화유적이 즉 속말말갈인의 유적이다.[15] 그러나 그것은 남북조시대 물길인의 문화유적은 아니다. 물길은 북제北齊 하청河淸 2년(기원 563년)에 비로소 말갈이라고 칭했기 때문에[16] 『북사』 「물길전」에서는 물길을 "혹은 말갈"이라고 했다. 남북조시대의 물길은 수·당시기에 이르러 다시 남하하여 고구려와 부여의 몇몇 지방을 점거하였기에 수·당시기 속말말갈의 거주지를 남북조시기의 물길의 거주지를 통해서 추정할 수 없는 것이다. 이로 인해 지금의 길림시 송화강粟末水을 남북조시대 물길의 중심소재지로 보는 것은 문헌에 기재된 남북조시대 물길의 방위와 고고자료가 서로 부합되지 않는다.

위에서 서술한 바와 같이 남북조시대 연흥 연간 물길의 중심은 지금 제1송화강 하류의 통하通河 혹은 의란依蘭 일대였다. 당시 북위의 도성은 아직 평성(平城, 지금의 山西省 大同)에 있었으며 기원 493년에 낙양으로 옮겼다. 그래서 북위 효문제 연흥 연간(기원 471~476년)에 물길이 을력지를 파견하여 북위에 이르러 조공하였다는 것은 지금의 제1송화강 하류를 출발하여 "배를 타고 난하難河를 거슬러 서쪽으로 오르다가 태로수에 이르러 배를 물속에 감추어 두고 남쪽으로 육로로 걸어서 낙고수洛孤水를 건너 거란契丹의 서쪽 경계를 따라 화룡和龍에 이르렀다." 그리고 나서 화룡에서 평성平城에 이르렀다. 남북조시대 물길의 남부에는 강대한 고구려가 있고, 중도에는 신흥한 거란이 있기 때문에 물길의 사자使者는 오로지 고구려와 거란의 서부에서 중원으로 진입하였다. 물길의 중심에서 화룡에 이르는 노선은 『위서』 「물길전」에 "처음 나라를 출발하여 배를 타고 난하를 거슬러 서쪽으로 오르다가 태로수太魯水에 이

15.　『永吉縣文物志』 제74-79項.

16.　『北齊書』 권7 武成帝紀.

르렀다"는 것은 조아하(洮兒河, 지금의 洮南市 일대)에 이른 후에 배를 버리고 육로로 남하하여 "낙고수洛孤水를 건너 거란의 서쪽 경계를 따라 화룡에 이르렀다." 낙호수 즉 여락양수如洛瓖水, 또한 즉 지금의 시라무렌하이며 화룡은 지금의 요령성遼寧省 조양朝陽이다. 여기는 이어서 한대漢代 요서군 유성현柳城縣이었으며, 전연前燕의 도성인 용성龍城은 또 화룡성和龍城이라고도 하며[17] 후연後燕 전기 도성은 중산(中山, 지금 河北省 定縣)에 있었으며 후에 다시 용성으로 옮겼다. 용성은 또한 북연北燕의 중진重鎭이었다. 북위北魏가 북연北燕을 멸한 후에 영주營州를 개치改置하고 화룡성和龍城을 치소로 삼았다.[18] "요해遼海를 열고 화룡和龍에 수成자리를 설치하니 제이諸夷가 놀라 두려워하여 각기 방물을 헌납하였다."고 한다.[19] 동북東北 각부各部가 "모두 화룡과 밀운密雲[20] 사이에서 교역할 수 있게 되니 공헌貢獻이 끊이지 않았다."[21]고 되어 있다. 화룡성은 남북조시대 동북의 군사중진軍事重鎭과 각족各族의 무역장소였던 것을 알 수 있다. 그곳은 대릉하 상류에 있어서 중원에서 동북으로 통하는 교통의 요충이었다.

남북조시대 동북 북방 각족이 중원왕조를 왕래하는 조공도朝貢道는 대부분 화룡을 거쳐 중원으로 진입하였다. 연흥 연간 물길 사신 을력

---

17. 「十六國春秋」前燕錄에 "前燕覲이 柳城을 龍城으로 바꾸고 마침내 도성을 옮겼으며 和龍宮이라 불렀다"고 되어 있다.

18. 「魏書」肅宗紀 北魏熙平二年(기원 517년), "城營州 治和龍城".
    [역자주] : 원문에는 "是月 城靑·齊·兗·涇·平·營·肆七州 所治東陽·歷城·瑕丘·平涼·肥如·和龍·九原七城"으로 되어 있다.

19. 「北史」권94 奚傳,
    [역자주] : 원문에는 諸夷震懼로 되어 있다.

20. [역자주] : 북위시대 安州의 3속군, 즉 密雲, 廣陽, 安樂 중의 하나이다.

21. 「北史」권94 契丹傳.

지의 화룡에서 태로수(즉 太魯河, 지금의 洮兒河)까지의 육로교통선은 "화룡에서 북으로 2백여 리에 선옥산善玉山이 있고, 그 산에서 북으로 13일을 가면 기여산祁黎山에 이르고 또 북으로 7일을 가면 여락양수如洛瓖水에 이르는데 강폭이 1리 남짓 되며 또 북으로 15일을 가면 태로수에 이른다." 선옥산·기려산이 지금 어디에 해당하는지 확정하기 어려운데 남북조시대의 거란이 화룡 북쪽의 방위에 있었던 것과 고금의 성진城鎭 간의 교통노선을 통해서 미루어 보면 이 육로교통선은 당연히 지금의 조양에서 북으로 가서 북표北票·오한기敖漢旗·나만기奈曼旗, 즉 당시 거란의 서계西界를 거치고 나서 교래하敎來河를 끼고 통요시通遼市에 이르는데 시라무렌하를 지나 과이심좌기중기科爾沁左冀中旗·통유通榆를 거쳐 조남洮南 부근의 조아하洮兒河에 도달한다. 그리고 나서 수로水路로 바꾸어 배를 타고 조아하洮兒河·눈강嫩江하류를 끼고 제1송화강에서 동북쪽으로 방향을 바꾸어 물길을 타고 내려가서 을력지 물길부의 소재지에 도달하게 된다.

화룡에서 북위의 도성 평성(平城, 지금의 山西省 大同)에 이르는 노선은 문헌기록의 결핍으로 추정하기가 어렵다. 오히려 한위漢魏 이래 동북에서 중원中原으로 왕래하는 옛길 즉 지금의 대릉하를 끼고 서남행 하다가 지금의 능원凌源·평천平泉·관성寬城을 거쳐 희봉구喜峰口를 지나 또 준화遵化·계현薊縣·북경北京·회래懷來·선화宣化·장가구張家口를 거쳐 안전하게 대동시大同市에 이르는 길이 가능하다. 기원 439년 북위는 낙양으로 천도한 이후 대동大同에서 남하하여 태원太原·임분臨汾·후마侯馬·원곡垣曲을 경유하여 황하를 거쳐 낙양에 이른다.[22]

물길의 중심에서 출발하여 배를 타고 난하를 거슬러 서쪽으로 오

22.　[역자주] : 굳이 大同을 거쳐야 하는 의문이 있다.

르다가 태로수에 도달하고 나서 육로로 남하하여 화룡에 이르는 이 중원으로 통하는 노선은 동북 북방 각족이 중원으로 통하며 문헌기록에 가장 먼저 나타나는 교통노선이다. 이 교통노선은 동북 북방의 물길·두막루·오낙후·실위 등 부족이 중원왕조와 정치·경제상 긴밀한 관계에 있게 하며 그것은 동북 북방과 중원 각족이 경제문화 교류 방면과 각족의 사회경제문화의 발전을 촉진하는 방면에서 모두 중요한 작용을 한다.

『위서』「물길전」 등 문헌기록에 의거하면 물길은 중원왕조인 북위北魏·동위東魏·북제北齊에 파견한 조공사절 왕래가 빈번하였다. 연흥 5년(기원 475년) 을력지를 보내 조공하였다. 태화 9년(기원 485년)에 다시 후니지侯尼支를 보내 조회하고 방물을 바쳤다. 10년(기원 486년)에 다시 조공을 바쳤다. 태화太和 12년(기원 488년) 경사京師에 사신을 보내 호시楛矢와 방물方物을 바쳤다. 17년(기원 493)에 사신 파비婆非 등 500여 인을 보내 조회하고 방물을 바쳤다. 경명景明 4년(기원 503)에 다시 사신 사력귀侯力歸 등을 보내 조회하고 공물을 바쳤다. 이로부터 정광正光 연간(기원 520~525)까지 물길의 북위 파견은 "공물과 사신을 서로 이어졌는데 이후 중국이 어지러워 한참 동안 오지 않았다." 동위東魏시대에 이르러 천평天平 3년(기원 536년), 홍화興和 2년(기원 540년)에 석구운石久云 등을 보내 방물을 바쳤다. 3년(기원 541년), 무정武定 2년(기원 544년)·4년·5년에 물길은 계속 사신을 보내 조공했다. 북제北齊 하청河淸 2년(기원 563년) 물길은 말갈로 개칭하였는데 말갈이란 이름으로 북제에 이르기까지 조공하였다. 하청3년, 천통天統 원년(기원565년)·2년·4년, 무평武平 원년(기원 570년)·4년·6년 모두 조공이 끊이지 않았다.

2. 두막루豆莫婁의 위치와 조공도

두막루의 명칭은 『위서』 「두막루국전」에 처음 보인다. 두막루 즉 『위서』 「물길전」의 대막로大莫盧, 『신당서』 「유귀전流鬼傳」의 달말루達末婁이다. 『위서』 「두막루국전」에서 두막루를 "옛 북부여이다"라고 하였다. 『신당서』 「유귀전」에서는 "달말루達末婁는 스스로 북부여의 후예라고 말하고 고려(고구려)가 그 나라를 멸했으며 남은 사람이 나하那河를 건너 거주하게 되었다"고 되어 있다. 역사기록으로 볼 때 고구려가 후에 고려를 칭하고[23] 고구려의 부여에 대한 최대의 일차 전쟁이 고구려 광개토왕 20년(기원 410년)이고 동부여에 대해 발동한 일차 대규모 전쟁이었다. 이때 고구려는 모용연(전연, 후연)과 요동·현도 2군 쟁탈에서 이미 승리를 얻어서 요하 이동지역을 완전히 점거한 후에 바로 북상하여 부여국을 진격하였다. 광개토왕비에 의하면 이 전쟁에서 무릇 공파된 성이 64, 촌이 1400이었다고 한다. 고구려가 동부여의 대부분의 영토를 점거한 이후 광개토왕은 바로 모두루牟頭婁를 파견하여 북부여수사北夫餘守事로 삼고[24] 북부여를 통치하였다. 광개토왕이 동부여를 공격해 점령한 이후 모두루를 파견하여 북부여수사로 삼았고, 남북조시대 고구려의 강역이 "북으로 옛 부여에 이른다"는 기록으로 소위 동부여가 즉 원래의 북부여 또한 즉 한위 시기 이래 부여왕국을 지칭하는 것을 알 수 있다. 부여의 대부분 영토가 고구려의 점령을 받은 이후 부여의 일부 사람이 도망하여 나하(那河, 지금의 눈강과 제1송화강) 이북의 땅에 이르렀는데 남북조시대 두막루로 불리었다.

---

23. 「北史」高句麗傳.
24. 「集安牟頭婁墨書墓志」. 劉力譯, 「牟頭婁一族與高句麗王權」, 「東北歷史考古信息」, 1986年 4期.

두막루의 지리 위치에 관해서는 일차 문헌기록의 이해가 같지 않기에 출현에 대해서도 견해가 다르다. 『위서』「두막루국전」에 "두막루국은 물길 북쪽 1천 리이고 낙양에서 6천 리 거리이며 옛 북부여이다. 실위失韋의 동쪽에 있으며 동쪽으로 바다에 이른다"고 되어 있다. 이 기록은 두막루의 지리 위치를 명확하게 가리킨다. 그 아래에 기록된 것은 "지방地方이 2천 리[25]이고 그 사람들은 토착인이며 궁실宮室·창고倉庫가 있다. 산릉山陵이 많고 못이 넓은데 동이東夷의 땅 중에서 가장 평탄平敞하다. 땅은 오곡이 적당하나 오과五果는 자라지 않는다."고 되어 있다. 『삼국지』「위서 부여전」을 완전히 베낀 것으로 두막루의 전신인 부여의 상황이다. 소위 "옛 북부여이다"라는 것은 두막루가 북부여에서 나왔다는 것이지 두막루의 거주지를 가리키는 것이 아닌 즉 옛 북부여의 거주지라는 것이다.

두막루는 "낙양에서 6천 리 떨어져 있고" 물길은 "낙양에서 5천 리 떨어져 있으며" 두막루와는 "물길 북쪽 천여 리에 있다"는 기록과 서로 부합한다. 이로써 두막루의 중심지대는 물길 중심에서 북으로 천 리에 있으며 두막루의 남계가 물길이라는 것을 알 수 있다. 서쪽으로 실위와 접하고 동쪽으로 바다에 이른다. 남북조시대의 실위는 지금의 흑룡강 상류의 호마하呼瑪河 유역에 있다면 두막루는 마땅히 지금의 흑룡강 중류 이동에 있고 동쪽으로 오늘날 동해의 북부인 달단(韃靼, Tartar) 해협海峽 일대에 이르게 되는데 지금의 흑룡강 하류지구가 바로 그 땅에 해당된다.

『위서』「물길전」의 기록에 의하면 물길 부근의 대막로大莫盧 즉 두막루 등 12국은 앞뒤로 각기 북위를 향해 조공을 받쳤다고 한다. 그 조공

---

25. [역자주] : 원문 『위서』 물길전에는 "方二千里"로 되어 있다.

노선은 마땅히 물길과 서로 같아야 한다. 북제北齊 후주後主 고위高緯 때에 대막루(두막루)가 천통天統 3년(기원 567년)과 천통 5년에 이어서 두 차례 입공入貢하였다.[26] 바로 당현종 개원開元 12년(기원 724년)에 이르러 다시 "달막루 대수령大首領 낙개제諾皆諸가 내조했으며 아울러 절충折冲을 받고 번속藩屬으로 돌아오게 되었다"는 기록이 있다. 이로써 두막루는 5세기에서 8세기에 이르기까지 3세기에 걸친 기간 동안 존재했다는 것을 알 수 있다.

3. 오락후烏洛侯와 중원왕조의 조공사절 왕래

오락후라는 이름은 『위서魏書』 「오락후국전烏洛侯國傳」에서 처음 보인다. 오락후의 지리 위치에 대해서는 여러 설이 있었지만, 1980년 미문평米文平 동지가 대흥안령大興安嶺 북부의 악륜춘鄂倫春 자치기自治旗 아리진阿里鎭에서 서북으로 10킬로미터 떨어진 지점의 알선동嘎仙洞에서 북위 선조의 옛터 석실과 북위 태평진군太平眞君 4년(443) 중서시랑中書侍郎 이창李敞이 동굴 안 석벽 위에 새겨놓은 축문祝文을 발견한 이후,[27] 오락후와 실위失韋의 방위를 고증하는 데 신뢰할만한 근거가 제공되었다. 『위서』 「오락후국전」에는 "오락후국은 지두우地豆于의 북쪽에 있으며, 대경代京으로부터는 500여 리 떨어져 있다. 토지는 땅이 낮고 습기가 많으며 자주 안개가 끼고 춥다"고 하였다. (또한) "그 나라의 서북쪽에는 완수完水"가 있어 동북쪽으로 흘러가 난수難水에 합류한다. 그 땅의 작은 물줄기는 모두 난수로 흘러들어가 동쪽으로 흘러 바다로 들어간다."

---

26. 『册府元龜』 권969 外臣部 朝貢2.

27. 米文平, 「鮮卑石室的發現與初步研究」, 『文物』 1981-2期.

"세조 태평진군 4년에 와서 조공하고 이르기를 그 나라의 서북에 북위 선제先帝의 옛터 석실이 있는데, 남북으로 90보 동서 40보이며 높이는 70척으로 백성이 [그곳에 가서] 기도하고 빌곤 한다고 하였다. 세조가 중서시랑 이창李敞을 보내 [선조에게] 고하고 제사를 지내게 하니, 이창이 축문을 석실 벽면에 새기고 돌아왔다."고 하였다. 또한 『위서』 권 108의 「예지禮志」에는 "북위 선조가 유도幽都에 살았으니, 돌에 새겨 오락후국 서북에 있는 조상의 묘廟로 삼았고 (중략) 석실은 남쪽에 있는 대경代京에 서 4,000리 떨어져 있다." 이로써 알 수 있듯이 오락후는 현재 알선동 (석실)에서 동남으로 500리 떨어진 지역에 살았고, 지금의 눈강嫩江 상류의 지류 감하甘河와 눈강이 합류하는 지점 일대에 해당한다. 또한 "토지는 땅이 낮고 습기가 많으며 자주 안개가 끼고 춥다"고 하고, "그 땅의 작은 물줄기는 모두 난수로 흘러들어간다"는 것은, 눈강의 지류 대다수가 눈강 서쪽에 있는 정황으로 미루어, 오락후의 중심지는 현재 눈강 상류 이서의 감하 하류 일대에 해당한다.

오락후와 북위의 조공 통교는 비교적 일러, 북위 세조 태평진군 4년(443) 통공通貢 이래로부터 "북제·북주·수를 거쳐 당 무덕(武德, 고조, 618~626) 연간 이후까지 조공이 끊이질 않았다."[28]

오락후의 조공노선은 사서에 기재된 바가 없으나, 그 지리위치로 보아, 아래에 서술한 실위의 조공노선과 동일할 것이다.

4. 실위室韋의 위치와 조공노선

남북조南北朝시대의 실위失韋는 수대 이후 실위室韋라 칭하였다. 남북

---

28. 『唐會要』 권96, 室韋.

조시대의 실위의 분포(지역)에 대해 역사학계는 의견의 일치를 보지 못하고 있다. 『위서』「실위국전」의 내용은 다음과 같다.

"실위국은 물길에서 북쪽으로 1,000리 떨어져 있고, 낙양에서는 6,000리 떨어져 있다. 경로는 화룡和龍[29]에서 출발하여 북으로 1,000여 리를 가면 거란국契丹國에 들어간다. 다시 북으로 10일을 가면 철수啜水에 이른다. 다시 북으로 3일을 더 가면 개수盖水가 있다. 다시 북으로 3일을 더 가면 독료산犢了山이 있는데, 산세가 높고 거대하여 둘레가 300여 리에 달한다. 다시 북으로 3일을 더 가면 큰 물줄기가 있는데, 굴리屈利라고 부른다. 다시 북으로 3일을 가면 인수刃水에 도착한다. 다시 북으로 5일을 가면 실위에 도착한다. 큰 물줄기가 북쪽에서 흘러와 넓이가 400리나 되고 제수稼水라고 부른다."

여기서 산천의 현 지명에 대한 이해는 서로 달라서, 실위의 방위 역시 의견의 일치를 보지 못하고 있다. 제수稼水는 『북사北史』「실위전室韋傳」에 날수捺水로 기재되어 역사학계에서는 일반적으로 제수가 날수의 오기일 것으로 보고 있으니, 날수는 현재의 눈강嫩江이다. 시라토리 구라키치白鳥庫吉는 날수가 현재의 흑룡강 상류를 가리킨다고 보고, 실위가 현재의 흑룡강 상류에 있었다고 추정하였다.[30] 쓰다 소우키치津田左右吉와 방장유方壯猷 등은 날수가 현재의 눈강이라고 이해한 까닭에 실위가 현재의 눈강 상류에 있었다고 보았다.[31] 북위 선조의 옛터 석실—

---

29. 현재의 朝陽.
30. 白鳥庫吉, 方壯猷 譯, 「東胡民族考」.
31. 津田左右吉, 「室韋考」『滿洲地理歷史研究報告』1; 方壯猷, 「室韋考」, 『輔仁學志』 제2권 제2期.

알선동의 발견으로 오락후가 현재의 눈강 상류 서쪽에 있었음이 명확해진 뒤, 실위의 방위도 차츰 분명해졌다. 화룡으로부터 실위에 이르기까지 거친 산천으로는 철수·개수·독료산·굴리·인수·그 나라 안의 날수가 있다. 이들 산천이 현재의 어디인가에 대해서는 의견이 제각각이어서 추정하기 곤란하다. 다만 철수·인수·날수를 현재 어느 한줄기의 물줄기로 추정하고 나면, 실위의 방위를 구할 수 있을 것이다. 철수가 현재의 어느 물줄기인가에 대해 역사학계의 의견은 크게 나뉘어져서 현재의 작이하綽尒河·곽림하霍林河·합랍합하哈拉哈河·시라무렌하 등의 설이 있다. 필자는 철수가 명대明代 복여위福餘衛가 있던 착아하瓾兒河로 현재의 작이하라고 생각하고 있다.[32] 고대 산천의 지명은 나중에 다른 명칭으로 바뀌어 불리거나, 혹은 지금까지 그대로 이어져 오기도 한다. 철하·착아하·작이하는 고대로부터 현재까지 그대로 이어져 개칭된 적이 없었다.

인수는 현재의 어느 물줄기인가에 대해서는 설이 분분하다. 인수는 화룡(현재의 조양)에서 나와 실위에 이르는 구간에서 가장 북쪽에 있는 물줄기로, 실위국은 인수로부터 5일 더 가면 도착하는 거리에 있었으니, 『구당서舊唐書』「실위전室韋傳」에서는 실위가 "노월하㺄越河의 북쪽에 거주한다"고 하였다. 인수는 노월하로 어떤 이는 "노월하는 눈강의 다른 이름이거나 눈강 지류인 작이하를 일컫는 것이다"고 하였다.[33] 어떤 이는 현재의 조아하洮兒河 북원北源인 타자하陀刺河라고 보고 있다.[34] 어떤

---

32. 『明太宗實錄』 권77, 영락 6년 3월 임신조 "瓾兒河女直野人 頭目 忽失歹과 安若 等이 내조하니 명하여 홀실알은 복여위 지휘로 삼고, 첨사 안약 등은 千百戶鎭撫로 삼고 鈔幣를 내려줌에 차등이 있었다."고 하였다. 명대 복여위가 있던 지역은 현재 눈강 상류를 중심으로 하여 서쪽으로는 조아하洮兒河에 이르고 동으로는 조유이하烏裕爾河에 이르는 광대한 지역이었다.

33. 金毓黻, 『東北通史』 상편, 174쪽, 사회과학전선잡지사 翻印本.

34. 曹廷杰, 『東三省輿地圖說』.

이는 현재의 결아하(結雅河, 精奇里江)라고 본다.[35] 이들의 이해는 결아하설을 제외하고는 모두 지나치게 남쪽으로 이해하고 있어, 『위서』「실위국전」의 실위는 인수에서 북쪽으로 5일 가야하는 곳이라는 설명과 『구당서』「실위전」의 실위가 "노월하의 북쪽에 거주한다"는 기록과 부합하지 않는다. 앞에서 기술한 바와 같이, 오락후는 현재 알선동(석실)에서 동남쪽으로 500리 떨어진 지역으로, 현재의 눈강 상류의 지류 감하와 눈강이 합류하는 지역 일대이다.

실위는 오락후의 북쪽에 있었으니 즉 인수는 "또 북으로 5일 가야 하는" 지역이었다. 바로 현재의 흑룡강 상류와 그 지류인 호마하呼瑪河 유역에 해당한다. 인수는 노월하로 남쪽에서 북쪽으로 실위에 이를 때의 가장 북쪽에 있는 물줄기로, 이 물줄기는 현재 눈강의 지류 중 가장 북쪽에 있는 물줄기 중에서 구할 수 있다. 또한 어축語畜이 서로 같은 정황으로 보아, 어떤 이는 인수가 노월하이며 청나라 초기에 언급된 설, 눈강 원류의 하나인 납옥이하納玉尒河 또는 납약이納約尒, 납유이納裕尒 즉 현재의 이근하二根河로 추정한다.[36] 이근하는 이륵호이산伊勒呼里山의 남록에서 발원하여 동남으로 흘러서 현재의 남옹하南瓮河로 들어가니, 남옹하는 나하那河의 상류로, 『구당서』「실위전」에서 "실위는 거란契丹의 별류別類로 노월하 북쪽에 거주한다"고 한 기록과 부합한다. 노월하에 미쳐서는 "그 물줄기가 동남으로 흘러 나하와 합류한다"는 기록과 부합한다. 이로써 알 수 있듯이, 인수는 노월하로 현재의 이근하로 추정된다. 그 물줄기에 대한 추정이 실제와 부합한다.

다음으로 실위 경내의 날수가 현재의 어느 물줄기인가 하는 문제에

35.　白鳥庫吉, 『동호민족고』.

36.　米文平, 『再論鮮卑石室相關的地理問題』(油印本).

대해, 역사학계의 중론은 현재의 눈강 상류로 보고 있고, 이를 근거로 하여 실위가 현재의 눈강 상류에 거주하였다고 추정하고 있다. 필자 역시 이 설을 좇아왔다. 다만 좀더 생각해보면 오락후가 현재의 눈강 상류에 거주하였다는 기록과 모순되는 점이 있고, 동시에 실위 경내의 "커다란 물줄기가 북쪽에서 흘러와서 넓이가 400리 남짓이니 날수라고 부른다"는 기록과도 일치하지 않는다. 때문에 눈강 상류는 결코 "넓이 400리 남짓"이 되는 커다란 물줄기가 아니기 때문이다. 더욱이『북사北史』「실위전」 중의 실위失韋가, "모두 담비를 잡아 생업으로 삼고, 관冠은 여우와 담비(가죽)로 만들었고, 의복은 물고기 껍질로 만들어 입었다"는 기록과 부합하지 않는다. 어피로 의복을 만들 수 있는 것은 대마합어大馬哈魚와 점어鮎魚이다. 관련 조사자료에 따르면 대마합어는 흑룡강성과 그 지류 호마하 그리고 제1송화강에서 나는 특산 어종이다. 눈강 더욱이 그 상류에서는 대마합어가 살지 않는다. 동시에 눈강 지역에 거주했던 고대 주민 역시 어피로 의복을 해입었다는 기록이 없다. 이로써 알 수 있듯이, 실위는 곧 북실위北室韋로 현재의 눈강 상류에 살지 않았다. 실위 경내의 날수 역시 난수難水로 확정할 수 없으며 나하는 곧 현재의 눈강이다. 실위의 위치와 그 경내에 넓이 400리의 날수가 있고 실위인들은 어피로 옷을 해입었다는 기록으로 보아, 시라토리 구라키치는 실위 경내의 날수는 현재의 흑룡강 상류라고 이해하였고, 일리가 있다. 이로써 필자는 남북조시대의 실위는 곧『북사北史』「실위전」에서 언급한 북실위北室韋이며 현재의 흑룡강 상류의 지류인 호마하呼瑪河 유역에 있었다고 본다.

『위서』「실위국전」에는 동위東魏 효정제孝靜帝 무정武定 2년(544) 4월, "처음으로 장언두벌張焉豆伐 등을 보내 방물을 바쳤다. 무정 말까지 조공사절이 이어졌다."고 하고 있다.『북사』「실위전」에는 "북제가 동위로부터 선위를 받던 시기에 이르러 세시歲時마다 조빙해왔다. 그 후 5부로 나뉘어져 하나로 합쳐지지 못하였다. 이른바 남실위, 북실위, 발실위鉢室韋, 심말달실위深末怛室韋, 대실위大室韋이며 모두 군장君長이 없다." 이들은 유목생활을 하여, "여름철이 되면 북쪽을 향해 이주하였고", "이동할 때는 수레를 탔고", "물을 건널 때는 띠를 엮어 뗏목을 만들거나 가죽으로 배를 만들어 건넜다." 수·당대에 이르러 실위가 중원왕조에 보낸 조공사절은 이전보다 한층 발전하였다. 당 현종玄宗 개원開元 연간(713~741) 실위의 조공사절이 끊이지 않았고 당 왕조의 책봉을 받았는데, 당조로부터 장군將軍·낭장郎將·대도독大都督 등의 관직을 받아, 당 왕조의 번국이 되었다.

남북조시대 실위의 지리위치와 화룡和龍에서 나와 곧바로 북행하여 거치는 산천에서 실위에 이르는 기록으로부터 알 수 있듯이, 실위의 조공노선은 현재의 눈강 서부를 따라 눈강 이서의 각 지류를 거쳐 남하하여 화룡(현재의 조양)에 이르고 화룡으로부터 중원왕조로 들어갔는 경로였다.

남북조시대, 중원왕조는 비록 끊임없이 교체되었지만, 동북지방의 각 민족과 중원왕조 간의 조공사절 왕래는 끊이지 않고 줄곧 이어졌다. 남북조시대, 동북 각 민족이 중원왕조와 교통하는 조공도를 열게 됨으로써 멀리 수천 리 밖의 동북 북방 각 민족과 중원왕조의 경제·정치상의 긴밀한 연계가 일어났고, 각 민족 인민 간의 경제 문화 교류와 사회 경제적 발전이 촉진되었다. 아울러 이러한 흐름이 수·당 이후 동북 북방 부족의 교통 발전에 기초가 되었다.

5. 고구려의 남·북이도南·北二道

고구려의 남·북도는 중국과 외국 역사학계에서 여전히 논란이 있고, 진전된 검토가 필요한 문제이다. 일찍이 1950년~1970년 이전, 일본학자 야나이 와타루箭內亘,[37] 쓰다 소우키치津田左右吉,[38] 이마니시 슌주今西春秋[39] 등이 모두 전문적인 논문을 발표하였다. 그 후에 중국·북한 학자의 관련 저작 중에서도 각자의 견해가 제기되었는데, 비록 일본학자의 견해와 약간 다른 점이 있지만, 대동소이하다.[40] 각 연구자의 주장을 종합하여 정리해 보면 다음의 두 가지의 견해로 묶어볼 수 있다.

첫째, 남도는 지금의 심양瀋陽[41]에서 출발하여 지금의 혼하渾河·소자하蘇子河를 따라가다가 통화通化를 경유하여 집안集安에 도착하며, 북도는 개원開原에서 청하淸河를 따라 동쪽으로 간 후 휘발하輝發河 상류를 경유한다고 보거나,[42] 요양(遼陽 : 요동군)에서 혼하를 따라 동북쪽으로 간 후 휘발하 상류에 도착한다고 여긴다.[43] 양자는 모두 휘발하 상류로부터 동쪽으로 나아가 통화를 거쳐 집안에 도착한다고 생각한다.

---

37. 白鳥庫吉 監修,『滿鮮歷史地理』第1卷, 347~356쪽.

38. 津田左右吉,「安東都護府考考」附錄1「關于高句麗時期, 新城·木底及南蘇城」,『滿洲地理歷史研究報告』1冊, 1915.

39. 今西春秋 著, 高吉等 譯,「高句麗的南北道和南蘇·木底」,『民族譯文集』13, 1985, 217~226쪽. 원문은『靑丘學叢』22, 1935年 10月.

40. 金毓黻,『東北通史』上編 140쪽(社會科學戰線雜誌社 影印本). 朝鮮民主主義人民共和國社會科學院 考古研究所編, 李運鐸 譯,『朝鮮考古學槪要』, 187~188쪽(黑龍江省 文物出版編輯室, 1983年 內部發行).

41. 지금의 瀋陽을 제3玄菟郡 소재지로 여기지만, 실제로는 지금의 瀋陽市 동쪽 30리의 上柏官屯 漢·魏古城이었을 것이다.

42. 白鳥庫吉 監修,『滿鮮歷史地理』第1卷, 347~356쪽.

43. 津田左右吉,「安東都護府考」附錄1「關于高句麗時期, 新城·木底及南蘇城」,『滿洲地理歷史研究報告』1冊, 1915.『民族譯文集』第3, 1985, 234~238쪽.

둘째, 고구려의 남·북도가 모두 지금의 요양에서 출발하며, 앞서 언급한 남도가 바로 북도라고 생각하며, 남도는 지금의 태자하太子河를 거슬러 올라가 신빈新賓에 이르고, 다시 통화를 거쳐 집안에 도착한다고 본다.[44]

이상의 두 설은 고구려의 남·북도가 요양 혹은 심양에서 고구려 환도성丸都城으로 통하는 두 갈래의 도로였다고 생각한다. 이와 같은 몇 가지 추론은 대부분 문헌기록에 근거하여 제시된 것으로, 현지의 고고 조사 자료의 실증은 부족하였다. 이에 다수가 수긍할만한 고도古道와 부합할 수 없었다.

이외에도 어떤 이는 고구려의 남·북도가 현재의 집안에서 혼하로 통하던 두 갈래의 도로였다고 여긴다. 남도는 현재의 집안에서 출발하여 마선구麻線溝를 경유하고 노령老嶺을 넘어 쌍차하雙岔河·신개하新開河를 따라 서북쪽으로 간 후 혼하에 도착하며, 북도는 현재의 집안에서 출발하여 노령을 넘어 위사하葦沙河를 따라 혼하에 도착한다고 생각한다.[45] 필자는 이 두 갈래의 도로가 고구려 남·북도의 일부이지 전부는 아니라고 본다.

이상에서 서술한 것처럼 고구려의 남·북도에 대해 어떤 이는 요양 혹은 심양에서 집안에 도착한다고 생각하고, 어떤 이는 집안에서 혼하에 도착하는 두 갈래의 도로였다고 생각한다. 필자는 고구려의 남·북도가 환도(현 집안)에서 신성과 현도군으로 통하던 두 갈래의 주요 도로였다고 본다. 고구려의 남·북도는 요동(현 요양) 혹은 현도(현 심양시 동쪽 30리 지점의 상백관둔上柏官屯 한위고성漢魏古城)에서 갈라지지 않고, 또한 남협

44. 今西春秋, 高吉等 譯, 「高句麗的南北道和南蘇·木底」, 『民族譯文集』 13, 1985, 217~226쪽. 원문은 『靑丘學叢』 22, 1935年 10月.

45. 『集安縣文物志』, 53~55쪽.

南陝과 북치北置로 나누어지지 않았다. 현재의 신빈현 왕청문旺淸門에서 집안에 도착하는 남·북 두 갈래의 도로였다.

1) 고구려의 남·북도 : 환도에서 신성·북현도군으로 통하던
  두 갈래의 도로

고구려의 남·북도에 관한 기록은 주로 『자치통감』 권97, 「진기晉紀」와 『진서』 권109, 「모용황재기慕容皝載記」에 보인다.

『자치통감』 「진기」 함강 8년(342) 겨울 10월조를 보면, 전연의 모용황이 "장차 고구려를 공격하고자 하였다. 고구려에는 이도二道가 있었는데, 그 북도는 평탄하고 넓었고(平闊) 남도는 험하고 좁았다(險狹). 여러 사람이 북도로 나아가고자 하였다."고 하였다.[46] 『진서』 「모용황재기」에서는 함강 8년을 7년으로(8년이 옳다), 남도를 남협南陝으로, 북도를 북치北置로 기록하였다. 『진서』에서는 모용황이 "정예군사 4만을 이끌고 남협에서부터 진입하였다."고 하였고, "장사長史 왕우王寓 등에게 군사 1만 5천을 이끌고 북치에서부터 진군하도록 하였다"고 하였다.[47] 이를 『자치통감』에서는 "모용황이 몸소 정예군사 4만을 이끌고 남도로 나왔는데 모용한慕容翰·모용패慕容覇를 선봉으로 삼았고, 이와 별도로 장사 왕우 등을 보내 군사 1만 5천을 이끌고 북도에서 나와 고구려를 정벌하도록 하였다."고 하였다.[48]

이와 같은 서술로 보아 남협은 남도이고 북치는 북도임을 알 수

---

46. [역자주] 원문: "將擊高句麗 高句麗有二道 其北道平闊 南道險狹 衆欲從北道".
47. [역자주] 원문: "率勁卒四萬 入自南陝 以伐宇文·高句麗 又使翰及子垂爲前鋒 遣長史王寓等勒衆萬五千 從北置而進".
48. [역자주] 원문: "[十一月] 皝自將勁兵四萬出南道 以慕容翰·慕容覇爲前鋒 別遣長史王寓等將兵萬五千出北道以伐高句麗".

있다. 『자치통감』에서 "그 북도는 평탄하고 넓었고 남도는 험하고 좁았다(其北道平闊 南道險狹)."고 한 것은 남협·북치가 가진 원래의 의미를 정확히 풀이한 것이다. 즉 북치는 북도평활北道平闊, 남협은 남도험협南道險狹에 대한 약칭이다. 『자치통감』 호삼성胡三省 주에서는 "북도는 북치로부터 나아가고, 남도는 남협으로부터 목저성으로 들어간다"고 하였다.[49] 남협·북치를 지명으로 보고 남·북도의 기점으로 여긴 것이다. 그러나 이는 정문正文이 가진 원래의 의미와 부합하지 않는다. 그 밖의 문헌에서 모두 남협·북치란 지명이 보이지 않으므로 동의할 수 없다. 어떤 이는 호삼성의 설을 좇아 고구려의 남·북도가 남협·북치로부터 나누어진다고 보는데, 잘못된 이해이다.

『자치통감』에서 "고구려에 이도二道가 있다"고 한 것은 당시(함강 8년. 342) 고구려 영역 안의 남북 두 갈래의 도로를 가리킨다. 동진 함강 8년 이전, 고구려의 세력은 이미 현재의 무순시 혼하 일대에 이르렀다. 그렇지만 요양·심양 일대는 아직 점거하지 못하였다. 여전히 고구려의 영역에 속하지 못하였던 것이다. 당시 고구려의 서부 변방의 중진重鎭이 신성新城이었다.[50] 신성은 지금의 현재의 무순시 혼하 북안의 고이산성高爾山城이다. 고구려는 전연前燕·후연後燕과 요동·현도 2군을 두고 쟁탈하였는데, 이 두 군을 완전히 점유한 것은 동진 안제安帝 의희義熙 원년(405)의 일이었다.[51] 그러므로 함강 8년(342)에 언급된 고구려 남·북도는 현재의 요양 혹은 심양에서 나누어질 수 없다. 고구려의 남·북도

49.　[역자주] 원문 : "北道從北置而進 南道從南陜入木底城".

50.　『자치통감』 권96, 晉紀18 성제 함강 5년(339) 9월조의 호삼성 주에서는 "新城 高句麗之西鄙 西南傍山 東北接南蘇·木底等城"고 하였다. 『구당서』 권199상 고려전에서는 "新城是高麗西境鎮城 最爲要害 若不先圖 餘城未易可下"고 하였다.

51.　『자치통감』 권114, 진기36, 안제 의희 원년(405) 정월 무신조.

는 당시 고구려의 영역 안에서 찾아야지, 영역 외부인 요동군 혹은 현도군 안에서 찾을 수는 없는 것이다. 고구려의 남·북도는 당시 고구려 영역 안의 두 갈래 주요 교통로로, 이는 환도(지금의 집안)에서 출발하여 신성과 현도군(제3현도군)으로 통하던 두 갈래의 도로였다.

『구당서』「고려전」에서 당의 장수 이적李勣은 "신성은 고구려의 서쪽 경내의 진성鎭城으로 최고의 요지이니 만약 먼저 함락시키지 못하면 나머지 성도 쉽게 함락시킬 수 없을 것이다."고 하였다.[52] 이로 미루어 보아 신성은 고구려 서방의 변방 요새로, 요동·현도로부터 영역 안으로 진입하는 서쪽의 큰 관문이었음을 알 수 있다. 전연 모용황,[53] 후연 모용성慕容盛,[54] 그리고 수·당이 고구려를 공격할 때,[55] 그들 모두 고구려 서방의 군사중진인 신성 등지에서 치열히 전투를 벌이고 승리한 다음에야 겨우 환도로 진입할 수 있었다. 고구려의 남·북도가 신성과 긴밀한 관련을 맺었던 것은 그것이 신성으로 통하던 중요한 교통로였기 때문이다.

또한 남·북도는 현도군(현 심양시 동쪽 30리 지점 상백관둔 한·위고성)으로 통하던 중요한 교통로이기도 하였다. 고구려는 건국 이후 한대 현도군 관할로 귀속되었다. "한대에 고취기인鼓吹伎人을 하사하여, 항상 현도군에서 조복·의책을 받도록 하였고, 고구려 현령이 그 명적名籍을 주관하였다. 이후 [고구려는] 차츰 교만해져 다시 [현도]군에 오지 않았다."고 하

---

52. [역자주] 원문 : "二年二月 勣度遼至新城 謂諸將曰 新城是高麗西境鎭城 最爲要害 若不先 圖 餘城未易可下".

53. 『자치통감』 권96, 진기18, 함강 5년(339) 9월조. "銑擊高句麗 兵及新城".

54. 『자치통감』 권111, 진기33, 안제 隆安 4년(400) 2월조. "燕王盛自將兵三萬襲之 以驍騎大將軍熙爲前鋒 拔新城·南蘇二城".

55. 『자치통감』 권182, 수 대업 9년(613) 4월 庚午. "仁恭進軍至新城";『신당서』 권220, 동이 고려. "率營州都督兵 繇新城道以進 次南蘇·木底";같은 책. "明年(667 : 乾封 2年) 正月 勣引道次新城".

였다.[56] 현도군이 107년을 전후하여 서쪽으로 옮겨간 이후,[57] 고구려왕 (太祖)은 후한 안제 영초 원년(111)에 비록 "사신을 보내 조공하고 현도군에 속하기를 구하였다."고 하였지만,[58] 동시에 다시 현도군·요동군 등지를 끊임없이 공격하였다. 이렇듯 고구려와 현도군의 관계는 밀접하였다. 고구려의 조공로도 현도군으로 통하였고, 침공의 방향도 현도군을 향하였던 것이다.

107년 서쪽으로 옮긴 이후의 현도군이 현재의 어디인가의 문제에 관해 이제까지 크게 두 가지의 설명이 있었다. 첫째, 현재의 심양시 동쪽 30리의 상백관둔 한·위고성이라는 견해가 있었고, 둘째 현재의 무순시 노동공원勞動公園의 한대 고성古城이란 견해가 있었다. 이 글에서는 전자의 설을 따르며,[59] 재차 상술하지는 않을 것이다. 다만 다음의 두 가지 점을 거듭 언급해 둔다.

먼저 『삼국지』「손권전」의 배송지 주注에 인용된 『오서吳書』를 보면, 107년 서쪽으로 옮긴 이후의 현도군이 "요동군 북쪽에 있고, 서로 200리 떨어져 있다"고 하였다.[60] 요동군(현 요양)에서 현도군까지의 도로는 한·위시대에 통행한 대도大道였다. 이 도로의 이정里程은 현도군의 소재지를 추정하는 데 믿을만한 근거가 된다고 할 수 있다. 한·위시대의 200리는 현재의 약 140리이다.[61] 현재 요양 북쪽 140리는 바로 심양시에서 동쪽으로 30리 떨어진 상백관둔 한·위고성에 해당한다. 그러나

---

56. 「삼국지」 권30, 동이 고구려. 원문 : "漢時賜鼓吹技人 常從玄菟郡受朝服衣幘 高句麗令主 其名籍 後稍驕恣 不復詣郡".
57. 「후한서」 권23, 郡國志 玄菟郡. 劉昭 注. "東觀書 安帝卽位之年 分三縣來屬".
58. 「후한서」 권85, 동이전 고구려.
59. 陳連開, 「唐代遼東若干地名考釋」, 「社會科學輯刊」 1981-3期.
60. [역자주] 원문 : "玄菟郡在遼東北 相去二百里".
61. [역자주] : 70km

무순시내의 노동공원 한성은 현재 요양에서 200리 떨어져 있는데, 한·위시대의 약 280리에 상당한다. "현도군은 요동군 북쪽에 있는데, 서로 200리 떨어져 있다"고 하였으므로 그와 부합하지 않는다.

다음으로 신성은 고구려 서방의 변방 중진으로, 현재 무순시 혼하 북안 4리 산 위의 고이산성이다. 그러나 노동공원 한성은 무순시 혼하 남안 3리 산 위에 있다. 두 산성은 혼하를 사이에 두고 남북으로 마주하고 있다. 현도군은 동방의 고구려를 겨냥한 군사중진이었고, 신성은 고구려 서방 변방의 중진이었다. 두 군사 중진은 함께 지금의 무순시내에 있는데, 서로 간의 거리가 겨우 7리에 불과할 만큼 근접해 있다. 이 점에서 노동공원 한성은 현도군 소재지로 볼 수 없다.

2) 신성·남소성·목저성 등의 성이 남도 또는 북도에 있었다는 문제

혼하와 소자하 연안의 신성·남소성·목저성 등의 성이 고구려의 남도, 또는 북도에 있었는가 하는 문제이다. 중국과 외국의 역사학계에서는 여전히 다른 견해를 보이고 있다. 남도로 보는 견해가 있었고,[62] 북도로 보는 견해가 있었다.[63] 남도로 보는 견해는 북도가 이 도로(혼하-소자하 연안로) 북쪽의 휘발하 상류에서 동쪽으로 간 후 유하·통화를 경유해 집안에 도착하는 도로였다고 추정한다. 북도로 보는 견해에서는 남도가 이 도로(혼하-소자하 연안로) 이남의 태자하 유역에 있었다고 추정한다.

요양·심양에서 집안으로 통하는 여러 공로公路 주변의 한·위대 고성古城·고분과 고구려 고성古城·고분의 분포 상황으로 보아(후술), 필자

---

62. 白鳥庫吉 監修,「滿鮮歷史地理」第1卷, 347~356쪽.

63. 津田左右吉,「安東都護府考」附錄1「關于高句麗時期, 新城·木底及南蘇城」,「滿洲地理歷史硏究報告」1冊, 1915 ;「民族譯文集」13, 1985, 234~238쪽.

는 혼하·소자하 연안의 신성·남소·목저성이 소재한 이 도로가 남도도
아니었고, 또한 북도도 아니었다고 본다. 이 도로는 요동군 혹은 현도
군에서 고구려의 남·북도로 진입하기 전에 반드시 거쳐야 했던 도로의
하나였다고 생각한다. 앞에서 언급했던 바와 같이 전연의 모용황, 후연
의 모용성, 수의 왕인공, 당의 이적 등이 고구려로 진공하였을 때, 모두
신성·남소성·목저성 등의 성을 경유하여 고구려로 진입하였던 원인은
무엇이었을까.

신성·남소성·목저성을 남도로 보는 견해에서 제시한 근거는 다음과
같다. 즉 전연의 모용황과 고구려왕 쇠(釗. 고국원왕)[64]는 모두 남도 군대를
지휘하였고, 모용황 군대의 선봉부대인 "[모용]한이 [고구려왕] 쇠와 더불
어 목저에서 전투하였다"고 하고,[65] 모용황이 "남협에서부터 진입하여
목저에서 전투하였다"[66]고 하였으므로, 목저는 남도에 있었다고 본 것
이다. 하지만 사실은 그렇지 않을 것이다.

첫째, 모용황의 선봉장 "[모용]한이 [고구려왕] 쇠와 더불어 목저에서
전투하였다"고 한 것이 목저가 남도에 있었음을 설명해 줄 수는 없다.
고구려왕 쇠(고국원왕)가 이끈 군대는 남도를 따라 침입해 온 적을 막고
자 준비한 것이지, 전연 모용황이 이끈 남로군南路軍이 남도에 진입한
이후까지 기다렸을 리 없다. 그렇기 때문에 모용황의 군대가 당시의 고

---

64.   [역자주] : 『삼국사기』 고구려본기에 고국원왕의 諱는 斯由로 나온다. 釗는 그의 反切 표기로
      이해된다. 판본에 따라 劉로도 나오지만, 여러 史書를 비교해 볼 때 釗가 옳다고 판단된다.
65.   『晉書』 권109, 載記9 慕容皇. 원문 : "咸康七年(341) 皝遷都龍城 率勁卒四萬 入自南陜 以
      伐宇文·高句麗 又使翰及子垂爲前鋒 遣長史王寓等勒衆萬五千 從北置而進 高句麗王釗
      謂皝軍之從北路也 乃遣其弟武統精銳五萬距北置 躬率弱卒以防南陜 翰與釗戰于木底 大
      敗之 乘勝逐入丸都 釗單馬而遁".
66.   『魏書』 권100, 열전88 高句麗. 원문 : "建國四年(341) 慕容元眞率衆伐之 入自南陜 戰於木
      底 大破釗軍 乘勝長驅 遂入丸都 釗單馬奔竄".

구려 서부 변경에 진입한 직후에 저항을 시작하였다. 신성·남소성·목
저성은 당시 고구려 서부 변방의 중진이었다. 그러므로 양군은 필연적
으로 우선 조우전遭遇戰을 전개하였고, 고구려군의 저항을 격파한 뒤에
야 전연군은 비로소 환도로 진입할 수 있었다. 이 때문에 남로에서 진
공하고 방어한 양군의 선봉부대가 목저에서 전투하였다고 해서 목저성
이 남도에 소재하였음을 증명할 수는 없다.

둘째, 『위서』「고구려전」에서는 "건국建國 4년(341년이다. 실제 함강 8년으로
342년의 오기로 생각됨)에 모용원진(慕容元眞. 모용황의 字)이 군대를 이끌고 그
를 정벌하였고, 남협에서 진입해 목저에서 전투하였고, 쇠의 군대를 대
파하고 승승장구하여 환도에 진입하였다"고 하였다. 단순히 "남협으로
진입해 목저에서 전투를 벌였다."란 기록으로 보면, 목저는 남도에 소
재하였다고 할 것이다. 그러나 『자치통감』 권97, 함강 8년(342) 겨울 10
월과 11월조를 자세히 보면, "모용한 등이 먼저 도착하여 쇠와 교전하
였고, [모용]황이 대군으로써 그 뒤를 이었다."고 하였다.[67] 이를 통해 알
수 있듯이 『위서』「고구려전」은 축약된 기록으로 정확하지 못하다. 이른
바 "모용한 등이 먼저 도착하였다(慕容翰等先至)"고 한 것은 실제 양군의
선봉부대가 고구려의 남·북도에 진입하기 이전, 고구려 서부변경의 성
에서 전개된 첫 번째 전투였지, 남도에 진입한 이후에 목저에서 교전했
던 것이 아니다.

『진서』 권109, 「모용황재기」에서는 모용황이 "남협으로 들어가 우문
宇文·고구려를 공격하였다"고 하였다.[68] 우문에 대한 공격은 결코 남협
즉 남도로 진입해서 할 수 있는 일이 아니었다. 이 때문에 단순히 "남

---

67. [역자주] 원문 : "慕容翰等先至 與釗合戰 皝以大衆繼之".
68. [역자주] 원문 : "入自南陝 以伐宇文·高句麗".

협으로 들어가 목저에서 전투하였다"란 기록만 떼어놓고 볼 수 없으며, 이 부정확한 기록을 통해 목저가 남도에 있었다고 추정할 수 없다.

수·당의 군대가 고구려로 진공하였을 때, 목저 등의 성을 경유하였다고 하지만, 그러한 기록이 모두 목저가 남도에 있었다고 말해주는 것은 아니다. 『수서』「양제기」 대업 8년(612) 정월조를 보면, 수의 군대의 고구려 진공로 가운데 남소도南蘇道·현도도玄菟道·요동도遼東道 등이 나온다. 또한 『신당서』「고려전」에서는 정관 21년(647) 당의 장수 이적이 "영주도독부 군사를 이끌고 신성도를 경유해 진군하여 남소와 목저에 이르렀다"고 하였다. 『구당서』「장검전張儉傳」에서는 당의 군대가 고구려에 진공하였을 때, "장검에게 조서를 내려 군사를 이끌고 신성도에서부터 그(고구려군)를 요격하도록 하였다."고 하였다.[69]

신성은 무순 혼하 북안의 고이산성이다. 목저는 지금의 신빈현의 목기진木奇鎭이다. 남소성은 신성의 동쪽,[70] 목저의 서쪽이니[71] 현재 신빈현 상협하향上夾河鄕 오룡촌五龍村에 있는 고구려 산성일 것이다. 일설에는 지금의 요령성 철령 최진보산성催陣堡山城이라고 한다.[72] 신성·남소·

---

69. 원문 : "時有獲高麗候者 稱莫離支將至遼東 詔儉率兵自新城路邀擊之 莫離支竟不敢出".

70. 『자치통감』 권182, 수기6 대업 9년(613) 4월조의 胡三省注에서 "신성은 남소성의 서쪽에 있다"고 하였고[역자주] 원문 : "左光祿大夫王仁恭出扶餘道 仁恭進軍至新城〈新城 在南蘇城之西〉 高麗兵數萬拒戰 仁恭帥勁騎一千擊破之 高麗嬰城固守"), 같은 책 권96, 동진 성제 함강 5년 겨울 10월 신성조 호삼성의 주에서 "동북으로 남소·목저 등의 성에 접하였다"고 하였다[역자주] 원문 : "兓擊高句麗 兵及新城〈新城 高句麗之西鄙 西南傍山 東北接南蘇·木底等城"). 唐 張楚金 撰 『翰苑』 권30, 高麗 雍公叡 注에 인용된 『高麗記』에서 남소성은 "신성 북쪽 70리 山上에 있다"고 하였다[역자주] 원문 : "南蘇表戌 驗容恪之先鳴〈高麗記云 城在雜[新]城北七十里山上也〉"). 당의 군대가 고구려로 진공한 노선과 현재 고구려 古城의 방위로 보아, 남소성이 신성의 동쪽에 있다는 기록이 옳을 것이다.

71. 『자치통감』 권114, 진기36 안제 의희 2년(406) 2월조 호삼성주에 "목저성은 남소성의 동쪽에 있다."고 하였다[역자주] 원문 : "攻高句麗木底城 不克而還〈木底城 在南蘇之東 唐置木底州").

72. 남소성의 위치에 대해서는 중국과 외국 역사학계에서 서로 간의 견해가 일치하지 않는다. 오

목저성은 혼하·소자하 유역에 위치하는데, 이는 동진과 수·당시대에 요동군 혹은 현도군에서 고구려의 남·북도로 진입하기 이전에 반드시 거쳐야 할 경로였다. 이 때문에 동진과 수·당시대에 고구려로 진공한 군대는 모두 이 3곳의 성을 경유하여 환도로 진입하였다.

다음으로 목저가 남도에 있었다는 견해를 보자. 이 견해에서는 목저가 현재의 소자하 연안에 있었고, "소자하 양안의 산세가 험하고 좁아 간신히 한 줄기의 길만 통할 수 있으므로 남도험협 혹은 남협이란 문구와 합치된다"고 하였다.[73] 하지만 이 견해는 실제의 정황과 부합하지 않는다. 고구려는 동부의 산악지대에 위치하였는데, "큰 산과 깊은 계곡이 많다"고 하였고,[74] "산이 험하고 길이 좁다"고 하였다.[75] 환도(지금의 집안)로 통하던 도로는 하천 주변 대부분이 협곡지대여서, 평탄하고 넓은 대로大路는 매우 적었다.

이른바 "북도는 평활하고 남도는 험하고 좁다[北道平闊 南道險陝]"고 한 것은 상대적으로 말한 것이다. 1983년과 1987년의 현지조사를 통해 보건대, 소자하 양안을 따라 난 도로는 동부산악지대에 있었다고 설명해 왔지만, 오히려 비교적 평탄하고 다니기 쉬운 대로였다. 그다지 험하고 좁은 도로가 아니었다. 그러므로 목저가 험하고 좁은 남도에 있었다고 추정하는 것은 실제의 정황과 부합하지 않는다.

룡산성 이외에 일본의 今西春秋는 현재의 혼하와 소자하가 합류하는 지점 부근의 鐵背山城 혹은 薩爾滸城으로 추정하였다. 하지만 이곳은 명·청시대의 界藩城과 薩爾滸山城으로 고구려 산성이 아니다. 王綿厚 역시 현재의 철령 남쪽에 있는 최진보산성(『歷史地理』 제4집)으로 추정하였는데, 일설에 불과하다.

73. 白鳥庫吉 監修, 『滿鮮歷史地理』 第1卷, 347~356쪽.

74. 『삼국지』 권30, 위서 고구려. ([역자주] 원문 : "多大山深谷 無原澤 隨山谷以爲居 食澗水").

75. 『삼국사기』 권16, 고구려본기4 신대왕 8년 겨울 11월. (원문 : "漢以大兵嚮我 王問羣臣 戰守孰便 衆議曰 漢兵恃衆輕我 若不出戰 彼以我爲怯 數來 且我國山險而路隘 此所謂一夫當關 萬夫莫當者也 漢兵雖衆 無如我何 請出師禦之").

소자하 유역을 남도로 보는 견해에서는 북도가 소자하 이북에 있었다고 추정한다. 즉 개원開原에서 청하를 따라 동쪽으로 간 후 휘발하 상류에 도착하거나 혹은 요양에서 혼하의 동북쪽으로 간 다음 휘발하 상류에 도착하고 이후 휘발하 상류(현재의 유하)의 해룡산성진海龍山城鎭 즉 북산성자北山城子 등지를 경유하여 동쪽으로 간 후 유하·통화를 경유해 집안에 도착하는 도로였다고 한다.

하지만 이 도로는 첫째, 고구려 환도성까지의 경로가 비교적 멀다. 둘째, 고구려의 고성古城·유적·고분이 비교적 적다. 그렇기 때문에 하나의 노선을 연결하여 다수가 수긍할만한 고도古道를 상정하기 어렵다. 셋째, 이 경로가 통과하는 지역인 현재의 해룡·유하 일대는 동진 함강 8년(342) 이전에 고구려의 영역이 아니었다. 부여의 영역이었다. 고구려가 이 지역을 차지한 것은 동진 목제 영화 2년(346)이었다. 부여가 "백제[고구려의 오기일 것이다]의 침략을 받아 부락이 쇠락하고 흩어져 서쪽 전연의 부근으로 옮겼다"고 한 이후의 일이었다.[76] 그러므로 이 지역이 고구려의 북도일 수는 없다.

소자하 유역을 북도로 보는 견해에서는 남도가 요양에서 출발하여 태자하를 따라 동쪽으로 간 후 신빈 혹은 환인을 경유하여 집안에 도착하는 노선이었다고 추정한다.[77] 그런데 앞서 살펴본 것처럼 당시 요양은 고구려의 영역이 아니었으므로 남·북도가 요양에서 나누어질 수는 없다. 또한 이 도로는 고구려 환도성까지 먼 길을 돌아가야 하고, 산과

---

76. 『자치통감』 권97, 진기19 동진 목제 영화 2년. "夫餘居于鹿山 爲百濟所侵 部落衰散 西徙近 燕 而不設備".

77. 津田左右吉, 「安東都護府考」 附錄1 「關于高句麗時期, 新城·木底及南蘇城」, 『滿洲地理歷史 研究報告』 1冊, 1915 ; 『民族譯文集』 63, 1985, 234～238쪽. 今西春秋, 高吉等 譯, 「高句麗的南 北道和南蘇·木底」, 『民族譯文集』 13, 1985, 217～226쪽. 원문은 『靑丘學叢』 22, 1935년 10월.

계곡이 많다. 요동에서 환도까지 가깝고 쉬운 길을 버리고 멀고 어려운 길을 택하는 셈이다. 뿐만 아니라 이 도로 주변의 고구려 고성·고분이 비교적 적다는 사실을 감안해 보면, 이 노선이 주요 교통로 중 하나인 남도일 수는 없다.

3) 어떠한 두 도로가 고구려의 남·북도였을까?

동부의 산천·지리·교통노선 및 유물·유적의 분포양상으로 보아 지금의 요양·심양에서 집안으로 통하던 도로는 예로부터 아래의 세 도로 이외에는 없다.

첫째, 요양 혹은 심양에서 출발하여 혼하·소자하를 따라가면 신빈현 영릉진·왕청문에 도착한다. 왕청문에서 남과 북의 두 도로로 나뉜다. 남로는 부이강富爾江을 따라 남하하다가 혼강을 통과하고 다시 신개하新開河를 따라 동남쪽으로 간 다음 노령老嶺을 넘어 마선구진을 따라서 집안에 도착한다. 북로는 왕청문에서 하천을 따라 북쪽으로 간 다음 통화현성[快大茂子]에 도착한다. 이후에 남쪽으로 간 다음 혼강을 통과하여 위사하葦沙河·청하淸河의 계곡을 따라 남쪽으로 간 후 노령을 넘고, 다시 통구하의 계곡을 따라 집안에 도착한다.

둘째, 요양에서 출발하여 태자하 계곡을 따라 동쪽으로 간 후 신빈 혹은 환인을 경유하여 집안에 도착한다.

셋째, 심양에서 출발하여 혼하를 따라서 동북쪽으로 가면 휘발하 상류(현 柳河) 산성진山城鎭에 도착하고, 이로부터 동쪽으로 간 후 유하·통화를 경유해 집안에 도착한다.

고구려의 남·북도는 의심할 여지없이 이상의 세 도로 중에서 찾을 수 있을 것이다. 그러면 어떠한 두 도로가 고구려의 남·북도일까. 이 두 도로는 집안으로 통하던 비교적 가깝고 가기 쉬운 도로였으며, 그 주변에 고구려 고성·고분이 비교적 많아야 오늘날에도 다수가 수긍할 만한 고도古道임을 증명할 수 있을 것이다.

1983년과 1987년 필자가 실시한 현지조사와 이미 발표된 고고자료·발굴자료를 통해 알 수 있듯이 상술한 두 번째와 세 번째 도로는 먼 길로 돌아가고, 고구려의 고성·고분이 비교적 적다. 첫 번째 도로 중 남북의 두 도로는 우선 요양·심양에서 집안까지 비교적 가깝고 쉽게 갈 수 있다. 또한 한대의 고성·고분과 고구려의 고성·고분이 비교적 많고 성참城站이 이어져 있어서 古道의 하나였을 가능성이 높다. 그러므로 첫 번째 도로 중 남·북 도로가 고구려의 남·북도로 추정된다. 첫 번째 도로는 두 번째와 세 번째 도로와 비교해 더욱 고고자료의 실제와 부합된다. 첫 번째 도로 주변의 한대 및 고구려의 고성·고적·고분의 분포 현황을 개괄적으로 기술하면 다음과 같다.

요양에서 혼하를 따라 북쪽으로 간 후 120리를 가면 심양에 도착한다. 심양에서 혼하 남안을 따라서 동북쪽으로 30리를 가면 상백관둔 한위고성(제3현도군지)에 도착한다. 고성 부근에는 한·위대의 고분군이 있다.[78] 상백관둔의 고성에서 동쪽으로 간 후 50~60리를 가면 무순시 고이산성[新城]에 도착하는데, 무순시의 동서를 흐르는 혼하 연안 일대에는 한대 및 고구려의 고분이 비교적 많다.[79] 고이산성에서 소자하를 따라 동쪽으로 가면, 신빈현 상협하향上夾河鄕 오룡촌산성(고구려 산성)에 도착하는데, 이를 남소성으로 보기도 한다. 이로부터 소자하를 따라 동쪽으로 간 다음 약 20~30리를 가면 하방자한성下房子漢城에 도착한다. 지금은 이미 성터도 없지만 회색승문기와가 출토되었다. 하방자

78.　沈陽市文物工作組,「沈陽上柏官屯漢墓」,『考古』1964-11期.

79.　撫順市博物館,「遼寧撫順縣劉尒屯西漢墓」,『考古』1983-11期 ; 王增新,「遼寧撫順市前屯·窪渾木高句麗墓發掘簡報」,『考古』1964-10期.

에서 동쪽으로 약 20~30리를 더 가면 영릉진永陵鎭 한대고성(제2현토군지에 도착한다.[80] 영릉진에서 소자하를 따라 동쪽으로 50리를 가면, 백기보 한대고성(白旗堡漢代古城, 신빈현성에서 동쪽 10리, 소자하 남안 소재)에 도착한다. 성 안에서 한대의 기와·권운문와당·오수전이 출토되었다. 또 동쪽으로 간 후 45리를 가면 신빈현 왕청문 부근 고각산孤脚山 위의 고구려 산성에 도착한다.[81] 왕청문 고각산성은 부이강과 왕청하의 합류 지점에 위치하며 남북 교통의 요충지이다. 여기서 남·북의 두 길이 나누어져 집안에 이른다.

남로南路 : 왕청문 고각산의 고구려 산성에서 출발하여 부이강을 따라 남하하여 20리를 가면 신빈현 향수하자향响水河子響 전수호산성(轉水湖山城, 고구려 산성, 부이강 남안 소재)에 도착한다. 다시 남쪽으로 약 50리를 가면 신빈현 홍묘자향紅廟子鄕 사도구四道溝의 흑구산성(黑溝山城, 둘레 3리)에 도착한다. 이 성은 고구려의 초기 산성으로 동쪽 부이강에서 6리, 남쪽 취류하聚流河에서 4리 떨어져 있다.[82] 다시 동남쪽으로 약 50리를 가면 환인현 괴마자향拐磨子鄕 서고성西古城과 동고성東古城에 도착하는데, 두 성은 모두 부이강 동안의 평원에 있다. 현재 성지가 분명치 않아 그 시기를 알 수 없다. 이들은 환인에서 통화로 통하던 공로상의 한 역참이다.

부이강 유역 세 군데의 고구려 초기 산성을 통해 알 수 있듯이, 부이강의 계곡은 고구려대 교통의 요지이며, 집안으로 가는 가장 가까운 도로였다. 부이강을 따라 다시 동남쪽으로 간 후 약 50리를 가면 통화현

80.　徐家國, 「漢玄菟郡二遷址考略」, 『社會科學輯刊』 1984-3期.

81.　[역자주] : 봉수대 현황 서술.

82.　撫順市博物館·新賓縣文化局, 「遼寧省新賓縣黑溝高句麗早期山城」, 『文物』 1985-2期.

양강구兩江口에 도달하는데, 부이강과 혼강이 만나는 지점의 강구촌江口村이다. 여기에 고구려의 고분군이 있다. 관구검과 고구려가 비류수 강가(현 부이강)로 진군하여 크게 전투를 벌인 양구梁口 지역이 바로 지금의 강구촌 일대이다.[83]

강구촌에서 혼강을 통과하면 집안현 재원향의 패왕조산성覇王朝山城에 도착한다. 산성의 둘레는 1,260미터로 현성에서 서북쪽 200리 지점인 신개하 우안에 있다. 이곳은 신개하 연안 도로의 요충지이며, 또한 집안으로 통하던 도로 중 가장 중요한 관문이었다.[84] 패왕조산성에서 신개하의 계곡을 따라 남쪽으로 20리를 가면 재원향에 도착하는데, 이곳에 고구려의 고분군이 있다. 또한 동남쪽으로 20리를 가면 화전향진花甸鄉鎭에 이르는데, 이곳에도 고구려의 고분군이 있다.[85] 화전향진에서 신개하의 계곡을 따라 동쪽으로 가면 대상향진臺上鄉鎭에 도착한다. 대상향진에서 신개하 계곡을 따라 남쪽으로 가면 황외자촌荒崴子村에 이른다. 이곳에 고구려의 고분군이 있다. 황외자촌에서 신개하를 따라 남쪽으로 가면 삼가자수고三家子水庫에 도착하는데, 이곳에 유명한 망파령관애望波嶺關隘가 있다.

망파령관애는 신개하 협곡 중에 있는데, 협곡의 너비는 100미터를 넘지 못하고 도로가 산 중턱에 있다. 관애는 석축의 성벽으로 이어져 있다. 남아 있는 높이가 1.5~2.5미터이고 전체 길이가 750미터이다. 지금은 삼가자수고로 인해 일부가 수몰되었다. 1987년의 현지 고고조사를 통해 집안으로 통하던 여러 도로의 험준하고 중요한 지점에 모두

83. 吉林省文物管理委員會,「吉林通化市江口村和東江村考古發掘簡報」,「考古」1960-7期 ; 中央民族學院編寫組,「中國歷史地圖集」東北地區資料匯編, 28쪽 참조.

84. 方起東,「告林 安高句麗覇王朝山城」,「考古」1964-2期 및 「集安縣文物志」, 69~71쪽.

85. 吉林省文物志編委會,「集安縣文物志」, 1985, 55쪽.

석축의 관애가 있어서 통로를 방비했음을 알 수 있었다. 망파령관애는 여러 도로의 현존 관애 중 가장 크고 중요한 곳에 있다. 이곳의 형세는 험하며 집안현성에서 100여 리 떨어져 있으며 환도로 통하던 제2의 관문이었다. 망파령 남쪽 산비탈 위에는 고구려 적석묘가 10여 기 남아 있고, 철제등자와 철촉 등이 다수 출토되었다.[86]

망파령관애에서 신개하 상류[雙岔河]의 계곡을 따라 남쪽으로 가면 천구문天沟門에 도착한다. 1963년 도로공사를 하다가 천구문에서 대량의 철모鐵矛·철촉·등자·사치병기四齒兵器·철도鐵刀 등이 발굴되었다.[87] 천구문에서 쌍차하를 따라가면 쌍차향에 도착하는데, 이곳에 고구려 고분군이 있다. 쌍차향에서 쌍차하의 계곡을 따라 동남쪽으로 가면 노령에 도착한다. 이 계곡은 산이 높고 길이 좁은 최적의 요충지로 통행하기 어렵다. 노령을 통과한 이후 다시 마선하 상류를 따라 동쪽으로 가면 소판차小板岔에 도착한다.

광서 32년(1906) 도로공사를 하다가 소판차 서북의 천구산 비탈(소판차령)에서 조위 관구검의 「환도산기공석각丸都山紀功石刻, [역자주] : 관구검기공비」(잔편)이 발견되었다.[88] 이는 고구려 역사와 남·북도를 연구하는 데 중요한 자료이다. 이 석각의 발견으로 관구검의 진군 노선이 명확해졌다. 소판차에서 마선구를 따라 동쪽으로 약 4리를 가면 석묘향石廟鄕에 도착하는데, 이곳에 고구려 고분군이 있다. 석묘자향에서 마선구하를 따라 동남쪽으로 약 2리를 가면 이도양차二道陽岔에 도착한다. 여기서 계곡을 따라 동북쪽으로 봉우리를 넘으면 바로 환도산성에 도착

86.　吉林省文物志編委會, 『集安縣文物志』, 1985, 76~78쪽.

87.　『集安縣文物志』, 54쪽.

88.　『集安縣文物志』, 91~93쪽.

한다. 이도양차에서 환도산성까지의 이 계곡은 통로가 험하고 좁아서 사람이 겨우 다닐 수 있다.

"관구검이 [고구려 동천왕을] 추격해 혁현覘峴에 이르렀는데, 현거속마 懸車束馬하여 환도산에 올랐다."란 기록에서 알 수 있듯이 혁현은 환도 산 부근의 석묘향에 해당할 것이다.[89] 이 지역은 비교적 넓을 뿐만 아 니라 환도산성까지의 거리도 멀지않다. 이로부터 이도양차를 경유하여 환도산성에 도착하기까지 수레는 통행할 수 없다. 단지 보도 통행만 가 능하다. "현거속마하여 환도성에 오를 수밖에 없었던 것"이다. 혁현을 석묘향에서 4리 떨어진 소판차촌이라고 추정하기도 하고, 또 어떤 이 는 석묘향 동남쪽 2리의 이도향차라고 추정하였다. 하지만 1987년의 현지조사를 통해 보건대 소판차와 이도양차 지역은 협소해서 대량의 수레와 말이 지나다니기 어렵기 때문에 혁현은 비교적 평탄하고 넓은 석묘향으로 추정된다.

이상에서 살펴본 것처럼 신빈현 왕청문에서 부이강을 따라 남쪽으로 가서 혼강을 통과한 이후 신개하를 따라 남쪽으로 노령을 넘어 집안에 도착한다고 하였다. 이 도로가 지금은 비록 주요 공로는 아니고 현급 도로이지만, "남도험協南道險狹"이란 고구려의 남도일 것이다.

왕청문의 고각산 고구려 산성에서 부이강을 따라 북쪽으로 간 이후 동쪽으로 가면 통화현성[快大茂子]에 이른다. 다시 남쪽으로 혼강을 건 너고 위사하를 따라 노령을 넘으면 집안에 도착한다. 이 길은 지금도 주요 공로이다. 이 도로는 주변에 고구려 고성과 고분군도 비교적 많으 므로 분명히 중요한 고도古道였을 것이다. 왕청문의 고각산 고구려 산 성에서 부이강 유역의 계곡을 따라 북쪽으로 가고 동쪽으로 방향을 바

---

89. 「北史」 권94, 열전82 고려. ([역자주] 원문 : "儉追至覘峴 懸車束馬登丸都山").

구어 20리를 가면 통화현 삼과수향(三棵樹鄉 : 유수진) 석묘구石廟溝 남쪽에 도착한다. 토성이 있었지만 지금은 없어졌다. 다시 동쪽으로 가면 영액 포진英額布鎭에 도착하는데, 진의 북쪽 소도목구小倒木溝 부근에 고구려 산성이 있다. 또한 강의 계곡을 따라 동쪽으로 가면 통화현성[쾌대무진] 에 도착한다. 현성의 서남쪽 적백송둔赤柏松屯 부근에 한대 고성이 있는 데, 둘레는 약 2리이다. 이 성은 산비탈에 축조되었는데 산성 안의 지 표에 한대 회색승문판와가 많이 흩어져 있다. 적백송한성에서 남하하 여 대도령(大都嶺, 고구려 고분군 분포)·번영(繁榮, 구명칭은 高麗墓子, 고구려 고분 군 분포)을 경유하면 강연촌(江沿村, 고구려 고분군 분포)에 도착한다. 통화 강 연촌에서 혼강을 통과한 이후 집안현 경계 내의 위사하葦沙河를 따라 남 하하면 두도頭道·청하·대천大川 등지를 경유하는데, 모두 고구려 고분 군이 있다. 도로에는 또한 두 개의 관잡(關卡, [역자주] : 소규모 관문)이 있는 데, 대천초잡大川哨卡과 관마장關馬墻이다. 대천초잡은 청하진에서 동남 쪽([역자주] : 동북쪽) 4리의 대천촌 후산(後山, 北山)에 있다. 대천초잡은 둘 레 153미터의 작은 성보로 북방으로부터 환도성으로 침입해 오는 적을 방어하는 첫 번째의 중요한 성보이다. 대천초잡의 동남쪽 열료향熱鬧鄉 상위자촌上葦子村 남쪽, 청하(북쪽으로 대위사하에 유입) 좌안, 통화—집안 간 공로의 양측에는 세 개의 석축 성벽이 있는데, 바로 관마장이다. 성벽 은 모두 높은 산과 깊은 골짜기 통로 양측에 축조되었는데, 분명히 "한 사람이 관을 지키면 만 명의 사람이라도 감당할 수 없다"는 험한 형세 이다. 환도에서 북쪽으로 100리 떨어진 곳에 있는데, 적의 침입을 방어 하는 두 번째의 관문이다. 관마장에서 청하를 따라 남하하여 노령을 통 과하고 이후 다시 통구하 계곡(대량의 고구려 고분군 분포)을 따라 남하하면 집안(환도성)에 도착한다.

이렇듯 왕청문에서 통화를 지나 집안까지 이르는 이 주요 공로는 비록 여러 계곡을 따라가야 하지만, 앞서 언급한 남도와 비교해 통행이 용이하다. 이 노선이 "북도평활北道平闊"하다고 한 고구려 북도일 것이다.

이상과 같은 남·북의 두 도로는 집안에서 출발하여 남·북의 두 도로로 나누어져 왕청문에 이르러 하나로 합쳐지고, 소자하를 따라 서쪽으로 간 다음 요양·심양 지역으로 통한다. 이 때문에 소자하 연안의 교통로는 고구려 남·북도를 오가며 반드시 경유해야 한다. 상술한 첫 번째 도로 중 남·북 두 도로는 집안에서 요양·심양 지역에 도달하는 최단거리의 경로이다. 그 외의 도로는 노선이 멀고 우회할 뿐만 아니라 깊은 산과 험한 계곡이 많으므로 통행이 어렵다. 다음으로 상술한 첫 번째 도로 중의 남·북 도로 주변에는 20~50리의 거리마다 모두 한대 혹은 고구려의 고성·고분군이 있으므로 성참이 이어졌다고 할 만하다. 이 점도 그 이외의 도로에서는 찾아볼 수 없다. 더욱이 이 두 도로에는 집안(환도)에서 북쪽으로 100여 리 지점의 협곡과 요충지에 모두 성보와 관애가 설치되어 있어 적의 침입을 방어하는 첫 번째와 두 번째의 관문 역할을 한다. 상술한 도로 주변에 분포하는 한대 및 고구려 고성·고분군으로 보아 하나의 고도古道였다고 인정할 수 있다.

일본학자 이나바 이와키치稻葉岩吉의 저서 『흥경이도하자구노성興京二道河子舊老城』에 수록된 『신충일서계급도록申忠一書啓及圖錄』을 보면, 만력 24년(1596) 조선의 임금 선조宣祖가 신충일을 건주여진建州女眞에 사신으로 보냈을 때, 누루하치가 거주하던 퍼알라(역자주: 후라하다(虎拉哈達)는 퍼알라(佛阿拉)의 오기다. 현재 신빈현 구로성)에 이르는 노선을 알 수 있다. 그는 만포진에서 압록강을 건너 집안에 도착하였고, 집안에서 서북쪽으로 간 다음 신개하를 따라 서북쪽으로 혼강을 통과해 부이강 입구에 도착하였다. 이후 다시 부이강을 따라 북쪽으로 가서 왕청문에 도착하였고, 마지막으로 소자하를 따라 서쪽으로 간 후 백기보를 경유해 구로성舊老

城에 도착하였다. 명대까지 집안에서 신빈현 구노성까지 이 고도古道가 활용되었던 것이다.

상술한 첫 번째 도로와 그 중의 남·북 도로는 지금까지 간선도로이자 하나의 고도古道이다. 고구려 시대 환도에서 신성과 현도군으로 통하던 두 개의 주요 도로는 남·북의 두 도로였다. 가깝고 쉬운 길을 버리고 굳이 멀고 어려운 길을 사용하였을 리 없다. 그러므로 고구려의 남·북도는 상술한 첫 번째 도로의 남·북도로 추정된다. 이 도로가 제 2·3의 도로로 추정하는 것보다 문헌기록 및 고고자료와 부합한다.

4

제4장

수隋·당대唐代 동북수륙교통로

수·당 양대는 중국의 중고中古시기로 역사상의 강역과 교통지리가 한층 개척되고 발전한 시기였다. 수 왕조 초기에는 동진東晉 이후 250여 년의 분열 상태가 종식되었고, 정권의 분립으로 격리된 상황에 있던 남북의 교통을 회복하였다. 당대唐代 전국을 통일한 이후 태종(재위 : 626~649) 때부터 시작하여 전국적으로 "도道·부府·주州·현縣"이라는 4등급의 중앙집권적 행정제도를 완비하였고, 교통제도 또한 이전 시기보다 개선하였다.

『신당서』백관지의 기록에 의하면 당의 여러 도道 절도사節度使 휘하에는 각각 역순관驛巡官 4명을 두었고,[1] 여러 주州의 도독都督·자사刺史 또한 각각 우역郵驛과 교통을 분장하는 관원을 두었다고 한다. 당 제도를 보면, 내지內地의 주현州縣과 변주邊州가 관할하는 지역에는 "대개 30리마다 역이 있고 역에 역장驛長이 있다. 천하사방天下四方의 도달할 수 있는 곳마다 1,639개의 역을 만들었다."고 하였다.[2] 당대의 광범한 번이蕃夷 변주 지역에도 "군사를 일으킬 때는 7촌의 금전金箭으로 증표로 삼고 100리마다 1개의 역이 있다."고 하였다.[3] 당대의 교통 역제는 당시의 저명한 학자이자 정치가인 유종원柳宗元의 『관역사벽기館驛使壁記』[4]에 "모든 만국萬國의 회동이나 사이四夷의 내방에서 천하의 도로는 모두 방기邦畿의 안에서 나온다. (중략) 그러므로 역참驛站 제도는 천 리의 안

---

1. [역자주] : 『신당서』 권55, 지39하 백관지. "節度使·副大使知節度事·行軍司馬·副使·判官·支使·掌書記·推官·巡官·衙推各一人 同節度副使十人 館驛巡官四人".
2. 『신당서』 권46, 지36 백관지. [역자주] : "凡三十里有驛 驛有長 舉天下四方之所達 爲驛千六百三十九".
3. 『신당서』 권216상, 열전141상 토번. [역자주] : "其舉兵以七寸金箭爲契 百里一驛".
4. [역자주] : 『館驛使壁記』는 柳宗元(773~819)의 저술로 唐代의 驛傳·驛館·驛路의 사정을 전한다. 이에 의하면 당의 驛路는 長安을 중심으로 일곱 주요 간선 도로가 있어 방사선의 형태로 전국의 각지로 연결되었다. 수도와 지방 사이의 인원이나 물자의 수송은 물론 四夷의 사절도 이 통로를 이용하였다고 한다.

쪽이 더욱 중요하다."라고 하여 보다 명확히 적혀 있다.[5]

지금의 동북지역은 당대 변주인 안동도호부安東都護府 및 요서遼西 영주상도독부營州上都督府가 관할한 지역에 속하였다. 안동도호부는 당대 안동安東, 안서安西, 안남安南, 안북安北, 북정北庭, 선우單于 등 6대 변진邊鎭 도독부 중 으뜸이었다. 그 경내 역참과 도로의 소통 또한 변경지역의 발전을 이야기할만하다. 당대의 저명한 지리학자 가탐의 『황화사달기皇華四達記』[6]의 기록을 보면 "변주에서 사이로 향하는" 7개의 도로 중에 앞의 두 도로는 "영주營州에서 안동으로 가는 도로"와 "등주登州에서 바닷길로 고려·발해로 가는 도로"이다.

위에서 서술한 "변주에서 사이로 향하는" 두 노선의 도로는 당대 동북지역 육로교통의 주요 간선도로였다. 이 도로 이외에 수·당 시기 중원에서 북쪽 거란과 실위로 나아가고, 또한 역대 동쪽 요동을 정벌할 때 "군대가 유幽·계薊의 여러 지역에서 출발하여 북쪽으로 임투관臨渝關을 나가, 영주를 지나 동쪽으로 요택을 건넌 다음 요동성遼東城에 도착하며", 진군하여 곧장 압록강 동쪽의 평양성에 도착하는 몇 개의 간선도로는 고대 동북의 교통역사에서 항상 역사가의 주목을 받았다. 이 장 이하의 각 절에서 다음과 같이 차례로 서술하겠다.

---

5. 『柳河東集注』 권26. [역자주] : "『館驛使壁記』 凡萬國之會 四夷之來 天下之道塗 畢出於邦畿之內 (中略) 故館驛之制 於千里之內尤重".

6. [역자주] : 『皇華四達記』는 賈耽의 저술로 唐의 邊州로부터 四夷로 향하는 일곱 통로에 관해 서술하였다고 한다. 해로 2노선과 육로 5노선에 대해 상세히 기술하여 당대 변경의 지리 사정을 전하는 귀중한 자료일 것이나 散佚되어 현재는 남아있지 않다. 현재는 『신당서』 지리지 및 『무경총요』에 인용된 일부 기록과 淸代 吳承志가 찬술한 『唐賈耽記邊州入四方道里考實』 5卷에 의해 그 윤곽을 이해할 수 있다.

어양漁陽에서 북쪽으로
노룡새盧龍塞로 가는 변도邊道

　　수·당 시기 관중關中에서 중원中原으로 향하고 다시 북쪽으로 나가는
노룡고도塞外故道는 기본적으로 한漢·진晉 남북조南北朝 이후 중원에서
북쪽으로 가는 '출새삼도出塞三道'를 계속하여 사용하였다. 다만 약간의
차이가 있는데, 이전 시기에 장새를 나가 북쪽으로 가면 대체로 흉노좌
부匈奴左部 및 선비제부鮮卑諸部에 도착하였지만, 수·당부터 동북쪽에서
장새를 나가 도착한 곳은 거란·해奚와 실위의 여러 지역이었다. 수·당
시기 중원에서 북쪽으로 나가는 변경 장새의 고도故道는『구당서』에 기
록이 보이는데, 그 주요 경로는 계주薊州 어양군漁陽郡에서 동북쪽으로
장새를 나가 해·거란·실위에 이르는 아장衙帳[1]의 도로였다.

　　『신당서』지리지의 계주 어양군조를 보면,[2] "어양. (중략) 동북쪽 90
리에 홍수수착洪水守捉이 있고, 다시 동북쪽 30리에 염성수착鹽城守捉이

1.　　[역자주] : 원래는 유목사회의 장수가 기거하는 장막에 衙旗를 세운 것에서 유래된 명칭이었
　　　는데, 흉노·선비·거란·실위·위구르 등과 같은 유목종족의 수도를 지칭하는 것으로 그 의미
　　　가 변화하였다.

2.　　『신당서』권39, 지29 지리지. [역자주] : "東北九十里 有洪水守捉 又東北三十里 有鹽城守捉
　　　又東北渡灢河 有古盧龍鎭 又有斗陘鎭 自古盧龍北經九荊嶺·受米城·張洪隘·度石嶺 至
　　　奚王帳六百里 又東北行 傍吐護眞河五百里 至奚·契丹衙帳 又北百里 至室韋帳".

있다. 다시 동북쪽으로 난하를 건너면 고노룡진古盧龍鎭이 있고, 또한 두형진斗陘鎭이 있다. 고노룡진으로부터 북쪽으로 구형령九荊嶺·수미성受米城·장홍애張洪隘·도석령度石嶺을 경유하여 해왕장奚王帳에 도착하기까지 600리이다. 다시 동북쪽으로 가면 토호진하吐護眞河를 따라 500리를 가면 해·거란의 아장에 도착한다. 다시 북쪽으로 100리를 가면 실위장에 도착한다."고 하였다.

『신당서』에 기록된 것처럼 계주 어양군을 통해 북쪽으로 변새를 나가는 교통로는 한·위 이후 대체로 여러 시기 동안 북쪽으로 향하는 고도故道였다. 수·당 두 시기의 교통지리가 개정되면서 그 기본 방향은 현재의 천진시 계현 즉 옛 계주 어양군에서 출발하여 동북쪽으로 난하 하류의 고노룡진에 도착한 이후 육로로 도로가 나뉘는 것이었다.

첫 번째 노선은 북쪽으로 간 다음 해왕의 아장으로 나아가는 것이었다. 노룡진에서 해왕장까지의 전체 노정은 약 6백 리였다. 이 교통 노선을 현대의 지리로 점검하자면 주요 경유 노선은 계현에서 동북쪽으로 석문石門·준화遵化를 경유하여 계운하薊運河의 북쪽 지류를 따라 희봉구喜峰口로 나간다. 다시 북쪽으로 가서 난하의 지류인 무열하武烈河를 따라서 칠노도산七老圖山을 넘어 석백하錫伯河로 진입하면 현재 적봉赤峰 이북인 당대의 해왕장에 도착한다.

두 번째 노선은 고노룡진에서 동북쪽으로 가는 것으로, 난하 하류 한·위 시기의 고도古道를 경유하는 것이었다. 즉 현재의 난하에서 폭하瀑河 계곡으로 진입하고, 동북쪽으로 평천平泉을 경유하여 칠노도산의 남쪽 기슭을 따라 북쪽으로 간 다음 노합하老哈河 계곡 길로 진입한다.

이처럼 수·당 시기 노룡진 동북쪽에서 "토호진하를 따라 500리를 가면 해·거란의 아장에 도착한다."고 한 고도古道는 바로 앞 장에서 한·위 시기 노룡새에서 북쪽으로 평주平州에 가는 고도古道이다. '토호진하'

또는 '토하'란 현재의 노합하이다. 노합하를 따라 도달하였던 곳은 현재의 적봉시 영성현 경내의 노로아호산努魯兒虎山 서북 기슭으로, 당시기 해·거란의 아장이 소재한 곳이었을 것이다. 당시의 백랑수白狼水(현재의 대릉하) 이북의 해부와 거란부는 바로 노로아호산과 대청산大靑山으로, 당대의 영주營州(현재의 朝陽)와 경계가 나누어진 곳이었다. 그리고 영성현의 경내에서 남쪽으로 흐르는 난하 하류의 노룡진 또한『신당서』에서 "도호진하를 따라 500리를 가면 해·거란의 아장에 도착한다."라고 한 기록과 거리 및 방향이 부합한다.

『신당서』기록을 보면, 당대 토호진하를 따라 동북쪽으로 가는 초원길은 500리를 가야 해·거란의 아장에 도착한다고 하였는데, 해와 거란 두 지역은 동일한 장소인 것 같지만 북쪽 변경은 경계의 구별이 있었을 것이다. 왜냐하면 해·거란의 도읍이 비록 당대 노룡새의 동북쪽 지역과 백랑수의 새외에 있었다고 하더라도 결국 해와 거란은 서로 구분되어 있었으므로, 아장의 중심이 같은 곳일 수 없었기 때문이다. 이는『구당서』「거란전」에서 "정관 22년(648) 11월 경자[23일]에 거란부를 송막도독松漠都督으로 삼고, 해부에 요락도독饒樂都督을 설치하였다."고 한 기록으로 증명된다.[3]『책부원귀』97권에서 또한 "정관 22년 11월에 거란부를 송막도독부로 삼고 굴가를 사지절使持節·십주제군사十州諸軍事·송막도독에 임명하였다. (중략) 해부에 요락도독부를 설치하고, 가도를 사지절·육주제군사六州諸軍事·요락도독에 임명하였다."고 하였다.[4]

---

3. 『구당서』권199하, 열전149하 북적 거란. [역자주] 원문 : "[貞觀] 二十二年 窟哥等部咸請內屬 乃置松漠都督府 以窟哥爲左領軍將軍兼松漠都督·無極縣男 賜姓李氏"; 같은 책 해. "貞觀二十二年 酋長可度者率其所部內屬 乃置饒樂都督府 以可度者爲右領軍兼饒樂都督 封樓煩縣公 賜姓李氏".

4. [역자주] : "十一月 契丹帥窟哥奚帥可度者並率其部內屬 以契丹部爲松漠都督府 拜窟哥爲使持節·十州諸軍事·松漠都督 (中略) 以奚部置饒樂都督府 拜可度爲使持節·六州諸軍州

이상에서 서술한 『구당서』·『책부원귀』는 당 정관 연간(627~649)에 해부와 거란부가 확실히 당 왕조에 귀부한 두 부部였고, 아울러 요락도독부와 송막도독부로 나뉘어 책봉되었다는 사실을 증명해 준다. 앞서 인용한 『신당서』「지리지」 가운데 노룡진에서 "동북쪽으로 토호진하를 따라 5백 리를 가면 해·거란의 아장에 도착한다."고 한 교통상의 방향에서 보면, 이른바 해아장은 마땅히 해부에 설치된 요락도독부를 가리키고, 이른바 거란아장은 당연히 거란부에 설치된 송막도독부를 가리킨다. 그리고 기록한 순서에 따라 보자면, 해아장은 남쪽이고 거란아장은 약간 동북쪽에 있었을 것이다. 다만 둘 다 '토호진하(현재의 노합하)'를 따라 동북쪽으로 가야 도착할 수 있었다.

이상을 통해 서술한 것처럼 사서에 기록된 교통지리와 노선으로 추정하면, 난하 하류의 고노룡진에서 동북쪽으로 간 후 토호진하를 따라 5백 리를 가면, 먼저 해아장에 도착할 것인데, 즉 당대 해부에 설치한 요락도독부일 것이다. 거리로 추정하자면 해장은 대청산 서쪽인 지금의 노합하 중류에 있는 내몽고자치구 적봉시 영성현 지역일 것이다. 영성은 요대遼代 중경中京의 소재지였다. 『요사』「지리지」의 중경대정부中京大定府조를 보면, "해의 군장인 가도可度가 무리를 이끌고 내부하여 요락도독부를 설치하였다. (중략) 해왕의 옛 아장터였다."고 하였다.[5] 그러므로 당대 고노룡진에서 토호진하를 따라 동북쪽으로 500리를 가서 도착하는 해왕아장은 곧 요락도독부의 소재지는 현재의 요서 조양시 서북쪽에 있는 대청산과 노로아호산의 서부지역, 건평현建平縣 북부 및 영성현 지역의 요대遼代 중경中京 일대였다고 고증할 수 있다. 그 구체적

[事]·饒樂都督".

5.　『요사』 권39, 지9 지리지3 中京道 中京大定府. [역자주] 원문 : "奚長可度率衆内附 爲置饒樂都督府 (中略) 統和二十四年(1007) 五帳院進 故奚王牙帳地".

위치는 고고발굴을 통해 증명된다.

해왕아장의 위치 확정은 동일한 교통로상에 위치하고 또한 방향도 서로 같은 당대의 거란아장에 대한 보다 진전된 고증을 위한 지리 좌표를 제공할 수 있다. 진·당 이후의 문헌 기록에 의하면 막북漢北 지역 해·거란의 거주지는 줄곧 해가 서쪽에 있었고 거란이 동쪽에 있었으며, 두 곳 모두 백랑수 또는 영주(현재의 조양) 서북쪽에 있었다. 『구당서』「거란전」에 "거란은 황수潢水⁶의 남쪽, 황룡黃龍⁷의 북쪽에 거주하는데, [이 지역은] 선비의 고지故地이다. (중략) 동쪽으로 고구려와 인접하고 서쪽은 해국과 인접하며 남쪽으로 영주에 이르고 북쪽으로 실위에 이른다."고 하였다.⁸ 또한 「해전」에 그 위치는 "경사(京師, 장안)에서 동북쪽으로 4천여 리이고 동쪽으로 거란과 접하고 서쪽으로 돌궐에 이르며 남쪽으로 백랑하에 이르고 북쪽으로 습국霫國⁹에 이른다. 영주에서 서북쪽 요락수로 가면 그 나라에 도착한다."고 하였다.¹⁰

이상을 통해 서술한 것처럼 『구당서』에서 구분해 기록한 당대의 거란과 해의 대략적 지리에 의하면, 거란의 위치는 대체로 아래와 같이 분석할 수 있다. 이른바 황수는 현재의 시라무렌을 가리킨다. 황룡의 북쪽과 "남쪽으로 영주에 이른다"고 하였을 때 그 방위에 내포된 의미는 동일하다. 모두 당대의 거란 지역이 시라무렌 이남과 현재의 조양(옛

6.　[역자주] : 饒樂水라고도 하며 현재 내몽고 지역을 흐르는 시라무렌을 일컫는다.

7.　[역자주] : 五胡十六國 北燕의 馮跋이 현재의 朝陽을 수도로 삼고 黃龍이라 칭하였다.

8.　『구당서』 권199하, 열전149하 북적 거란. [역자주] 원문 : "居潢水之南 黃龍之北 鮮卑之故地 (中略) 東與高麗鄰 西與奚國接 南至營州 北至室韋".

9.　[역자주] : 흉노의 일종으로 그 지역은 현재의 내몽고 烏蘭浩特에서 巴林左旗에 이르는 지역 일대에 해당한다.

10.　『구당서』 권199하, 열전149하 북적 해. [역자주] 원문 : "在京師東北四千餘里 東接契丹 西至 突厥 南拒白狼河 北至霫國 自營州西北饒樂水以至其國".

황룡성. 영주) 북방임을 가리키는 것이다. 만약 동서의 방향을 당대의 거란이 "서쪽으로 해국과 인접하고", "동쪽은 고구려와 인접하였다"고 확정하여 보면, 그 서쪽 경계는 마땅히 현재의 영성현 지역 동쪽 황룡黃龍의 북쪽일 것이다. 『신당서』「지리지」에서 "토호진하를 따라 5백 리를 가서 해·거란의 아장에 이른다."고 한 서술로 보면 본 절에서 추정하는 당대의 거란아장은 마땅히 해아장의 동북쪽에 있어야 할 것이다. 오늘날의 지리 구역으로 보자면, 조양 정북향 대청산 북쪽 기슭의 내몽고자치구 적봉 오한기敖漢旗와 옹우특기翁牛特旗의 동부에 있었다고 할 것이다. 자연지리상의 위치는 곧 노합하 하류에서 시라무렌 이남의 지역이 당대의 거란 거주지이다. 이곳은 바로 해부의 동북이다. 뿐만 아니라 옛 '토호진하[노합하]'를 따라서 동북으로 나가 영성현 지역의 해아장을 통과하며, 계속하여 노합하의 계곡길을 따라 동북쪽으로 가면 거란아장에 도착한다고 한 기록과 부합한다.

이렇듯 토호진하를 따라 동북쪽으로 가는 새외塞外 교통노선은 당대의 거란아장을 통과하며 "다시 북쪽으로 100리를 가면 실위장에 도착한다." 상술한 해부와 거란의 위치를 통해 추정하자면 실위장은 분명 시라무렌 이북이자 대흥안령산맥의 이남 지역에 있었다. 즉 당대에 시라무렌 북으로 가면 조아하洮兒河 이남의 실위 고지故地에 이른다. 일찍이 서기 5세기 중반 남북조 시기에 실위부는 이미 중원의 조공 교통로를 개통하였으며(앞의 3장에서 서술), 당시 동북지역 서부의 대흥안령산맥 남쪽 기슭에서 활동하던 실위 및 앞선 시기의 오락후烏落侯 등은 상술한 서부 초원의 교통로를 따라서 북위의 도성인 낙양과 북제北齊의 도읍인 업鄴(현재의 하북성河北省 임장현臨漳縣 서남쪽)을 향해 여러 차례 사신을 파견하여 조공하였다. 당대에 이르러 실위가 왕래한 중원의 교통로는 한·위·진 이후 선비나 오락후 등이 조공하였던 길이었다. 이 고도古道에서 당 태종 정관 5년(631)부터 의종懿宗 함통 연간(860~873)까지 2백여 년 동안, 실위가 당에 조공한 것이 이십여 차례에 이른다고 한 기록이 간간히 보인다. 당 중종中宗대(712~756) 북쪽으로 돌궐을 정벌하고, 당 현종玄宗대(684, 705~710) 동쪽으로 발해의 반란을 평정하였을 때, 거란아장 북쪽에 위치한 실위는 군대를 내어 당을 도왔던 적이 있다. 당 말기에는 동북쪽 서부와 중원 및 새북을 연결하는 이 오래된 초원길이 역사적 기반 위에서 남북교통의 동맥과 같은 역할을 지속해 왔음이 한층 분명히 증명된다. 이 교통로는 당대의 부족교통사에서 계속해서 중요한 위치를 차지하였던 것이다.

수·당이 원정에 이용한 육로교통로

수·당의 동정[고구려 공격]은 역사적으로 중대한 사건이었다. 수 문제 개황開皇 18년(598)부터 당 고종 총장總章 원년(668)까지 70년 동안에 사서에 기록된 수·당 양대의 대규모 고구려 정벌은 전후 10여 차례에 달했다. 수·당의 여러 차례에 걸친 동정은 동북지방의 고대 교통지리로 보면 주로 수륙 두 방향으로 나뉜다.

수로군水路軍은 주로 산동의 동래(지금의 산동성 동래) 해구海口에서 함대[船支]를 집결시켰다. 그런 다음 북쪽으로 삼산포(三山浦 : 동래시 三山島)를 거쳐 발해해협을 지나 요동반도 남단의 해안에 이르러 먼저 비사성(卑沙城, 지금의 大連 大黑山城) 등 요동반도 남단의 요충지에 이른 후에 육로로 북진했다. 만약 동북쪽으로 압록강구나 대동강구로 가려고 하면 황해의 서쪽 해안을 따라 수군이 안평구安平口나 박작구泊汋口로 간 후에 열구列口와 평양성平壤城에 이르렀다.[1] 이상은 『신당서』에 기재된 수로, 즉

---

1. 『자치통감』 권178, 당기2. [역자주] : [開皇 18년(598)] "六月 丙寅 下詔黜高麗王元官爵 漢王 諒軍出臨渝關 值水潦 餽運不繼 軍中乏食 復遇疾疫 周羅睺自東萊泛海趣平壤城 亦遭風 船多飄沒 秋九月 己丑 師還 死者什八九 高麗王元亦惶懼遣使謝罪 上表稱遼東糞土臣元 上於是罷兵 待之如初".

당시의 등주登州로부터 바다를 통해 고려와 일본으로 가는 수로의 일부이다.

수·당대 동정의 육로는 수의 동도東都인 낙양에서 출발하여 동쪽으로 동관潼關을 나가 유주의 연·계 등지를 거쳐 해안을 따라 임투관으로 나간 후에 방향을 북쪽으로 바꾸어 요서의 영주로 간 다음에 다시 동쪽으로 요택을 건넌 후에 안동도호부의 소재지인 요동성에 이르렀다. 그 사이 수천 리를 달려 관중의 복지腹地로부터 동북의 변강으로 통하였으니 그 원정의 먼 노정과 징발된 인마의 거대한 규모 및 교통의 어려움은 실로 전에 없던 것이었다. 예컨대 수 대업 8년(612)에 수 양제가 두 번째로 24군軍에 명해 요동의 제도諸道로 출병하여 고구려를 토벌하도록 하였다. 당시 징발된 병사의 수는 113만 3천 8백 명에 달하였는데, "2백만을 일컬었다. (중략) 깃발은 960리에 뻗쳤으니 근고近古에 출사의 성대함이 이와 같은 적이 없었다."고 하였다.[2]

수대에 비록 거국적으로 전후 세 차례 군사를 일으켜 요동으로 출병했지만 결국 국력이 미치지 못하였고, 양현감楊玄感 등 내부 반란으로 인해 성과 없이 끝났다. 당 왕조는 건국 이후 수의 요동정벌의 역사적 교훈을 받아들여 수륙 양도兩道에 군대를 모으고 군량과 마초馬草를 비축하여 당 태종 정관貞觀 연간(627~649)부터 요동을 통일하기 위한 전쟁을 계속 진행하였다. 『신당서』와 『구당서』의 기록에 의거하여 당대 동정의 주요 전투를 헤아려 보면, 아래와 같이 9차례 있었다.

○ 정관 19년(645)에 당 태종이 "친히 육군六軍을 거느리고 낙양을 출발

---

2.   『수서』권4. 제기4 양제下 대업 8년(612) 春正月 辛巳(1일) [역자주] "總一百一十三萬
      三千八百 號二百萬 其餽運者倍之 (中略) 旌旗亘千里 近古出師之盛 未之有也".

했다. (중략) 4월 계묘(6일)에 유주성 남쪽에서 서사(誓師, [역자주] : 출정 전의 훈시 및 맹서 의례)하였다. 5월 정축(10일)에 어가가 요수를 건넜다. 갑신(17일)에 태종이 친히 철기鐵騎를 거느리고 이적과 합류하여 요동성을 포위하였다.[3]

○ 정관 21년(647)에 요동도 행군대총관 이적이 신성도新城道로 나가고, 우진달牛進達이 청구도靑丘道로 나가 두 길로 병행하여 요동의 고구려로 진공했다.[4]

○ 정관 22년(648)에 청구도 행군총관 설만철薛萬徹이 누선전함樓船戰艦을 갖고 해로를 통해 고구려를 정벌하였다. 군대가 압록강에 이르러 기병奇兵으로써 대행성大行城을 습격하였다.[5]

○ 영휘 6년(655)에 영주도독 정명진程名振과 좌위중랑장左衛中郞將 소정방蘇定方이 영주에서 나아가 북로北路를 취하고 요동을 공격하였고, 귀단수(貴端水, 지금의 혼하)에서 고구려를 격파하였다.[6]

○ 현경 3년(658)에 정명진과 설인귀薛仁貴가 요하를 건너 요동에 출병했다. 정명진은 적봉진赤峰鎭에서 고구려와 싸우고, 설인귀는 횡산橫山과 석성石城에서 고구려의 대장大將 온사문溫沙門과 싸웠다.[7]

○ 현경 5년(660)에 좌효위대장군左驍衛大將軍 글필하력契苾何力과 소정방 등이 길을 나누어 요동을 정벌하였다. 고구려의 신성과 남소 등

---

3. 『구당서』 권3, 본기3 태종하. "親統六軍發洛陽 (中略) 夏四月 癸卯 誓師於幽州城南 (中略) 五月丁丑 車駕渡遼 甲申 上親率鐵騎與李勣會 圍遼東城".

4. [역자주] : 『신당서』 권2, 본기2 태종. "[정관 21년] 三月 戊子 左武衛大將軍牛進達爲靑丘道 行軍大總管 李世勣爲遼東道行軍大總管 率三總管兵以伐高麗".

5. [역자주] : 『신당서』 권220, 동이 고려 ; 『자치통감』 권198, 당기14 정관 22년 정월 丙午(25일).

6. [역자주] : 『자치통감』 권199, 당기15 永徽 6년 2월 및 5월.

7. [역자주] : 『자치통감』 권200, 당기16 顯慶 3년 6월.

의 유명한 성을 공격하여 함락시켰다.[8]

○ 용삭 원년(661)에 당 고종이 군대를 보내 부여·혼강·요동·평양·누
  방·옥저 등 6도道로 나누어 고구려를 정벌하였다.[9]

○ 건봉 원년(666)부터 건봉 2년(667)까지 이적을 요동도행군대총관으
  로 삼아 대총관의 병사를 거느리고 고구려를 치게 했다. 또 설인귀
  와 글필하력 등이 길을 나누어 군대를 모아 동정하도록 하였다.[10]

○ 총장 원년(668)에 이적과 설인귀 등이 제로諸路 군대를 통솔하여
  마침내 평양성을 공격하여 함락시켰다. 고구려왕 고장高藏을 붙잡
  아 고구려는 마침내 평정되었다. 그 고지故地에 안동도호부를 설치
  했다.

상술한 수·당대의 여러 차례에 걸친 동정은 수로의 수군을 제외하면
육로의 군대는 모두 유주와 평주로부터 동북쪽으로 임투관의 연해도로
나간 후 북쪽으로 영주(지금의 조양)로 간 다음 동쪽 요동성(지금의 요양)으
로 나아갔다. 그 가운데 요서의 영주 이남의 임투와 평주의 연해육로는
한·진 이후 역대로 통행하였음은 이미 앞의 각 장에서 상세하게 설명
했으며 고금의 교통노선은 크게 다르지 않으므로 상술하지 않겠다. 다
만 당대 영주에서 안동에 이르는 육로교통은 당대 이후에 새로 개척되
었다. 당대의 저명한 지리학자 가탐의 『황화사달기』에는 당시 변주邊州
에서 사이四夷로 들어가는 7도道가 기재되어 있는데 그 가운데 첫 번째
길이 영주에서 안동으로 가는 길이다.[11] 이 길은 요동의 내지內地를 가로

---

8.   [역자주] : 『자치통감』 권200, 당기16 顯慶 5년 12월.
9.   [역자주] : 『신당서』 권3, 고종 龍朔 원년 4월.
10.   [역자주] : 『신당서』 권3, 고종 乾封 원년 6월 및 12월.
11.   『신당서』 권43, 지리지7 기미주. [역자주] : "其後貞元宰相賈耽考方域道里之數最詳 從邊州

지르는 육로 간선이다.

『수서』와『구당서』·『신당서』및『자치통감』등에 의거하여 수·당대 여러 차례에 걸쳐 동정한 군사교통지리를 고찰해 보면 수·당대에 요서의 영주로부터 요택을 건너 동쪽으로 요동성으로 가는 교통로는 남·북·중 3도로 나눌 수 있다. 이 문제에 대하여 가장 먼저 명확한 견해를 제출한 이는 이미 고인이 된 저명한 동북사학자 김육불金毓黻 선생이었다. 그는『동북통사東北通史』에서 설명하기를, 당이 고구려를 정벌할 때, "육로의 군사는 대체로 세 길로 나뉘었다. 그 하나는 북로北路로, 이적이 통솔하여 통정진通定津에서 요수遼水를 건넜다. 통정진은 대체로 지금의 신민현 경내의 요빈탑遼濱塔으로, (중략) 또 하나는 중로中路로, 태종이 직접 통솔했다. 회원진懷遠鎭에서 요택을 넘어 요수를 건너고 마수산馬首山을 거쳐 요동성 아래에 이르러, (중략) 또 하나는 남로南路로, 장검張儉이 통솔했다. 지금의 해성현 우장牛莊 부근에서 요수 하류를 건너 곧장 건안성으로 나아갔다."고 했다. 당대 동정의 남·북·중로에 대한 김육불 선생의 지리적 고증은 다수의 연구자들에 의해 근거로 인용되고 있다. 하지만 이들 세 교통로의 교통 거점(경유지)과 노정의 방향에 대해서는 예나 지금이나 딱히 정설定說이 없다. 본장 이하에서 여러 절로 나누어서 다시 새롭게 이를 고증해 보려고 한다.

入四夷 通譯于鴻臚者 莫不畢記 其入四夷之路與關戍走集最要者七 一曰 營州入安東道 二曰 登州海行入高麗·渤海道 三曰 夏州塞外通大同·雲中道 四曰 中受降城入回鶻道 五曰 安西入西域道 六曰 安南通天竺道 七曰 廣州通海夷道".

1. 영주營州에서 안동安東에 이르는 남도南道
   - 연군燕郡·여라汝羅·요대도遼隊道

수·당대에 요서의 영주에서 안동에 이르는 남도는 사적에 기재된 내용이 상세하지 않다. 『수서』와 『당서』 및 관련 비문 등의 자료를 참고하면 이 남도는 영주에서 동남쪽 육로로 가서 대릉하 하류의 연군과 여라성을 거쳐 요택遼澤의 남쪽을 우회하여 다시 옛 요대遼隊[12]를 거쳐 안동도호부로 가는 고도古道이다. 교통로가 경유하는 지명의 순서에 따라 연군·여라·요대도라고 칭할 수 있다.

예로부터 전해오는 「당唐 좌감문대장군번흥비左監門大將軍樊興碑」에 "공公의 휘諱는 흥興이고 자字는 적경積慶으로, 안륙인安陸人이다. (중략) [정관] 19년(645)에 어가[鑾輿]가 동쪽으로 가서 요대遼隊를 습격했다."고 하였다.[13] 『자치통감』 권198([역자주] : 197)에 "영주도독營州都督 장검張儉이 호병胡兵을 거느리고 선봉이 되어 요수를 건너 건안성建安城으로 진격하였다."고 하였다.[14]

당 정원貞元 연간(785~804)에 저명한 지리학자인 가탐의 『도리기道里記』에도 당대 요서의 영주에서 요수를 건너 동쪽 안동도호부로 가는 남도南道가 명확히 기재되어 있는데, "영주에서 동쪽으로 180리를 가면 연군성에 이르며, 다시 여라수착을 거쳐 요수를 건너 안동도호부까지

---

12. [역자주] : 漢代 遼東郡 遼隊縣(삼국시기의 遼隧)으로, 현재의 海城市 서북 西四鎭 일대이다.

13. [역자주] : 『八琼室金石補正』(淸 陸增祥 輯)에서 인용. 원문 : "公諱興 字積慶 安陸人也 (중략) [貞觀]十九年 鑾輿東指 襲行遼隊".

14. [역자주] 원문 : "營州都督張儉 將胡兵爲前鋒 進渡遼水 趨建安城".

500리인데 안동도호부는 옛 한의 양평이다."고 하였다.[15]

상술한 사적에서 영주로부터 동쪽으로 연군과 여라를 거쳐 안동도호부(한의 양평)에 이르거나, 또는 남쪽으로 요대나 건안의 고성故城[16]에 이르는 육로교통은 당대 동정할 때의 남도이다. 이 육로가 영주에서 안동에 이르는 남도임을 확정하는 데 중요한 교통지리좌표는 이 교통로상에서 아래와 같은 교통요지, 즉 연군과 여라 및 요대 등의 지리적 위치이다.

1) 연군

연군은 송대宋代의 『태평환우기』에, 당대 연주燕州 요서군遼西郡 이남에 있다고 기재되어 있다. 『태평환우기』 연주 조에 "연주의 지금 요서현을 치소로 하며, (중략) 곧 연군의 북쪽이다. 양제 대업 8년(612)에 요서군을 설치하고, 요서·회원·노하 등 3현을 통할하게 했다."고 하였다.[17]

이 기사의 당대 연주 요서현은 요대遼代까지 계속 요서주遼西州로 설치되었다. 송宋 증공량曾公亮의 『무경총요』에 의하면 요대 요서주는 현주顯州 서쪽 50리, 의주宜州 남쪽 60리에 있어야 한다.[18] 고고조사에 따르면 요대의 현주는 지금의 북진묘北鎭廟 앞 고성古城에 있었다.[19] 의주는 지금의 요서지역 의현義縣의 소재지이다. 위와 같은 두 주州의 기본 좌표로써 수·당의 연주(燕州, 遼西縣)는 요대의 요서주로, 지금의 대릉하

---

15. 『신당서』 권43하, 지리지7하. [역자주] 원문: "營州東百八十里至燕郡城 又經汝羅守捉 渡遼水 至安東都護府五百里 府 故漢襄平城也".

16. [역자주] : 建安城은 盖州市 서북 靑石嶺의 高麗城山城.

17. 『太平寰宇記』 권71, 河北道. [역자주] 원문: "[燕州] 今理遼西縣 (中略) 乃燕郡之北 煬帝大業八年(612) 爲置遼西郡 并遼西·懷遠·瀘河三縣以統之".

18. 『武經總要』 前集 권22, 北蕃地理.

19. [역자주] : 지금은 顯州의 치소를 북진시 시가지에 있는 廣寧城으로 보고 있으며, 북진묘 앞의 고성은 乾州城址로 비정한다.

하류 동안의 의현 동쪽([역자주] : 동남쪽), 북진 서쪽([역자주] : 서남쪽)의 왕민둔王民屯 일대에 위치한다고 비정할 수 있다. 근래에 왕민둔에서 금대金代의「요서진석비遼西鎭石碑」가 발견되어, 수·당의 연주 요서군(현)이 바로 요대 요서주와 금대 요서진이며, 모두 지금의 의현 동남쪽 왕민둔 지역에 있었음이 더욱 확증되었다. 그 지리좌표는 동경 121° 20′, 북위 41° 25′이다.

당대 연주 요서군이 지금의 의현 왕민둔 일대에 있었다고 확정한 다음에『태평환우기』에 기재된 "[당의] 요서군은 연군의 북쪽에 있다."고 한 방향에서 보면 당대 요서교통의 중진인 연군성의 그 상대적 위치는 왕민둔 약간 남쪽에 있어야 한다. 당 가탐의『도리기』에서 "영주(지금의 朝陽)에서 동쪽으로 180리를 가면 연군성에 이른다."고 한 사실에 의거하면 당대 연군을 지금의 의현 남쪽 대릉하 하류의 칠리하진七里河鎭 일대에 두었다고 할 수 있다. 지금의 의현 칠리하진 동북의 개주성촌開州城村을 살펴보면 요대 해북주海北州 개의현開義縣 고성古城 유적이 있으며 칠리하 일대에서는 또 여러 차례에 걸쳐 한대부터 수·당대에 이르는 문물이 출토되었다. 그 개주성은 서북쪽으로 조양과 160여 화리華里 떨어져 있다.『당서』에서 "영주에서 동쪽으로 180리를 가면 연군에 이른다."고 한 내용과 일치하며 방향과 거리 역시 기본적으로 서로 부합된다. 그 밖의 요대 해북주도 예나 지금이나 본래 대릉하 하류의 교통간선이다. 당말~오대 때 후진(後晉 : 936~947)의 소제(少帝 : [역자주] : 또는 出帝)인 석중귀(石重貴, 914~964)는 거란의 포로[北擄]가 되어 금주에서 해북주를 거쳐 남도 동쪽 대릉하와 요하를 건너 십삼산十三山을 지난 후 동쪽으로 해주(지금의 요령성 海城)에 이르렀다.[20] 이를 종합적으로 고찰

---

20.   王綿厚,「後晉末帝北遷經行地名考」,『社會科學輯刊』1988-6.

해 보면 당대에 영주로부터 동행하는 남도의 첫 거점[首鎭]인 연군성은 의현 칠리하진의 요대 해북주 즉 지금의 개주촌 고성에 있었다고 추정된다. 이는 수·당과 오대 및 요·금 시기의 교통지리와 부합한다.

2) 여라성

사적에 여라란 지명은 북위 이전에 처음 보인다. 당대에 설치한 여라 수착성은 요서의 교통과 군사 진성鎭城의 하나였다. 먼저 역도원酈道元의『수경주』에서 "투수(渝水 : 대릉하 하류)는 또 동남쪽으로 흘러 어떤 고성 故城의 동쪽을 지나는데, 항간에서는 여라성이라고 한다."고 하였다.[21]

역도원의『수경주』는 적어도 북위 시기에 지금의 요서 대릉하 하류의 서안에 이미 여라성이 있었음을 말해준다. 그 후 당 가탐의『군국현도기郡國縣道記』에도 "양제(煬帝 : 大業) 8년(612)에 요서군을 설치하여 돌지계 突地稽를 태수太守로 삼고 영주 동쪽 여라성을 다스리도록 하였다."고 명확히 기재되어 있다.[22]

가탐의『군국현도기』기록은 당시인이 당시의 사실을 기록한 것이어서 매우 중요한 사료적 가치를 가지고 있다. 그곳에는 여라성이 영주의 동쪽 200리에 있다고 명확히 기재되어 있으니 앞 條에서 "영주의 동쪽 180리를 가면 연군에 이른다."고 한 사실과 비교해 보면, 여라고성 또한 연군 동쪽 약 20당리唐里의 대릉하 서안에 위치해야 한다. 이 방위와 거리로 당대 요서의 여라고성을 지금의 요령성 의현 남쪽 개주촌 동쪽 대릉하 서안의 노군보老君堡 일대로 추정할 수 있다. 이 요서에서 동쪽으로 대릉하를 건너 요하 하류의 요택으로 진입한 후 다시 요동으

---

21. [역자주] 원문 : 渝水又東南 經一故城東 俗曰女(汝)羅城.

22. [역자주] 원문 : "煬帝八年爲置遼西郡 以突地稽爲太守 理營州東二百里汝羅城".

로 통하는 육로간선은 수·당대 영주 동쪽의 연군—여라도라고 칭할 수 있다.

상술한 영주—연군—여라를 경유하는 이 노선은 동쪽으로 대릉하 하류와 요택을 건너 요동성으로 나아가는 고도古道로, 역사상으로 보면 앞 장에서 기술한 한·위 시기에 요서의 유성으로부터 창려와 요대를 거쳐 요동의 양평에 이르는 고도이다. 이 고도 중에 대릉하 하류를 건너 요택의 남쪽을 돌아 먼저 요대성에 이른 후에 다시 동북쪽 양평으로 나아가는 노선은 바로 그 당시 위魏의 사마의司馬懿와 관구검의 군대가 요동으로 출병했던 남도이다. 이 길은 요택의 남쪽으로 우회하여 양평으로 가야했기 때문에 영주에서 동쪽으로 요양까지 전체 노정이 약 700리이다. 송의 증공량은 그의 군사지리저작인『무경총요』에서 "의주는『황화사달기』를 살펴보니 영주에서 동쪽으로 180리에 있다. [의주에서] 무릇 9개의 역을 거쳐 연군성에 이른다. 연군으로부터 동쪽으로 여라수착을 거쳐 요하를 건너 17개 역에 안동도호부까지 약 500리이다. 지금『거란지도契丹地圖』로 헤아려 보면 동경東京까지 520리이다."고 하였다.[23]

『무경총요』에서 인용한 당대의 저명한 지리학자 가탐의『황화사달기』로 보면 이 남도는 수·당에서 송·요시기까지 동북지방의 남부간선의 하나였다. 연군에서 동쪽으로 안동도호부까지 모두 17개 역, 총 520리의 거리로 추정해 보면 당대 역 간의 거리는 약 30여 리로,『신당서』백관지 역전驛傳에 "무릇 30리마다 역驛이 있고, 역에 장長이 있다."고 한

---

23. 『武經總要』前集 권22, 北蕃地理 中京四面諸州. [역자주] 원문 : "宜州 按皇華四達記 營州東北八十里 凡九遞至燕郡城 自燕郡東經汝羅守捉 渡遼(水)十七驛 至安東都 護府約五百里 今以契丹地圖校 至東京五百二十里".

기록[24]과 합치된다. 이는 당시 이 요동육로의 남도가 실제로 당대 동북지구 남부의 영주에서 안동의 경내에 이르는 표준 역도驛道였음을 증명한다. 특히 주목할만한 것은 송의 증공량이 거란지도로 헤아려 연군에서 동경까지 520리라고 한 점이다. 여기에다 가탐이 기술한 영주에서 동쪽으로 180리에 연군에 이른다고 한 이정里程을 더하면 영주에서 동쪽으로 안동까지 합계가 꼭 700리이다. 이것과 후대의 『명일통지明一統志』와 청초淸初의 『조선팔도기朝鮮八道記』에 기재된 지금의 조양에서 의현·광령廣寧의 남쪽, 반산盤山·고평사령高平沙嶺·우장牛莊을 거친 후 동북으로 요양까지 7백 리의 간선이었던 점과 비교해 보면 예나 지금이나 거리가 같다. 이는 더 나아가 한·위·수·당 이후 요동의 남도가 역대 행정구역은 많이 변했지만 교통지리상으로는 결코 큰 변화가 없었다는 사실을 증명한다. 이 노선은 천 년이란 오랜 기간 동안 쇠퇴하지 않고 동서를 가로지르는 육로간선을 형성하여 고대 동북지구의 남부 교통사상 매우 중요한 지위를 차지했고, 그러한 지위는 명·청대까지 이어졌다.

2. 영주에서 안동에 이르는 중도中道
- 회원懷遠·양평도襄平道

당대 영주에서 안동에 이르는 중도中道는 영주에서 출발하여 회원진(회원현)을 거쳐 동쪽으로 양평襄平에 이르는 간선이다. 이 육로는 사적에 자주 기재되어 있는데, 예컨대 『자치통감』의 수 대업 8년(612) 3월 "계사일(14일)에 황제가 비로소 군사를 이끌고 나아가 요수에 이르렀다. 여러

---

24.   [역자주] : 『舊唐書』는 『新唐書』의 오류. 『신당서』 권46, 百官志1 兵部. "凡三十里有驛 驛有長".

군사가 모두 모이니 물가에 큰 진영을 만들었다. 고구려 군사가 요수를 사이에 두고 저항하며 지키므로 수나라 군사가 건널 수 없었다. (중략) 황제가 공부상서工部尚書 우문개宇文愷에게 명하여 요수 서안에 세 개의 부교浮橋를 제작하도록 하였다. 이윽고 [부교가] 완성되자 부교를 끌어다 동안으로 대고자 하였는데, (중략) 이틀 만에 [다시 부교가] 완성되었다. 여러 군사가 끊임없이 계속 전진하여 동안에서 크게 전투가 벌어졌는데, 고구려 군사가 대패하여 죽은 자가 만 명을 헤아렸다. [수나라의] 여러 군사가 승세를 타고 진격하여 요동성을 포위하였는데 [요동성은] 바로 한대의 양평성이다.”고 하였다.[25]

같은 책(『자치통감』) 대업 10년(614)조에서 “가을 7월 계축일(17일)에 어가가 회원진으로 나아갔다. 이때 천하가 이미 어지러워져 징집한 병사 중에서 기일을 어기고 오지 않는 자가 많았다. 고구려 역시 지치고 피폐해졌다.”고 하였다.[26]

수대에는 세 차례 요동에 출정했지만 성과 없이 돌아왔다. 당대에 이르러 태종太宗 정관貞觀 19년(645)에 첫 번째 요동 친정도 이 길을 택했다. [정관] 19년 5월 “이세적이 진격하여 요동성 아래에 이르렀다. 경오일(3일)에 어가가 요택에 이르렀는데 진흙길이 200여 리였으니 사람과 말이 통행할 수 없었다. 장작대장將作大匠 염립덕閻立德이 흙을 깔고 다리를 만들어 군사가 지날 수 있도록 하였다. 임신일(5일)에 요택을 건너 동쪽으로 갔다. (중략) 정축일(10일)에 어가가 요수를 건너자 다리를 철

---

25. 『자치통감』 권181, 수기5. [역자주] 원문 : “癸巳 上始御師 進至遼水 衆軍總會 臨水爲大陣 高麗兵阻水拒守 隋兵不得濟 (中略) 帝命工部尚書宇文愷造浮橋三道於遼水西岸 旣成 引橋趣東岸 (中略) 二日而成 諸軍相次繼進 大戰于東岸 高麗兵大敗 死者萬計 諸軍乘勝進圍 遼東城 卽漢之襄平城也”. 책에는 癸丑으로 나오지만, 『자치통감』에 의거 수정하였다.

26. 『자치통감』 권182, 수기6. [역자주] 원문 : “秋七月 癸丑 車駕次懷遠鎭 時天下已亂 所征兵 多失期不至 高麗亦困弊”.

거하여 사졸士卒의 마음을 견고히 하고자 하였다. 마수산馬首山에 진을 쳤다. (중략) 황제가 스스로 수백 기를 거느리고 요동성 아래에 이르러 사졸에게 흙을 져다 구덩이를 메우도록 하였다."고 하였다.[27]

같은 책(『자치통감』) ([역자주] : 645년) 9월[28]에 태종이 요동 안시성에서 회군하던 도중 "을유일(20일)에 요동성에 이르렀다. 병술일(21일)에 요수를 건너는데 요택이 진흙벌이어서 수레와 말들이 움직일 수 없었다. 장손무기長孫無忌에게 명하여 [병사] 만 명을 거느리고 풀을 베어 길을 메우고, [요하의 그 수심이] 깊은 곳에는 수레를 갖고 다리를 만들도록 하였다. 황제가 직접 말의 안장에 나무를 묶어서 일을 도왔다. 겨울 10월 초하루 병신일(1일)에 태종이 포구에 이르렀다. [포구에서] 말을 세우고 길을 다지는 일을 독려하였다. [이에] 여러 군사가 발착수渤錯水를 건넜다."고 하였다.[29]

상술한 것처럼 수 양제와 당 태종의 두 차례에 걸친 요동 친정은 영주에서 출발하여 회원진을 거쳐 요택을 건넜고, 마수산에 주둔했다가 나중에 요동성 아래에 이르는 간선을 취했는데, 이 간선이 바로 수·당대에 영주에서 안동(요동성)에 이르는 육로의 중도中道이다. 이 노선 중에서 고금으로 중요한 경유지는 영주와 요동성(지금의 遼陽) 외에도 또한 회원진과 요택 및 마수산 등이 있다. 아래에서 교통로의 순서에 따라 차

---

27. 『자치통감』 권197, 당기13. [역자주] 원문 : "李勣進至遼東城下 庚午 車駕至遼澤 泥淖二百餘里 人馬不可通 將作大匠閻立德布土作橋 軍不留行 壬申 渡[遼]澤東 (中略) 丁丑 車駕渡遼水 撤橋 以堅士卒之心 軍於馬首山 (중략) 上自將數百騎至遼東城下 見士卒負土填塹". 책에서는 3월로 적었지만, 『자치통감』 원문에 의거하여 5월로 수정하였다.

28. [역자주] : 책에서는 10월로 적었지만, 『자치통감』 원문에 의거하여 9월로 수정하였다.

29. 『자치통감』 권198, 당기14. [역자주] 원문 : "乙酉 至遼東 丙戌 渡遼水 遼澤泥潦 車馬不通 命長孫無忌將萬人 翦草塡道 水深處以車爲梁 上自繫薪於馬 鞘以助役 冬十月 丙申朔 上至蒲溝駐馬 督塡道諸軍渡渤錯水".

례로 서술해 보고자 한다.

1) 회원진懷遠鎭

회원진은 수대에 처음 설치되었는데, 애초에는 회원현懷遠縣이었다. 『태평환우기』에서는 『북번풍속기北蕃風俗記』를 인용하여 "양제 대업 8년 (612)에 요서군遼西郡을 설치하고 요서遼西·회원懷遠·노하瀘河 3현縣을 아울러 통괄하도록 하였다."고 했다.[30] 대업 8년 수 양제가 설치한 요서군 회원현은 바로 이후에 동정할 때 교통로상의 회원진이란 곳이다. 이로 인하여 그 지역은 병가兵家에서 중시하였고, 당대唐代에 회원구진懷遠舊 鎭에 다시 회원수착성懷遠守捉城이 설치되었다.[31]

수·당 양대의 동정에 기록된 교통지리를 보면, 회원은 통정진通定鎭 이남, 여라성汝羅城 약간 북쪽 중도상中道上에 있어야 한다. 『자치통감』 권197 당 정관 19년(645) 조에서 "[3월] 이세적李世勣의 군대가 유성柳城 을 출발하였는데, 형세를 과시하면서 마치 회원진으로 나올 것처럼 하였지만, 군대를 숨기고 북쪽 용도로 나아가게 하였으니[北趣甬道], 고구려가 예기치 못한 데로 나갔다."고 하였다. 여름 4월 무술戊戌 초하루(1일)에 이세적이 통정진에서 요수遼水를 건너서 현도玄菟에 도착하였다. 고구려가 크게 놀라서 성읍城邑이 모두 성문을 닫고 각자 지켰다. 임인 壬寅(5일)에 요동도遼東道 부대총관副大總管 강하왕江夏王 이도종李道宗이 군사 수천 명을 거느리고 신성新城에 도착하였다."고 하였다.[32]

---

30. 『태평환우기』권71, 河北道. [역자주] 원문 : "煬帝大業八年 爲置遼西郡 幷遼西·懷遠·瀘河 三縣以統之".

31. 『신당서』권43, 지리지. [역자주] : 회원수착성은 『신당서』권43이 아니라 권39에 보인다. 권 39, 志29 河北道 安東上都護府. "天寶二年 又徙于遼西故郡城 至德後 廢土貢人葠〈有安東 守捉 有懷遠軍 天寶二載 置又有保定軍〉".

32. [역자주] 원문 : "李世勣軍發柳城 多張形勢 若出懷遠鎭者 而潛師北趣甬道 出高麗不意 夏

『자치통감』의 기록을 보면, 정관 19년(645) 이세적의 군대가 요서의 유성(영주의 치소)을 출발하여 형세를 크게 보이면서, "마치 회원진에서 나갈 것처럼"하여 속이고, 실제로는 "군대를 숨겨서 북쪽 용도로 나아가 (중략) 통정진에서 요수를 건넜다." 이로써 그 전쟁에서 회원진은 반드시 "북쪽 용도로 나아간[北趣甬道]" 통정진의 남쪽에 있어야 한다는 것이 증명된다. 이에 기왕의 역사가 중 다수는 당의 회원진이 지금의 요령성 요중현遼中縣의 요하 서안에 있었을 것으로 추정하였지만,[33] 대부분 확증을 제시하지 못하였다.

수·당대에 여러 차례 계속된 동정에 대한 교통지리 분석에 의거해 볼 때, 본서에서는 회원진이 요하 서쪽의 요중현 경내에 있었다고 추정하는 견해는 지나치게 동쪽으로 편중되었다고 생각한다. 왜냐하면 수·당대의 사적을 보면 회원과 더불어 요서·노하 두 진鎭은 모두 대릉하 유역 및 그 인근 지역에 설치되어 있었기 때문이다. 예컨대 대업 7년(611)에 수 양제는 일찍이 동정을 위하여 조령詔令을 내리기를, "그 복역服役한 바의 정부丁夫와 공장工匠으로, 유성柳城의 서쪽까지 온 자는 4년 동안 부역을 면제하고, 노하·회원의 서쪽까지 온 자는 5년 동안 부역을 면제하라."고 하였다.[34]

四月 戊戌朔 世勣自通定鎭濟遼水 至玄菟 高麗大駭 城邑皆閉門自守 壬寅 遼東道副大總管江夏王道宗 將兵數千至新城".

33. 中央民族學院編寫組, 『中國歷史地圖集東北部分資料彙編』, 69쪽.

34. 『太平寰宇記』 권70. [역자주] : 『태평환우기』에서 본문의 조서는 찾아볼 수 없다. 조서는 『책부원귀』에서 찾아볼 수 있다(권83, 帝王部83 赦宥2). "[隋煬帝大業] 八年(612) 四月丙申詔曰 (中略) 其諸郡供軍事者 並給復一年 其所役丁夫匠 至涿郡者 復二年 至臨楡關已西者 復三年 至柳城已西者 復五年 至通定鎭已西者 復七年 至渡遼鎭者 復十年". 이와 관련한 사실은 『책부원귀』 권490, 邦計部 蠲復2에도 전한다. 본문과 비교해 보면, 몇 가지 오류가 발견된다. 첫째, 대업 7년이 아니라 8년의 사실이다. 위 조서는 수 양제가 요하를 건넌 다음 반포하였다. 둘째, 유성의 서쪽까지 온 자는 4년이 아니라 5년 면역하도록 하였다. 셋째, 조서

수·당대 유성은 지금의 요서 조양朝陽에 있었다. 노하는 분명히 평로수平瀘水에서 이름을 얻었을 것이므로, 위치는 소릉하小凌河(平瀘水) 하류인 지금의 요서의 금주錦州 일대에 있었을 것이다. 그리고 노하와 더불어 서로 가깝게 동쪽에 나란히 위치하였으며, 이와 동시에 5년 간의 공역을 면제받았던 회원이란 곳은 또한 반드시 소릉하 하류에 가까운 대릉하 하류에 있어야지, 동쪽으로 요하 서안의 지금의 요중현 경내에까지 이를 수는 없었을 것이다. 당시 동정을 준비하던 군사지리를 보면, 당시에 수 양제와 그의 모신謀臣이 기본적인 군사상식을 고려하지 않고, 동정의 둔량소屯糧所인 회원진을 요하 서안과 바짝 붙여서 고구려의 무려라성武厲邏城과 거리가 지척인 지금의 요중현 혹은 신민현新民縣 경내에 설치할 수는 절대로 없었을 것이다.

이 때문에 본서는 종합적으로 추정해 보건대, 수·당대 동정의 요서·노하·회원 등 서로 가까운 3현(3진)은 모두 영주에서 가깝고 요동성과는 멀리 떨어진 요서에 설치되었다고 보는 것이 타당하다고 생각한다. 그러므로 3현은 모두 요서의 대·소릉하 유역에 분포되었다고 본다. 만약 세 곳이 모두 동정을 위한 둔병과 군량 저장의 장소로 삼았고, 또한 모두 서로 가까운 하나의 교통로상에 배치되었다면, 노하는 당연히 지금의 금주 일대에 있었고, 요서는 대릉하 하류의 의현義縣 남부에, 회원은 양자보다 조금 동쪽인 지금의 북진北鎭 남쪽의 석산진石山鎭 일대에 있었을 것이다.[35] 이렇게 비정하면 비로소 한·당 이후 요서의 유성에서 출발하여 대·소릉하를 건너 무려(북진의 남쪽)를 거쳐 요택을 건넌 다음,

---

에서 회원진과 노하진에 대한 언급은 보이지 않는다. 대신 통정진 서쪽까지 온 자는 7년 면역하도록 하였다.

35. 자세한 내용은 孫進己·王綿厚 주편, 『東北歷史地理』 제1권 4절 隋唐(黑龍江人民出版社) 참조. [역자주]: 『東北歷史地理』 제2권 제6편 제7장 제1절 및 제7편 제2장 3·4절에 보인다.

동쪽으로 양평에 이르는 고도古道의 교통과 서로 합치된다.

2) 요택遼澤

수·당대 동정할 때의 회원 중도中道는 요택을 가로질러 요동에 이르러야만 했는데, 이는 사서에 분명히 기록되어 있다. 『구당서』·『신당서』와 『자치통감』에는 수·당대에 동정할 때 모두 진흙펄 2백여 리의 요택의 험로를 어렵게 건넜음이 여러 차례 기술되어 있다. 요택의 지리적 위치에 관해서는 고금의 논자가 상당히 많지만 역시 대부분은 그 위치를 정확히 지적하지 못하고 있다.

그 원인은 요택이 결코 전적으로 구체적인 지명이나 방위를 가리키는 것이 아니라 대릉하를 건너 동행東行하여 북진의 의무려산의 남북 분수령을 넘은 후에 지금의 북진시北鎭市 여양閭陽 동쪽으로부터 서사하西沙河와 요양하繞陽河로 진입하여 곧바로 요하 우안에 이르는 여러 지류가 모여 형성된 약 2백여 리의 얕은 웅덩이와 소택지대를 총괄하여 가리키기 때문이다. 『자치통감』에 기재된 "요택을 건너 동쪽으로 요수를 지난다"는 방위로 보면 확실히 지리적 의미상의 고대 요택은 당연히 요하 이서에서 서사하 하류에 이르는 약 2백 리의 진창지대를 가리킨다.

이 지역은 예로부터 요하와 요양하 하류의 진창지대이기 때문에 요택이라 칭했는데, 예나 지금이나 위험한 길이었다. 앞장에서 설명하였듯이 동진 함화咸和 8년(333)에 전연前燕의 모용황慕容皝이 동쪽 요동에 할거하던 모용인慕容仁을 공격하고자 하여 양군이 험독險瀆에서 만났다. 험독은 한대 요동의 구현舊縣으로, 옛 터는 이미 지금의 요하 서쪽의 대안현臺安縣 손성자고성孫城子古城으로 알려져 있다. 지금의 대안현 경내는 옛날에 바로 요택의 동쪽 지역으로 여러 차례 요하의 수해가 있었다. 험독은 바로 옛날의 요택의 험지에서 이름을 얻었다. 그러므로 대릉하로부터 동쪽으로 요택을 건너 예로부터 군대가 통행했음을 알 수 있다. 다만 한여름 요수 하류의 서쪽은 요택의 진창과 인마가 다닐 수 없는 어려움 때문에 군대는 대부분 비가 적은 봄과 가을을 택하여 통행하였다.

사정이 이러하므로 교통 역시 갑절로 어려움을 겪었다. 예로부터 지금까지 요택을 건너 요서의 육로와 통하는 것은 동북 고대 도로교통사에 있어서 중요한 하나의 장章을 구성하였다. 수·당사를 통해 보건대, 수·당의 동정에서 육로의 군대가 요택을 횡단하여 중도中道의 요충지를 넘을 때, 유사 이후 채용한 방식은 물론이고 요동의 교통지리상 처음으로 채용한 방식이 있었다. 첫째 흙을 깔아 다리를 만들거나 풀을 베어 길을 메우는 것이고, 둘째 부교를 만들고 수레로 다리를 놓아 요택의 위를 건너 천험을 넘는 것이다.

① 앞에서 인용한 『자치통감』 권197에서 정관 19년 조를 보면, "[3월 경오(2일)]에 어가가 요택에 이르렀다. (중략) 장작대장 염립덕이 흙을 깔아 다리를 만들고 군대가 머물지 않고 행군하도록 하였다. 임신일(4일)에 요택을 건너 동쪽으로 갔다."고 하였다.[36]

『자치통감』 권182에서는 "요동이 오래도록 함락되지 않았다. 양제가 포대 백여만 개를 만들어 보내고, 흙을 담아 채우고 이를 쌓아서 어량魚梁 모양의 대도大道로 만들고자 하였다."고 했다.[37]

---

36. [역자주] 원문 : "庚午 車駕至遼澤 (中略) 將作大匠閻立德布土作橋 軍不留行 壬申 渡澤東".
37. [역자주] 원문 : "遼東久不拔 帝遣造布囊百餘萬口 滿貯土 欲積爲魚梁大道" 『자치통감』 권 182, 隋紀6 대업 9년 6월조. 첫머리의 遼東 원문은 遼東城이다. 인용한 구절은 양제가 요동성을 공격할 때의 일로 요택을 건널 때 사용한 방법이 아니다.

②『자치통감』권198에서와 같이 정관 19년 10월에 당 태종이 회군하여 요택을 건널 때 "수레와 말이 통행하지 못하자 장손무기에게 명하여 만 명을 거느리고 풀을 베어 길을 메우고 수심이 깊은 곳은 수레로써 다리를 만들도록 하였다."고 하였다.[38]

상술한 수·당 양대의 동정에서 진군할 때는 대부분 음력으로 4월 초였다. 이때 요택 지역의 땅은 표토表土가 얼었던 것이 풀리고 기후는 건조하였지만 하부의 언 땅은 아직 녹지 않아서 어느 정도는 적재 능력이 있었기 때문에 흙을 깔아 다리를 만드는 방법을 취할 수 있었다. 만드는 방법은 연한 진흙 위에서 포대에 흙을 넣어 차례로 놓아 양제가 요택을 건널 때의 어량 모양의 대도처럼 만드는 것이다. 이와 같은 도로상의 주행에서 "군대가 머물지 않고 행군[軍不留行]"할 필요가 있었던 까닭은 사람과 말이 통행하는 진동으로 인해서 새로 흙을 깔아 만든 다리가 적재능력을 잃고 아래로 가라앉는 것을 방지하기 위해서였다. 이것은 당 군대의 출정 도중에 많은 사람과 말이 신속히 요택을 건넌 성공적인 시험이었다.

당군이 회군 도중에 재차 요택을 지날 때는 마침 음력으로 겨울이 깊은 10월이었다. 이때의 요택의 땅은 이미 길에 살얼음이 얼어 있었다. 다만 하부는 그다지 얼지 않아서 진탕은 여전히 물렁했다. 그러므로 풀을 베어 길을 메우고 수레로 다리를 만드는 방법을 채용했던 것이다. 이 방법 또한 광활한 요택의 땅에 근거한 것으로, 가을과 겨울에는 무더기로 나서 자란 갈대와 띠가 있어서 풀을 베어 길을 메우는 방법은 현장에서 재료를 취할 수 있으니, 편리하고 또한 적합했다. 그리고 수레로 다리를 만드는 방법은 비교적 물이 깊은 구간을 해결하는 응급조

---

38. [역자주] 원문 : "車馬不通 命長孫無忌將萬人 翦草塡道 水深處以車爲梁".

치로, 그것은 부교를 가설하는 것과 방법은 다르지만 같은 효과가 있었다. 수·당대 동정할 때 고대 요택을 건너는 이들 방법은 지금까지도 육로교통에서 소택지대의 물렁한 노면을 긴급 처리할 때 빠지지 않는 일종의 유효한 조치로 요동의 육로교통사에서 기술할 가치가 있는 대목이다.

③ 수 양제의 제1차 동정 때 요수에 가로막히자 공부상서 우문개에게 명하여 요수 서안에 3개의 부교를 만들게 하였다. 이 또한 물이 깊고 물결이 급한 요하를 서둘러 건너는 좋은 방법이다. 요수는 요택 중의 주류主流로 강폭이 넓고 수심이 깊기 때문에 흙을 뿌려 다리를 만들거나 수레로 다리를 만들 도리가 없다. 그러므로 수 군대는 부교를 가설하여 서안에서 동안으로 넘어가는 방법을 택하였다. 이 방법은 고대 교통기술상의 또 하나의 창작이다. 적어도 동북 고대교통사상 처음으로 출현한 것이지만, 고금의 교통시설의 건설이란 면에서는 모두 본보기로 삼을 만한 중요한 가치를 갖는다. 부교로 요하란 천연방어선을 통과한 다음, 마수산과 양평성은 바로 수·당 군사의 공제控制 하에 들어갔다.

3) 마수산馬首山

수·당이 동정할 때에 중도로 요택을 지나고 요수를 건넌 후에 이르는 곳이 마수산으로 지금의 요령성 요양遼陽과 안산鞍山 사이의 수산首山이다. 교통지리로 보면, 요하를 건너 동쪽으로 서둘러 수산을 점령한 것은 이곳이 요양 즉 옛 양평성을 공취攻取하는 전략적인 요충이기 때문이었다. 전국시대 진나라 장군 이신李信이 연나라의 태자 단丹을 추격한 이후부터 한나라 말기 사마의司馬懿가 요동의 공손씨公孫氏를 공격하기 시작할 때까지 여러 차례의 요동 정벌에서 모두 양평성을 함락시키고자 하였다. 요하에서 동쪽 수산(마수산)으로 나아가는 길은 예나 지금이나 반드시 경유하여야 했다.

이 노선의 방향은 다음과 같다. 먼저 요수의 서쪽인 지금의 대안현 동남쪽의 험독을 거치고, 그 다음에 요수를 건너 동행하면, 지금의 요양 서남쪽 약 80리의 태자하 동안에 있는 당마채唐馬寨 일대를 경유한다. 이곳은 필자가 현지조사를 실시했는데, 지금도 여전히 요·금의 고성古城이 있으며 실제로 요대遼代의 연주고지衍州故地이다.[39] 연주는 옛 연수衍水 즉 지금의 태자하에서 이름을 얻었다. 당마채 다음으로는 태자하(옛 梁水)를 건너 곧바로 요양에 이를 수 있다. 이로부터 수·당대 동정의 중도는 회원—요택—마수산을 잇는 길의 동서를 거치는 노선으로 이미 하나하나 증거가 밝혀져 분명히 드러났다. 이는 한·당 이후 요서에서 요동을 왕래하는 육로교통의 간선의 하나였다.

3. 영주營州에서 안동安東에 이르는 북도北道
– 통정通定·현도도玄菟道

수·당대 영주에서 동쪽으로 안동도호부로 가는 남도와 중도 이북의 북도는 역사에서 통정通定—현도도玄菟道라고 부른다. 이 길은 동쪽으로 요하를 건넌 후 곧바로 신성新城에 이를 수 있기 때문에 신성도新城道라고도 부를 수 있다. 『책부원귀』에서 당 정관 19년 조(645)를 보면, "4월 무술일 초하루(1일)에 이세적의 군대가 통정진에서 요수를 건너 현도에 이르렀다. (중략) 임인일(5일)에 강하왕 이도종이 군대 수천 명을 이끌고

39.　王綿厚,「遼代衍州與 '鶴野'探考」,『遼金史論集』第3集.

신성에 이르렀다."고 하였다.[40]

이 길은 통정진에서 요수를 건너 곧바로 현도와 신성으로 나아가는 육로교통으로 사서의 기록으로 보면 당연히 수대隋代에 개설되었을 것이다. 『북사』와 『수서』의 기록에 의하면 대업 8년(612)에 "요수의 서쪽에서 적(고구려)의 무려라武厲邏를 빼앗고, 요동군과 통정진을 설치하고 귀환하였다."고 하였다.[41] 『자치통감』 권197의 원元 호삼성胡三省 주注를 보면, "통정진은 요수의 서쪽에 있다. 수 대업 8년(612)에 요동을 정벌한 곳에 설치하였다."고 하였다.[42] 『북사』와 『수서』의 통정진은 이후 당 태종 정관 19년에 "북쪽 용도로 나아가 (중략) 통정진에서 요수를 건너 현도에 이른"그 교통노선이다.

상술한 사서에 기재된 방위로 보면 북쪽 용도로 나아간 통정진은 요수(지금의 대요수)의 서안에 있었을 것이다. 예나 지금이나 이에 의거하여 대부분 통정진은 지금의 요하 서안의 요령성 신민시新民市 요빈탑고성遼濱塔古城에 있었을 것으로 추정하였다.[43] 그러나 현대 고고발견과 자연지리의 여러 조건을 감안해 추정하면, 신민현 요빈탑을 수·당대의 통정진으로 비정한 기왕의 설은 근거가 충분치 않다. 요빈탑은 요대 요주遼州 요빈현遼濱縣의 치소이기 때문에 여러 차례에 걸친 고고유적조사로 보면, 이 성이 축조된 상한 시점은 단지 요대로, 요·금대의 고성古城이었지 수·당 이전의 고성은 아니다. 그밖에도 요빈고성은 요하 서안

---

40. 『册府元龜』 권110, 帝王部. [역자주] 원문 : "四月戊戌朔 李勣師自通定濟遼水 至玄菟 (中略) 壬寅 江夏王道宗率衆數千至新城".

41. 『북사』 고려 및 『수서』 고려 참조. [역자주] 원문 : "是行也 唯於遼水西拔賊武厲邏 置遼東郡 及通定鎮而還".

42. [역자주] 원문 : "通定鎮在遼水西 隋大業八年伐遼所置".

43. 『中國歷史地圖集東北部分資料彙篇』 69쪽에 『奉天通志』를 인용한 설명.

에 바짝 붙어있고 지세가 평탄해서 이곳이 교통의 편리함은 있을지라도 산세의 험준함[山險]이란 유리함은 없다. 그리고 수·당대의 통정진은 본래 고구려의 무려라의 구지舊地에 세워졌다. 일반적인 이해에 의하면 요하 서안의 둔병과 수비를 위해 만든 고구려의 무려라성은 산험에 의지하거나 고지故地 위에 세워졌다. 이 점은 통정진이 응당 갖추어야 할 지리적 조건과 큰 차이가 있다. 수·당의 사서에서 요동 북도北道상의 통정진을 추정하면 당연히 다음과 같은 지리적 조건을 갖추어야 할 것 같다.

첫째, 교통의 요충으로, 동쪽으로 요수에 임하고 또 군대가 드나드는데 편리해야 한다. 둘째, 요하 서안의 고지대로 둔병과 수비하는 데 유리한 요해지여야 한다. 이로써 통정진의 지리적 위치를 고증하자면, 본절에서는 요하의 서안, 지금의 신민시 고대산高臺山 일대에 설치되었을 것으로 생각한다. 그 이유는 다음과 같다.

첫째, 고대산은 요하 서안의 전통적인 교통로상에 위치한다. 지금 심산철도(심양~산해관)를 끼고 신민현 고대산역에서 북쪽을 보면 1km 밖에 동서 가로로 뻗어 있는 우뚝 솟은 작은 산언덕 세 개를 볼 수 있다. 속칭 동고대자東高臺子·요고대자腰高臺子·서고대자西高臺子라고 한다. 지리적 위치는 요서 서안을 제어하기에 적당한 작은 구릉지대이다. 특히 중요한 것은 일찍이 지방지에 이미 고대산 위에 고성古城 유적이 있다고 기록된 점이다. 『동삼성고적유문속편東三省古迹遺聞續編』의 신민현 조에 의하면, "신민현([역자주] : 현 신민시)의 북쪽 50리에 대산臺山이 있는데, (중략) 산의 동쪽에 고려성高麗城이 남아 있다."고 하였다.

고려성은 요동향민의 일반 고성에 대한 통칭으로 오로지 고구려 고성古城만을 가리키지는 않는다. 근래의 고고조사와 발굴로 보면 3개의 고대산 위에서 모두 신석기시대의 고대산유형의 문화로부터 청동기시대를 거쳐 요·금시기까지 서로 지층이 바뀌면서 관련이 있는 넓은 면적의 고대 문화층이 발견되었다. 이는 고대산이 고대에 주민이 장기간 모여 살았던 요지였음을 입증하는 것이다. 이러한 사실과 고대산 동쪽에 본래 고려성이 있었다는 구지舊志의 기술은 서로를 입증해 주는 것이며 이곳을 요하 서안의 통정진通定津[武厲邏]으로 추정하는 중요한 고고학적 증거를 제공한다.

둘째, 자연지리로 보면 고대산은 요하와 유하柳河 및 양식목하養息牧河 등 세 강 사이의 평원 고지대에 위치한다. 지리좌표는 북위 42°2′, 동경 122°50′이다. 동쪽으로 요하 본류와 5km도 안 떨어져 있으며 세 강의 요충을 제어하는 삼각지대로 교통과 군사적으로 천혜의 우월한 조건을 갖추었다. 이곳에서 요하를 건너 지금의 심양·무순과 한 노선인 옛 현도와 신성으로 가는데, 그 북쪽의 요빈탑에 비해 더욱 빠른 길이다. 그래서 예로부터 군대가 반드시 경유하는 곳이었다. 고대의 병법가가 대부분 통정진에서 요수를 건넜을 뿐만 아니라 바로 근대의 곽송령郭松齡의 반봉反奉 전쟁에서 곽송령과 봉천군 양군 또한 신민시의 고대산 일대에서 전투를 벌인 적이 있다.[44]

셋째, 『성경통지』의 기술에 의하면, 통정진은 "광령현의 동쪽 180리에 있다."고 하였다.[45] 명·청대의 광령은 지금의 요령성 북진시이다. 청나라 사람이 기재한 통정진의 방위는 의외로 이처럼 상세하고 확실하나 무엇에 근거했는지는 알 수 없다. 그러나 지금의 실제 방위로 보면

---

44.   [역자주] : 郭松齡(1883~1925)은 奉天派 군벌에 속하였으나 1925년 남방혁명파에 접근한 馮玉祥의 국민군과 결탁해 張作霖에게 하야를 요구하고 동북 국민군 총사령으로 동북지방으로 진격했다가 일본의 關東軍의 저지로 퇴각하였다. 그해 12월 新民屯에서 奉天軍에 패하여 그 아내와 함께 총살되었다.

45.   『盛京通志』 권101, 古迹.

신민현 고대산은 바로 북진 동북의 약 200리 가까운 곳에 있다. 이와 『성경통지』의 동쪽 180리는 기본적으로 서로 부합된다. 만약 기왕의 설대로 요빈탑을 통정진으로 하면 북진과 서로 약 250리 떨어지게 되어 사서의 기록과 서로 큰 차이가 있게 된다. 따라서 신민시 북쪽의 고대산을 수·당대의 통정진으로 비정하면 비로소 고금의 요동 교통지리 및 고적 유물과 서로 부합된다.[46]

북도北道상의 현도 및 신성과 관련하여 말하자면, 전자는 후한·삼국 시기 이후 현도군이 세 번째 옮긴 구지舊址이다. 고구려가 요동을 점유한 이후 군을 폐지하고 현도성玄菟城이라고 불렀다. 고지故址는 제2장에서 고찰했는데 지금의 무순시 노동공원 안의 고성에 있었을 것이다. 현도구성玄菟舊城과 혼하渾河를 사이에 두고 서로 바라보는 신성은 현도구성에 대응하여 이름을 얻었는데, 고고발견과 사서의 기재에 모두 지금의 무순시 북쪽의 고이산산성高爾山山城으로 명확히 알려져 있다. 두 성은 소요수小遼水[당唐에서는 귀단수貴端水라고도 칭했다]를 사이에 두고 서로 몇 리 정도 밖에 떨어져 있지 않으며, 서로 의지하고 돕는 밀접한 관계를 가지고 호위하는 성이다. 현도군성은 한말漢末에 처음으로 세워졌으며 신성은 동진 이후, 고구려가 요하의 좌안을 점유한 후에 비로소 건립되었다. 두 성은 요동의 교통과 군사지리상 모두 매우 중요한 지위를 갖추고 있다. 그러므로 『구당서』 고려전에서 "신성은 고구려 서쪽 변경의 진성鎭城으로 최고의 요해처이다."고 하였다.[47]

수·당대의 여러 차례에 걸친 동정에서 신성 혹은 신성도新城道[渾河谷道]를 거쳐 진격한 것은 모두 5~6회였다. 진·당 이후 요동의 신성도를

---

46. 王綿厚, 「唐營州至安東陸路交通地理考實」, 『遼海文物學刊』 1986年 創刊號.

47. [역자주] 원문 : "新城爲高麗西境鎭城 最爲要害".

거쳐 진격하여 동쪽으로 소자하蘇子河를 따라 가면 목저木底와 창암蒼岩에 이르고 고구려의 고도 환도丸都로 갈 수 있었다. 정북으로는 남소南蘇와 부여扶餘 등 여러 성으로 갈 수 있으며, 동북으로는 발해의 장령부長嶺府를 거쳐 발해국의 국도인 발해왕성渤海王城에 이를 수 있었다. 동남으로는 혼하를 따라 개모성蓋牟城을 거쳐 요동성(지금의 요양)에 도달할 수 있었다. 요동의 신성은 진·당 시기 동북지방 남부의 교통 중심이며 군사 중진이었던 것이다.

안동도호부를 중심으로 한
육로의 여러 교통도

 수·당대 옛 양평을 치소로 한 안동도호부는 당 총장 연간(668~669) 이후, 요동에 속하는 주현의 정치 중심이 되었다. 도호부 치소가 무순 북쪽 신성으로 한차례 옮겨졌음에도 불구하고, 사적에서는 정원(貞元, 785~793) 시기 가탐賈耽이 『도리기道里記』를 저술할 때까지, 여전히 한漢 양평을 안동도호부라고 불렀다. 이런 까닭에 지금의 요양을 중심으로 하는 옛 양평은 수·당대 전 시기를 통해 동북 남부지방 교통의 중심지 였다.

 당시 안동도호부를 중심으로 하는 동북지역 남부(주로 요동)의 육로 교통로는 영주營州에서 동쪽으로 향하여 안동도호부에 이르는 3갈래 육로(이미 앞 절에서 살펴봄)와 영주에서 발해왕성에 이르는 조공도(다음 절에서 상세히 논함) 외에 요동 및 그 주변 경내에 3갈래의 간선이 더 있었다. 즉, 지금의 요양에서 남행하는 안시·건안도, 동행하는 오골·박작도, 동북 행하는 신성·목저·환도도였다. 아래에서 차례로 나누어 기술하기로 한다.

1. 요동성에서 남행하여 안시성安市城·건안성建安城에 이르는 길

수·당대에 요동의 안동도호부에서 남행하여 안시성·건안성에 이르는 교통로는 한·위시대 이래 요동군 치소 양평에서 남행하여 신창新昌·안시·평곽平郭에 이르는 옛 길을 그대로 이용한 것이다. 이 노선 상의 당대 저명한 교통 요지인 안시성과 건안성은 한대 안시현과 평곽현 경내에 각각 세워졌다.

이 구간의 육로는 당 가탐의『도리기』에 다음과 같이 기술되어 있다. "안동도호부(양평)에서 서남으로 건안성까지 3백 리, 옛 한의 평곽이다."[1]

송 사마광의『자치통감資治通鑑』에도 역시 "요동성(현재의 요양)에서 서남으로 3백 리를 가면 건안성에 이르는데, 한대 평곽현이다."[2]라고 되어 있다.

당의『도리기』와 송의『자치통감』에 기록된 안동도호부와 요동성은 모두 현재의 요양을 가리키며, 당 총장년간 이후 요성주遼城州로 개치改置되었다. 요동성을 좌표로 하여『도리기』기재내용에 따르면 요동성(안동도호부)에서 서남으로 3백 리를 가면 건안성에 이르는데, 거리로 추정해 볼때 건안성은 현재의 요동반도 남부 개주시蓋州市 경내에 있었을 것이다.

---

1. 『新唐書』卷43, 地理志. [역자주] : 권43 지리지가 아니라 卷43下 地理7下, 羈縻州. 인용 내용 역시 원문과 차이를 보인다. 원문 : "府 故漢襄平城也 東南至平壤城八百里 西南至都里海口六百里 西至建安城三百里 故中郭縣也 …". 이 대목은 "가탐의『도리기』 일문을 인용한『신당서』 기록에는"이라고 기술해야 마땅하다.

2. 『資治通鑑』卷197 唐紀13 太宗貞觀19年, [역자주] 원문 : "營州都督張儉將胡兵爲前鋒 進渡遼水 趨建安城〈自遼東城西行三百里至建安城 漢平郭縣地〉". 이 대목은 "『자치통감』 胡三省 주에는"이라고 기술해야 마땅하다.

1950년 이래 요령성 개주시 동북 15화리에 있는 청석관보(靑石關堡, 현재 청석령진)에서 1기의 고구려 산성이 발견되었다. 여러 차례의 현지 고고 조사를 거쳐 산성은 개주시 동북의 고구려성촌에 위치하고 있는 것으로 밝혀졌다. 성터는 산굽이를 따라 둘레가 약 10여 리다. 성벽을 따라 동문과 서문의 2개 성문이 있고, 문지는 (요동반도) 남북(을 오가는) 통로에 면해 있었기에,[3] 고구려시기의 중요한 산성이 되었다. 이곳 개주시 청석령진의 고구려 산성은 거리상으로 보아 『도리기』에 기록된 당의 안동도호부에서 건안성에 이르는 방위와 부합한다. 현재의 리수로 계산해보면 요양 남쪽으로부터 개주시 청석령까지 약 250화리인데, 당대 리수로 계산하면 대체로 3백여 리의 리수와 맞아 떨어져, 가히 당 가탐의 『도리기』 기록이 정확함을 알 수 있다. 또한 현재의 개주시 동북의 청석령산성이 틀림없이 당대의 건안성이라는 사실을 확인시켜준다.

요양에서 남행하는 한·당대의 옛 교통로상에는 건안성의 남북 가까이에, 또한 안시와 평곽 두 성이 있었으며, 이들 역시 요동 남부의 교통과 군사의 요충이었다.

안시성安市城

당대 안시성은 한·위시대 요동군 안시현의 고지故地에 있었다. 동진東晉시대 이후 고구려는 요동에서 영토를 확장한 뒤 한대의 옛 안시현 경내에 안시성을 다시 두었다. 그런데 고구려의 요동 안시성은 다만 한대 요동군 안시현의 지명을 연용한 것일 뿐, 양자의 치소가 같은 곳은 아니었다. 후대 사람은 이를 구별하지 못하고, 대개 양자를 혼동

---

3. [역자주] 조사가 거듭되면서 문지는 모두 5개로 밝혀졌다. 이 가운데 서문이 정문으로 요동반도 남북을 오가는 통로에 면해있다.

하였다. 당대 요동 남부의 교통지리로 볼때 안시성은 요동성(현재의 요양)과 건안성(개주 북쪽) 사이에 있는 지금의 해성현海城縣 경내에 있었을 것이다.

『자치통감』 권198 정관 19년 여름 6월조에는, 당 태종이 요동을 공격했을 때 "정미일, 어가가 요동성을 출발하여, 병진일에 안시성에 이르렀다"고 기재되어 있다.[4] 이 기록은 고구려 침공시 당군이 먼저 요동성을 함락한 뒤, 요동성에서 남하한 노선이다. 그러므로 같은 책 가을 7월조에는 당 태종이 안시성을 에워싸고 공격할 때, 이세적이 계책을 올려 말하기를, "건안성은 남쪽에 있고, 안시성은 북쪽에 있는데, 우리 군량과 말먹이는 모두 요동성에 있습니다"라고 하였던 것이다.[5]

당대 안시성은 요동성과 건안성 사이의 교통 요로에 위치했다고 추단하고, 아울러 요동성과 건안성의 위치 고증으로 보면, 당대 안시성은 현재의 요령성 해성시 동남 15화리의 영성자촌 고구려산성일 것이다. 이 성은 해성 남쪽의 영성자(英城子 또는 嬴城子) 동쪽 산 위에 세워졌는데, 성벽은 산등성이를 따라 흙으로 쌓았다. 둘레는 약 8리이고 성벽을 둘러서 4군데의 성문이 있다. 그 지리 좌표는 북위 40° 48′, 동경 122° 50′이다. 산성의 북쪽으로 요양(요동성)까지의 거리, 남쪽으로 개주시 청석령진(건안성)까지의 거리가 각각 120여 리로, 요동성과 건안성의 꼭 중간이 되는 교통 요로상에 있어, 사서에 기록된 당대 요동성·안시성·건안성의 위치와 부합한다. 따라서 사서의 기록을 통해 (이 곳이) 당대 요동

---

4. [역자주] 원문 : "丁未 車駕發遼東 丙辰 至安市城 進兵攻之".

5. 『資治通鑑』 권198, 唐紀14 太宗貞觀19년. "對曰 建安在南 安市在北 吾軍糧皆在遼東". [역자주] : 이세적의 헌책은 안시성 공략 때가 아니었다. 백암성의 항복 뒤, 당 태종이 안시성을 남겨두고 건안성을 먼저 공략하는 것이 어떤가 하문하자 안시성의 고구려군이 당군의 군량 보급을 차단할 것이라는 점을 들어 반대의 의견을 내면서 안시성과 건안성의 상대적 위치를 언급했던 것이다. 8월조에 기재되어 있다.

성 이남의 요충지인 안시성임을 알 수 있다.[6]

비사성卑沙城

수·당대 요동성에서 남행하여 안시성·건안성에 이르는 육로에서 요동반도 끝 바닷가에 이르면 비사성卑沙城이 있다. 비사성卑奢城이라고도 한다. 이 성의 위치는 요동반도 최남단 해륙의 요진要津이다.

『자치통감』에는 수·당대 수군이 요동을 정벌할 때 모두 먼저 비사성에 상륙했다고 기록되어 있다. 그 하나가 "수 대업 10년(614) 7월 계축, 양제의 어가가 회원진에서 이르렀다. (중략) 내호아來護兒가 비사성에 이르렀다"는 것이고[7] 다른 하나는 당 정관 19년(645) "4월 계해일 장량이 수군을 이끌고 동래로부터 바다를 건너, 비사성을 습격하였다."는 것이다.[8]

『책부원구』 제왕부에는 다음과 같이 기록되어 있다. 정관 19년 "5월 을사, 장량과 장수 정명진이 비사성을 함락했다. (중략) 이날, 이적이 군대를 요동성 아래로 진군시켰다."[9]

전술한 수·당의 요동 정벌은 모두 수륙 양군을 나누어 보낸 것이었다. 수 내호아來護兒와 당 장량의 수군이 이른 비사성卑奢城과 비사성卑沙城은 같은 곳이다. 당 정관 19년 수군은 장량이 함대를 이끌어 동래로부터 바다를 건너 요동반도 남단에 상륙하여 바닷가의 요진인 비사

---

6. 『遼寧史迹資料』(內刊本, 57쪽).

7. 『資治通鑑』卷182 隋紀6 煬帝 大業10年. [역자주] : 원문에는 비사성이 아니라 畢奢城으로 기재되었고, 胡注에서 〈卽卑沙城〉이라 하고 있다.

8. 『資治通鑑』卷197 唐紀13 太宗 貞觀19年, "張亮帥舟自東萊渡海 襲卑沙城". [역자주] : 원문에는 계해일을 명시하지 않고 있다.

9. 『册府元龜』卷117, 帝王部. [역자주] 원문 : "五月乙巳 張亮亞將程名振拔卑沙城 (중략) 是日 李勣進軍於遼東城下".

성을 취하였고, 그런 뒤에 북쪽의 건안성과 요동성으로 향하였다. 육로 군의 경우 이적이 총령하였고, 어가가 요동을 건너 (중략) 갑사 6만이 마 수산에 군영을 설치하였다. 요동성을 함락한 뒤에 다시 남쪽으로 안시 성·건안성을 공격함으로써 수륙군이 남북에서 호응하는 형세를 이루 었다. 이로써 장량의 수군이 먼저 상륙하여 이른 비사성은 현재의 요동 반도 남부의 해로 요진에 있었음을 알 수 있다. 현재의 고고 발견에 따 르면 요령성 금주시 동쪽 15화리의 대흑산 위에 유명한 고구려의 옛 산 성이 있다. "산성의 성벽은 산등성이를 따라 다듬은 돌을 쌓아올려 축 조하여 굽이굽이 기복을 이루고 있다. 둘레는 약 10리에 이른다. 산에 의지하고 바다에 면해 있어 수륙의 요충을 지키고 있다."[10] 금주 대흑산 성의 지리위치 고증에 따라, 명대인이 이미 수·당시기의 비사성(어떤 책 에는 沙卑城)으로 추정하였다.

예를 들어 명대의 『요동지遼東志』 고적조古蹟條에는 "대흑산성은 금주 성 동쪽 15리에 있다. 산 정상부에 고성이 있는데, 봉황산의 왼쪽에 있 으며, 사방 약 2리다. 성 안에는 두 개의 우물이 있다. 사면이 절벽이어 서 오직 남쪽의 문 한 곳으로만 오를 수 있는데, 어느 시대에 성을 쌓았 는지 알 수 없다. 당 장량이 수군을 이끌고 바다를 건너 사비성을 공격 하여 남녀 1천 구를 노획했다고 하였는데, 즉 이 곳으로 추정된다."[11]

상술한 이 길은 요동성에서 안시성·건안성·비사성으로 남행하는 수·당의 남정노선으로서 한·위 이래 요동 남부의 옛 길 그대로이다. 즉 제2장에서 기술한 바와 같이 한대의 양평성(요동군)에서 남행하여 신 창·안시·평곽·답씨에 이르는 육로 교통로였다. 다만 한과 당 사이에는

10.   『遼寧史迹資料』(內刊本五十八項).
11.   『遼東志』卷1, 地理, 76쪽. [역자주] : 『자치통감』에는 포로가 된 고구려인은 8천여 구라고 하 였다.

수백 년의 시간이 떨어져 있어, 요동의 행정구역은 여러 번 변하였고, 다스리는 국가도 여러 번 바뀌었다. 교통지리상 경유지經站地의 이름에도 약간의 변화가 있었다. 많은 한·위의 고성이 고구려산성으로 교체되었으나, 교통 간선의 주요 방향에는 큰 변화가 없었다. 진·당 이래의 요동 고구려 성城은 남북향으로 요하 좌안의 충적평원 동부와 발해 동안 평지 및 요동산지의 인접지대에 주로 분포해 있다. 앞으로 나가면 요동의 비옥한 평야에 닿을 수 있고 뒤로는 산성에서 방어하여 지킬 수 있다. 따라서 일련의 산성은 일반적으로 남북 교통간선의 동쪽 변연邊緣지대에 분포해 있다. 이 간선은 요동반도의 남북 육로를 종으로 관통하며, 요·금·원·명시대까지 줄곧 요동 남부를 오가는 해주海州·개주蓋州·금주金州·복주復州 등 여러 주의 육로상 대동맥이 되었고, 근대에 도로·철로가 개설된 뒤에도 유구한 역사 속에서 쇠퇴하지 않고 있다. (이하 각장에서 상론함)

2. 요동성에서 동행하여 오골성烏骨城·평양성平壤城에 이르는 길

수·당대 요동성에서 오골성으로 동행하여 압록수를 건너 평양성으로 가는 육상 교통로는 한·위시대의 고도로 소급될 수 있다. 즉 한 대 요동군 양평에서 동행하여 거취居就·무차武次·서안평西安平에 이르고 마자수(馬訾水, 또는 鴨淥水)를 건너 낙랑군樂浪郡을 오가는 군군 사이의 교통 노선이었다. 수·당시대에 이르러 이 교통선상의 중요 교통 거점은 압록수의 이서以西 지역에 있었는데, 주요하게는 여산성黎山城·오골성烏骨城 등이 있었다.

1) 여산성黎山城

수·당대 요동성에서 동남으로 압록수 양안으로 가는 고도 상의 첫 번째 관문은 여산성일 것이다. 과거 당대 요동의 여산성에 대해서는 확실히 비정할 수 없었다. 『동북역사지리東北歷史地理』제1권의 수당건치隋唐建置 부분에서는 고구려 여산성을 당대의 여산주黎山州로 고증하였는데, 곧 현재 요령성 본계시本溪市 경내의 연산관連山關일 것이다. 연산連山은 여산黎山의 음이 바뀐 것이다.[12] 이곳은 수·당 시기 이래로부터 요동성에서 동행하여 압록수에 이르는 첫 번째 관문이었다. 원元·명明시대까지 줄곧 연산관으로 불렸으며, 요양 동남의 중요한 문호門戶이자 관애關隘였다.

2) 오골성烏骨城

연산관 이동에 위치한 오골성은 고구려의 유명한 성 가운데 하나였다. 이 성은 오골산과 오골수로부터 이름을 얻었을 것이다. 오골의 산은 당 장초금張楚金이 찬한 『한원翰苑』에 『고려기高麗記』를 인용하여 "언골산焉骨山은 나라(고구려) 서북에 있는데, 오랑캐들은 옥산屋山이라고 한다. 평양성의 서북 700리 (거리에) 있다. 동쪽과 서쪽 두 산봉우리의 절벽이 천길의 높이로 서 있다. 아래에서 꼭대기까지 모두가 창석蒼石이고, 멀리서 바라다보면, (형상이) 형문荊門의 삼협三峽과 흡사하다. (중략) 고구려는 남쪽과 북쪽의 협구峽口에 성을 쌓아 (길을) 차단하였으니, 이곳이 바로 이번夷藩의 추요지樞要地이다."[13]

---

12. 孫進己·王綿厚 主編, 『東北歷史地理』 제1권 제4절, 黑龍江人民出版社. [역자주] : 『東北歷史地理』 제2권, 315쪽.

13. 『遼海叢書』 제8집 翰苑. [역자주] : 해당 원문은 다음과 같다. "高麗記云 焉骨山在國西北 夷言屋山 在平壤西北七百里 東西二嶺 壁立千仞 自足至巓 皆是蒼石 遠望嶵巍狀 類荊門三

당대에 쓰여진 『한원』 기재의 언골산은 그 방위가 매우 상세하고 명확하다. 그 위치가 평양성 서북의 7백 리 지점이라는 것으로 보아, 현재 요령성 봉성시鳳城市 경내일 것이다. 거리를 고찰해보면 지금의 평양에서 서북으로 옛 길을 따라 압록강변의 신의주와 강을 사이에 두고 마주하는 단동시에 이르는데, 약 5백 리이다. 압록강에서 다시 서북으로 나아가면 요령성 봉성시에 이르게 되는데, 대략 2백 화리가 된다. 두 노선을 합하면 바로 7백 리에 근접하게 되어, 당의 『한원』에 기재된 평양성에서 오골성까지의 거리에 부합한다. 또한 현재의 봉성시 동남 10리에 있는 봉황산 위에는 1기의 크고 웅장한 고구려 산성이 있다. 그 지리 좌표는 북위 40° 25′, 동경 124° 05′이다. 고고조사 결과, 봉성시 봉황산성은 지금까지 동북지구에서 발견된 고구려 산성 가운데 규모가 가장 큰 곳이다. 성벽은 봉황산의 동쪽과 서쪽 양쪽 벽을 돌아가며 쌓았다. 전체 길이 약 30화리다. 성 안에는 하나의 골짜기가 있고, 그 양쪽으로 높은 산이 우뚝 솟아있어, 확실히 절벽이 천길 높이로 서 있다는 형세를 보인다. 1980년 여름 필자가 이 산성에 가서 고고조사를 한 바로는 큰 돌을 차례로 쌓아올린 산성 북벽의 문지 양측 성벽은 아직도 한 단씩 돌로 쌓아올린 70여 층이 남아 있고, 높이는 대략 10여 미터에 이른다. 이 유지는 산성의 북벽에서 산 아래로 통하는 곳에 쌓은 성문이 된다.

남쪽의 산 어귀에 이르면, 옆으로 우뚝 솟은 산 어귀의 단을 지금도 확인할 수 있다. 문지는 봉황산의 남쪽 골짜기 입구를 공제하며, 봉황산성에서 남행하여 압록강변 단동에 통하는 고금의 교통 요충이다. 『고려기』의 이른바 산성의 남면협구南面峽口인 것이다. 이들 일체의 유적

峽 (중략) 高驪於南北峽口 築斷爲城 此卽夷藩樞要之所也".

은 당대 사람이 기재한 "고구려는 남북의 협구峽口를 차단하여 성을 쌓았다."는 사서 내용과 서로 부합하지 않은 것이 없다. 비록 천여 년의 풍상으로 훼손되었지만, 이 성이 당시 이번夷藩의 추요지樞要地였던 풍모는 여전히 남아 있다. 산성이 임해 있는 오골수는 고금의 요동 수도水道 지리로 볼 때 봉황산 아래 지금의 애하靉河를 가리키는 것이 분명하다. 일찍이 당의 가탐『도리기』에는 등주에서 항해하여 압록구에 들어서면 지류 오골강이 있다고 하였다.[14] 지금의 압록강 우안 하구에서 서쪽에서 합류하여 바다로 들어가는 가장 큰 하천은 애하뿐이다. 청대淸代 오승지吳承志의 『가탐변주입사이도리고실賈耽邊州入四夷道里考實』에서 이미 애하가 오골강이라고 고증하였다.[15] 현재 봉황산 위의 오골성은 바로 애하(오골강) 서안에 임해 있으니 강 이름으로 성의 명칭을 삼은 것을 볼 수 있다.[16]

당시의 교통지리로 보면, 오골성은 요동성에서 동행하여 압록수와 평양성에 이르는 교통의 요로 상에 있었다. 『자치통감』 권198 정관 19년, 당 태종이 안시성을 에워싸니, 고구려 항장降將 고연수高延壽가 상언上言하기를 "오골성 욕살은 늙어서 (성을) 견고히 지킬 수 없으니, 당군을 여기로 이동시켜 (공격하면) 아침에 도착하여 저녁 쯤이면 함락할 수 있습

---

14. [역자주] 해당 전거는 『新唐書』 卷43下, 地理志7下, "登州東北海行 … 至馬石山東之都里鎭 二百里 東傍海瑀 過靑泥浦·桃花浦·杏花浦·石人汪·橐駝灣·烏骨江八百里".

15. [역자주] 오해인 듯 하다. 오승지의 글에는 애하에 대한 언급이 없으며, 도리어 오골강을 『高麗傳』에 의거하여 '至烏骨城東鴨淥江口'라고 써야한다고 지적하고 있다(장재진, 「『당가탐변주입사이도리고실(唐賈耽邊州入四夷道里考實』 선역」, 『발해 대외관계사 자료 연구』, 2011, 390~391쪽). 오승지의 이러한 판단은 『新唐書』 高麗傳의 "群臣亦以張亮軍在沙城, 召之一昔至 若取烏骨 度鴨淥 迫其腹心 計之善者". 부분을 근거로 한 것으로 보인다. 타당한 이해라고 생각된다.

16. [역자주] 필자는 오골성의 이름이 오골강에서 유래했다고 보고 있으나, 오해라고 보인다(위의 15번 역자주 참조).

니다. 나머지는 작은 성들일 뿐이니 분명히 멀리서 (당군의) 기세만 보고 서도 도망치고 무너질 것입니다. 그런 뒤에 (저들이 남긴) 군량과 물자를 수습하고 북을 두드리며 나아가 전진하면 평양성은 반드시 수비하지 못할 것입니다."[17]고 하였다.

상술한 당대 요동성(안동도호부)에서 동행하여 여산성·오골성에 이르고 압록수를 건너 곧장 평양성으로 나아가는 교통로는 바로 한·위시대의 요동군치 양평성에서 동행하여 요동군 동부도위東部都尉 무차현武次縣에 이르고 마자수(압록수)와 浿水(패수, 청천강)을 건너 낙랑군치─지금의 북한 대동강 하류 평양─에 이르는 고대 교통 간선幹線의 하나였다.

3. 요동성에서 동북행하여 신성新城·목저성木底城· 환도성丸都城에 이르는 길

수·당대 요동성에서 동북행하여 신성·목저성·환도성에 이르는 길, 역시 양진兩晉시대 이래 요동에서 고구려 옛 도읍으로 들어가는 고도古道를 계승한 것이다. 이 노선의 전반부는 안동도호부(요동성)에서 동북으로 나아가 신성에 이르는 노선으로,『신당서新唐書』지리지에 가탐의『변주입사이도리기』기록을 인용하여 비교적 명확히 기술하고 있다 ; "(안동)도호부에서 동북행하여 옛 개모성·신성을 거치고, 다시 발해 장령부長嶺府를 지나, 1,500리를 가면 발해왕성에 이른다. (중략) "[18]

『도리기』에 기재된 이 교통노선은 당대 장령長嶺─영주도營州道라고

---

17. 『資治通鑑』卷198 唐紀13 太宗 貞觀19년. [역자주] 원문 : "烏骨城耨薩老耄 不能堅守 移兵臨之 朝至夕克 其餘當道小城 必望風奔潰 然後收其資糧 鼓行而前 平壤必不守矣".

18. 『新唐書』卷43下 地理7下 羈縻州, "自都護府東北經古蓋牟新城 又經渤海長嶺府 千五百里至渤海王城".

불리웠다. 안동도호부에서 신성에 이르는 이 구간은 비교적 짧지만, 이 영주도는 신성에 이른 뒤, 고도가 다시 동북과 동남 두 방향으로 나뉘었다. 동북방향으로 가면 장령부를 지나, 발해왕성에 이를 수 있었고, 동남방향으로 가면 목저성·창암성蒼岩城을 지나 환도성으로 통하였다.

이 두 줄기 고도의 교통 요지와 교차점은 소요수(小遼水, 현재의 혼하渾河) 북안의 신성, 즉 현재 요령성 무순시撫順市 북쪽에 있는 고이산성高爾山城이었다. 신성으로부터 갈라진 길은 동북방향으로 가면, 혼하를 거슬러 송화강松花江 상류 휘발하輝發河로 들어가는 하곡도河谷道로, 발해 장령부(현재 길림성 樺甸市 蘇密城)를 거쳐 1,500리를 가면 발해왕성에 이르게 되니, 현재 흑룡강성黑龍江省 영안시寧安市 동경성東京城 소재의 발해진渤海鎭이다.

만일 신성에서 혼하를 거슬러 동남방으로 나아가 소자하蘇子河 하곡도로 들어가면, 고구려 옛 도읍인 환도성과 국내성으로 통하는 남협南陜의 길로 들어가게 된다. 이 교통로상에서 환도성에 이르기 전까지의 교통 요지로는 목저성木底城·창암성蒼岩城·가물성哥勿城 등이 있는데, 구체적인 위치는 아래와 같다.

1) 목저성木底城

목저성은 앞장에서 살핀 바에 따르면, 이전까지 대개 현재의 요령성 신빈현新賓縣 소자하蘇子河 하류의 목기진木奇鎭으로 비정해 왔다. 고금의 교통 지명으로 추단해 볼 때 옛 목저성은 지금의 신빈현 목기진 일대에 있었다고 보는 것이 방위로 보아서는 대체로 틀림없겠으나, 고고 유적과 문물의 특징을 검토해보면 소자하 연안의 목기진에는 고구려 고성지와 유물이 없다. 그러나 목기진에서 서북쪽으로 약 15화리 떨어진 상협하진上夾河鎭 오룡촌五龍村에서는 1기의 중요한 고구려 산성이 발견되었다. 이 산성의 지리좌표는 북위 41° 50′, 동경 124° 30′으로, 소자하 북측의 오룡산 아래를 지나가는 교통로를 장악하고 있다. 사서에 기록된 목저도는 고구려로 통하는 남협지도南陜之道와 서로 부합할 것이다. 이에 상협하진 오룡산성은 진晉·당唐시기 신성에서 목저성·환도성으로 통하는 경로 상의 중진이었던 목저성일 것이다. 당 총장 연간(668~670)에 요동을 확보한 당은 이곳에 목저주木底州를 설치하였다.

2) 창암성蒼岩城

창암성은 목저성과 마찬가지로, 남도로부터 고구려의 옛 도읍 환도성에 이르는 또 하나의 교통 요충이었다. 신·구당서의 기록에 의거해 볼 때, 요동의 신성을 기점으로, 목저성과 창암성 두 성은 신성에서 떨어져 하나의 교통노선 상에 있었으며, 목저성·창암성의 순으로 신성과 떨어져 있었다. 이에 근거할 때, 앞에서 고찰한 바처럼 목저성은 지금의 신빈현 상협하향 오룡산성이기에 같은 소자하 곡도상에서 동쪽으로 치우쳤던(신성에서 좀더 떨어져 있던) 창암성은 최근의 고고발견을 참고로 하면, 목저성에서 동쪽으로 60여 리 떨어진 신빈현 영릉진 북쪽의 소자하 우안에 있는 두도립자산성頭道砬子山城으로 추정된다. 당은 요동을 확보한 뒤, 이곳을 목저주로 삼았다.

3) 가물성哥勿城

가물성은 신·구당서에 안동도호부 예하의 가물도독부哥勿都督府로 기재되어 있다. 『신당서』 천남생전泉男生傳에 "(남생이) 가물성·남소성·창암성을 들어 항복하였다"고[19] 한 것에서 가물성이 남소성·창암성의 두 성과 경계를 접하거나 가까이 있었던 요동의 고구려성 가운데 하나였음

을 알 수 있다. 한국의 옛 사서인『삼국사기三國史記』에는 동명성왕東明
聖王 3년, "비류국이 고구려에 항복해오니, 다물도로 삼았다."고[20] 하고
있다.『삼국사기』의 다물도는『신당서』에 보이는 가물성의 다른 음일 것
이기에, 가물도는 이전의 비류국이었고, 옛 비류수 즉 지금의 혼강渾江
지류인 부이강富爾江에서 이름을 딴 것이다. 여기에서 옛 비류국과 가물
성은 모두 지금의 부이강 유역에 있었으며 부이강 곡도 상의 중요한 고
구려 산성이었다는 사실을 알 수 있다.

이상의 문헌기록과 최근의 고고발견을 참고해 볼 때, 가물성은 요령
성 신빈현 홍묘자향紅廟子鄉에 있는 1기의 흑구黑溝 고구려산성으로 비
정된다. 이 성은 부이강 지류 서안과 지류 북안에 자리잡고 있다. 서쪽
으로 소자하 상류의 공도와 연접하고 있어, 목저성·신성으로 나아갈
수 있으며, 동쪽으로 나아가면 부이강·혼강의 공도로 들어가 집안시의
고구려 옛 도읍 환도성과 국내성에 이를 수 있다. 소자하와 부이강이
합쳐지는 분수령의 교통 요지 상에 자리잡고 있는 고구려산성은 교통
지리면에서 중요한 의미를 가진다. 앞에서 살핀 부이강은 옛 비류수로,
비류국의 도읍은 부이강 유역에 세워졌을 것이다. 가물성이 비류국의
옛 도읍이었다면, 반드시 부이강 유역에 있었을 것이다. 당은 요동을
확보한 뒤, 고구려 가물성의 항복을 받은 뒤 여기에 가물주를 두었다.
상술한 지리방위와 자연지리 좌표를 분석해볼 때, 현재의 요령성 신빈
현 흑구 고구려산성이 요동의 신성·목저성으로부터 동북쪽으로 환도성
과 국내성으로 가는 교통노선 상 중진의 하나였던 가물성일 것이다.

---

19.   『新唐書』권110. [역자주] : 원문은 다음과 같다. "詔契苾何力率兵援之 男生乃免 (중략) 擧哥
勿南蘇倉巖等城以降.
20.   [역자주] : 동명성왕 3년이 아니라 2년 6월조의 일이다. 원문은 다음과 같다. "松讓以國來降
以其地爲多勿都. …"

이상에서는 혼하·소자하·부이강·혼강修佳江을 경유하는 네 갈래 하곡 육로를 기술하였는데, 요동의 중심인 신성으로부터 곧바로 고구려의 옛 도읍에 이르는 동서의 교통로는 진·당시기 사서에서 남협南陝의 길로 불리기도 하였다. 이 길은 고구려가 서한 말기, 평제平帝 원시元始 3년(서기 3) 압록강 상류의 집안 국내성으로 천도한 뒤, 343년(고국원왕 13) 평양平壤으로 다시 도읍을 옮기기까지 2백여 년간, 동북 남부의 주요 세력들이 이용한 교통로였다. 4세기 중엽, 고구려가 평양으로 천도한 뒤에도, 이 길은 고구려의 서부지역에서 중요한 교통노선으로서의 지위를 잃지 않았다. 수·당시기 요동을 동정했던 군대의 여정과 소하자·혼강과 압록강 상류에서 벌어졌던 많은 전투가 이 경로 상에서 있었다. 8세기 전후에 이르기까지 혼하·소자하·혼강·부이강을 따라서 압록수로 이르는 이 하곡 육로는 동북지방 남부의 세력이 사방으로 교통하는 주요한 간선의 하나였음을 알 수 있는 것이다.

당대 발해의 수륙교통도

발해는 건국 후에 남쪽으로 신라와 경계를 정하고, 북쪽으로 여러 부족을 경략하여 강역을 확대하였다. "남쪽으로는 신라와 니하泥河를 경계로 삼았고, 서남쪽은 압록강 박작구泊汋口와, 남쪽으로는 장령부長嶺府로 당과 경계를 삼았으며, 동쪽은 바다와 서쪽은 거란과 경계를 삼았다. 동북은 흑수말갈에 이르렀으며 서북쪽은 실위室韋에 이르렀다."[1] "땅이 사방 5천 리였으며 호구는 십여 만이고 상비군은 수만이다"[2] 이었으며 5경 15부 62주 120여 현을 두었다. 경내에 물산이 풍부하고 교통이 발달하여 "마침내는 해동성국이 되었다."[3]

발해는 상경용천부를 중심으로 당나라와 이웃 민족이나 국가와 왕래하는 다섯 교통로를 열었는데, 즉 "용원龍原의 동남쪽 연해는 일본도日本道이고, 남해는 신라도新羅道이다. 압록鴨綠은 조공도朝貢道이고, 장령

---

1. 金毓黻, 『東北通史』上篇 29쪽, 社會科學戰線雜誌社. [역자주] : "南與新羅 以泥河爲界 西南以鴨綠江泊汋口 及長嶺府之南境 與唐分界 東際海 西界契丹 東北至界黑水靺鞨 西北至室韋".
2. 『新唐書』卷219, 北狄列傳 渤海. [역자주] : "地方五千里 戶十餘萬 勝兵數萬".
3. 『新唐書』卷219, 北狄列傳 渤海. [역자주] : "遂爲海東盛國".

長嶺은 영주도營州道이며, 부여扶餘는 거란도契丹道이다."[4] 그 가운데 압록조공도가 가장 중요하였는데, 당의 사절과 발해의 조공사절이 빈번하게 왕래하여, 발해의 정치·경제·문화 발전에 중요한 영향을 끼쳤다.

발해가 당과 이웃 민족이나 국가와 통행한 다섯 수륙교통로를 나누어 아래와 같이 서술한다.

1. 조공도朝貢道

이 길은 수륙교통로이다. 이 교통로의 경유지와 노선에 대해서는, 『신당서』 지리지地理志에 가탐賈耽의 『도리기道里記』가 인용되어 있다. "등주登州에서 동북쪽 바다로 가서 대사도大謝島·구흠도龜歆島·말도末島·오호도烏湖島의 3백 리를 지나, 북으로 오호해烏湖海를 건너 2백 리 떨어진 마석산馬石山의 동쪽 도리진都里鎭에 이른다. 동쪽의 바닷가를 따라 청니포靑泥浦·도화포桃花浦·행화포杏花浦·석인왕石人汪·탁타만橐駝灣·오골강烏骨江의 8백 리를 지난다. (중략) 압록강 하구에서 배로 백여 리를 가서, 작은 배로 동북쪽 30리를 거슬러 가면 발해의 경내인 박작구泊汋口에 이른다. 또한 5백 리를 거슬러 가면 옛 고구려의 수도인 환도현성丸都縣城에 이르고, 또 동북쪽으로 2백 리를 거슬러 가면 신주神州에 도달한다. 또 육로로 4백 리를 가면 천보天寶연간(742~756)에 도읍했던 현주顯州에 이르고, 정북正北으로 6백 리를 가면 발해왕성에 이른다."[5] 압록조공도鴨綠朝貢道는 가탐이 『도리기』에서 설명한 등주에서

---

4. 『新唐書』 卷219, 北狄列傳 渤海. [역자주]: "龍原東南瀕海 日本道也 南海 新羅道也 鴨綠 朝貢道也 長嶺 營州道也 扶餘契丹道也".

5. 『新唐書』 地理志2. [역자주]: 출전은 『新唐書』 卷43下, 志33下 地理7下가 옳다. "登州東北 海行 過大謝島·龜歆島·末島·烏湖島三百里 北渡烏湖海 至馬石山東之都里鎭二百里 東

바다로 발해에 가는 길이다. 이 길은 우선 당의 수도 장안에서 동쪽으로 가서 등주에 이른다.

등주는 여의如意 원년(692)에 두어졌는데, 당시의 주치州治는 등주의 모평牟平이었다. 신룡神龍 3년(703)에 주치를 봉래蓬萊로 옮겼는데,[6] 이곳에서 동북으로 항해하면 요동반도 남단에 이르는데 예로부터 있던 항로이다. 평로치청절도사겸압신라平盧淄靑節度使兼押新羅·발해양번사渤海兩蕃使 이정기李正己가 산동山東에 할거했을 때, 등주성에 발해관渤海館을 설치하여 발해와 무역을 했다. 이곳에서 "발해의 명마를 거래했는데 해마다 끊이지 않았다."[7] 이를 통해 등주가 단지 항구일 뿐만 아니라 발해와 무역을 진행한 곳이라는 것을 알 수가 있다. 등주[오늘의 산동성 봉래]에서 동북으로 바다를 건너가, 대사도(大謝島, 오늘의 장산도로 추정)·말도(末島, 오늘의 묘도로 추정)·구흠도(오늘의 타기도나 흠도로 추정)·오호도(오늘의 황성도로 추정)를 지난다. 몇몇 섬은 지명비정에 어려움이 있지만, 모두 산동성 관할 묘도군도廟島群島에 있는 섬임은 분명하다. 북쪽으로 오호해를 건너다는 지금의 발해해협이다. 여기를 경유하여 마석산 동쪽의 도리진에 이른다. 마석산은 오늘날 여순구旅順口의 노철산老鐵山으로 도리진은 여순이다. 여순 황금산黃金山 기슭의 「최흔정란제명각석崔忻井闌題名刻石」 일명 「홍려정각석鴻臚井刻石」은, (도리진이) 당과 발해가 왕래할 때 반드시 거치는 지역임을 보여주는 유력한 증거이다. 지금의 여순에서 요동반도 동해안을 따라 동북으로 가면 청니포를 지나는데, 청니포는 청니와

傍海壖 過靑泥蒲·桃花浦·杏花浦·石人汪·橐駝灣·烏骨江八百里 (중략) 自鴨綠江口舟行百餘里 乃小舫泝流東北三十里至泊汋口 得渤海之境 又泝流五百里 至丸都縣城 故高麗王都 又東北泝流二百里 至神州 又陸行四百里 至顯州 天寶中王所都 又正北如東六百里 至渤海王城'.

6. 『新唐書』 地理志2.

7. 『舊唐書』 卷124, 李正己傳. [역자주] : "貨市渤海名馬 歲歲不絕".

淸泥洼로 대련大連의 옛 호칭이다. 여기에서 다시 요동반도 동안을 동북쪽으로 가서 도화포·행화포·석인왕·탁타만을 경유하여 오골강烏骨江에 이른다.

오골성烏骨城이 지금의 애하靉河상류의 봉황산산성(鳳凰山山城, 봉성현 동남쪽 10리)에 있다는 정황으로 볼 때,[8] 오골강은 지금의 애하이다. 박작구가 압록강에서 백여 리 떨어져 있다는 기술로 보면, 박작구는 지금의 애하와 압록강이 만나는 곳이다. 이른바 "작은 배로 동북쪽 30리를 거슬러 가면 발해의 경내인 박작구에 이른다."라는 기술은, 지금의 애하하구에서 위로 거슬러 올라가는데, 강폭이 좁아 작은 배로 바꾸어 동북으로 30리를 가서 박작구에 이른다는 것으로, 이곳을 경유하여 발해 경내로 진입한 것이다. 여기서 설명한 박작구는 애하하구를 가리키는 것이 아니라 박작성을 가리킨 것이다. 문헌에 "작은 배로 동북쪽 30리를 거슬러 가면 박작구에 이른다."라고 기술된 것은, 압록강을 거슬러 간다는 것이 아니라 애하를 거슬러 올라감을 가리킨다. 만일 압록강을 거슬러 동북으로 가는 것을 가리킨다면, 작은 배로 바꾼다는 것은 말할 필요도 없을 것이다. 동시에 오골강 하구 즉 지금의 애하하구에서 동북으로 30리를 가면, 오늘의 단동시丹東市에서 동북으로 30리에 있는 애하첨고성靉河尖古城에 이른다.

이 성에서는 일찍이 한대漢代 승문와繩紋瓦·오수전五銖錢[9]·안평와당安平瓦當이 출토되었다.[10] 출토된 유물 가운데 특히 안평와당을 통해 보면, 박작구 압록강 북쪽의 한대 안평현安平縣 고지故地의 기록과 부합하여,

---

8. 『遼寧史蹟資料』, 73쪽.
9. 『遼寧史蹟資料』, 53~54쪽.
10. 曹汛, 「靉河尖古城和漢安平瓦當」, 『考古』 1980年 6期.

사료에서 말한 박작구는 박작성이고, 한대 안평현 옛터는 지금의 애하 첨고성이다. 『한서』 지리지에서 이른바 "마자수馬訾水는 (중략) 서남에서 서안평에 이르러 바다로 들어간다"는 마자수가 안평현 경내에서 바다로 흘러든 것이지, 안평현 소재지에서 바다로 흘러든 것을 가리키는 것은 아니다. 따라서 어떤 학자가 고금의 하천 길이 변천이 있어서, 오골강이 지금의 애하와 압록강이 합류하는 곳으로 당대의 압록강하구라고 설명[11]하는데 이는 부정확한 것이다. 왜냐하면 "압록강 하구에서 배로 백여 리를 가서, 작은 배로 동북쪽 30리를 거슬러 가면 박작구에 이른다." 라는 기술과 부합하지 않기 때문이다. 애하첨고성에서는 한대 문물이 출토될 뿐이 아니라, 요·금대의 도자기 조각도 출토되었다.[12] 문헌에 기록된 금대 파속부婆速府·원대 파사부婆娑府의 치소가 있던 곳의 위치와 부합하여, 파속·파사는 박작의 음이 변한 것이다. 따라서 지금의 단동시 애하첨고성은 한대의 안평현·당대 발해의 박작성·금대 파속부·원대 파사부의 옛 터이다. 이곳은 요동(지금의 요양)에서 평양 사이의 교통 요충지이며, 또한 병가兵家에서 말하는 반드시 쟁취해야 할 땅이다.

박작성에서 압록강을 거슬러 500리를 가면 환도현성 즉 지금의 집안현성集安縣城에 이른다. 동북으로 200리를 거슬러 가면 신주神州 즉 지금의 길림성 임강시臨江市에 이른다. 지금의 임강시 북쪽 문성가文成街 중부에 성벽의 일부가 남아있는데 남은 길이는 30m 전후, 높이는 0.5m 정도이고, 아울러 민 바탕에 포문布紋·승문繩紋이 있는 통와筒瓦가 나왔는데 발해유물의 특징을 가지고 있다.[13] 출토된 유물과 문헌기록

---

11. 『滿洲歷史地理』 제1권 385쪽.

12. 『遼寧史蹟資料』, 53~54쪽.

13. 『渾江市文物志』, 24~29쪽.

에 있는 서남쪽으로 환도(지금의 집안)와 200리 떨어져 있는 정황으로 보면, 발해 신주는 바로 서경 압록부의 소재지로 지금의 임강시 내의 발해고성渤海古城이다.

신주(지금의 임강시)에서 동북 육로로 바꾸어, 현주顯州를 거쳐 상경용천부上京龍泉府에 이른다. 과거에는 대개 화전시樺甸市 소밀성蘇密城을 중경현덕부中京顯德府 즉 현주顯州의 소재지로 보았으나, 이는 명확한 착오로 최근 고고학 조사 자료의 실증에 의해 지금은 연변延邊 화룡시和龍市 서고성西古城을 발해 중경현덕부 소재지로 본다.[14] 신주에서 현주에 이르는 육로교통선은, 발해고성의 분포상황을 통해 볼 때 신주에서 응당 동북으로 가서 지금의 무송현성撫松縣城에 이른 뒤에야 다시 동쪽으로 갔을 것이다. 무송시는 하나의 큰 분지로 송화강이 북·서 양측에서 흘러가는데, 현성縣城이 있던 버스터미널 유류저장고 안에서 일찍이 발해시대의 유적이 발견되었다. 1977년 7월 조사 당시에 홍갈색과 황갈색 포문 와편, 그리고 홍갈색과 회색의 세니도편細泥陶片을 발견하였다. 현지 노인의 말에 따르면, 과거에 이곳에서 연화문와당과 철촉이 나왔다고 한다. 무송현성 서쪽과 송화강 서안에, 과거에는 수많은 적석묘가 있었다.

이외에 무송현 서쪽 10여 리 정우현靖宇縣 유수천촌榆樹川村에는 두 개의 발해성이 있다. 하나는 송화강 남쪽에 있어 유수천성榆樹川城이라 하며, 둘레는 약 3리이고 발해 니질회도泥質灰陶와 통와 잔편이 출토되었다.[15] 다른 하나는 송화강 북쪽에 있는데, 무송시 송교향松郊鄕 신안촌新安村 안에 있어 신안성이라 불리고 발해 연화문와당 등의 유물이 출토

---

14. 李健才, 「東北史地考略」, 41~45쪽.

15. 「靖宇縣文物志」, 45~49쪽.

되었다.[16] 두 성은 송화강 남북으로 서로 떨어져 있고, 모두 강가의 가파른 절벽 위에 있는 비슷한 산성이다. 일대의 자연지리상황 및 발해고성과 교통노선에 끼치는 영향을 보면, 임강에서 무송에 이르는 구간은 모두 산이 높고 가팔라서 단지 하천연안의 평지와 현재의 철로·국도 교통로만으로 통행이 가능하고, 통행할 수 있는 다른 도로는 없다.

　무송현성의 발해유적은 주위가 산으로 둘러 싸여 있고, 북쪽과 서쪽 양면이 강에 임해 있고 가운데는 넓은 땅이 있는 분지로, 지리환경이 유수천의 두 성에 비해 우월하다. 특히 풍주豊州에서 동쪽으로 현주에 이르는 노선을 보면, 지금의 무송현성에서 갔지 무송현성 서쪽의 두 성에서 동쪽으로 가지는 않았을 것이다. 따라서 무송현성의 발해유적은 당연히 발해 풍주의 소재지이어야 한다. 유수천촌의 두 산성은, 당연히 풍주의 위성 혹은 관할 현성의 소재지일 것이다. 풍주 즉 지금의 무송현성에서 동쪽으로 가면, 완전히 고산지대로 단지 하천 양안 혹은 지금의 철로·국도 연선을 따라 통행하여 그밖에 다른 도로는 없다. 무송에서 동쪽으로 가서 지금의 천양泉陽·노수하露水河를 거쳐 동쪽으로 가면 안도현安圖縣 이도백하진二道白河鎭 서북쪽 12리에 있는 보마성[報馬城 또는 보마성寶馬城]에 이른다. 고성古城은 보마둔寶馬屯 동남쪽 1리에 있는데 둘레는 468m이고 성안에 대량의 전와磚瓦가 있고, 안에는 요·금과 청대의 와편과 아울러 일찍이 발해 지압문指壓紋 판와板瓦가 채집되기도 하였다. 흥주興州가 중경(지금의 화룡 서고성) 서남쪽 300리 방향에 있다는 것을 보면, 보마성과 그 북쪽 3-40리에 있는 앙검산성(仰臉山城, 발해 시기 지압문 기와 출토)은,[17] 당연히 발해 중경 관할인 흥주의 소재지여

16.　『撫松縣文物志』, 40~48쪽.
17.　『安圖縣文物志』, 56~57쪽.

야 한다.

현지 노인의 소개에 따르면 노수하 혹은 보마성에서 앙검산성에 이르는 길은, 비록 산 사이에 작은 길이 있지만 통행하기가 매우 어렵다고 한다. 따라서 노수하에서 동쪽으로 이도백하의 보마성에 이르거나, 혹은 보마성에서 동쪽으로 안도현성에 이르는 도로가, 그나마 통행하기 평탄해서 그밖에 도로는 없다.

안도현성에서 서북으로 가서 영경향永慶鄕을 거쳐 유수둔柳樹屯에 이르고, 유수둔에서 부이하富你河를 따라 서북으로 가서 대포시하진大浦柴河鎭에 이른 뒤에 여기서 북쪽으로 가서 목단강을 따라 돈화[敦化, 구국舊國]에 이른다. 당 현종 개원 원년(713)에 낭장 최흔崔忻을 발해에 파견했을 때, 당시 발해의 왕도는 구국(지금의 돈화)에 있었다. 따라서 이 구간의 노선은 바로 최흔이 간 육로교통로에 해당한다. 현주 즉 중경현덕부에 이르는 노선은, 즉 안도현 영경향 유수둔에서 고동하古洞河를 따라 동북으로 가서 만보고성萬寶古城을 지나 신합향新合鄕에 이르고, 여기서 고동하를 따라 동남쪽으로 간 이후에 해란강의 지류를 따라 와룡촌臥龍村과 서성진西城鎭 사이의 장항고성(獐項古城, 발해성)을 거치고, 또 동쪽으로 가서 지금의 화룡시 서고성의 발해 현주 즉 중경현덕부에 도달하였다.

1978년과 1979년 두 차례의 조사 자료에 의하여 서고성에서 동경성 서쪽의 발해진에 이르는, 즉 발해 시기의 중경에서 상경사이의 발해고성의 분포상황이 명확해졌다. 이를 발해고성과 연결시켜보면, 고대 교통로가 명확해졌다. 중경에서 상경에 이르는 길, 즉 화룡 서고성에서 발해진에 이르는 길은 의심할 여지없이 먼저 해란강海蘭江을 따라 동쪽으로 가서 연길시[즉 용정龍井]에 이르는데 그곳에 발해고성과 무덤떼가 있다. 지금의 연길현성에서 동북으로 가면 연길시에 도달한다. 연길시에서 북쪽으로 가서 알아하嘎呀河 유역의 발해고성을 따라가면 발해진

渤海鎭에 도착한다. 연길시에서 발해진 사이에 발해고성으로는 왕청현汪淸縣 중평촌仲坪村 고려성高麗城, 안전고성보安田古城堡·중안향仲安鄕 흥륭둔고성興隆屯古城·대흥구향大興溝鄕 묘령둔廟嶺屯 남쪽 10리의 반성(半城, 둘레 880m, 방형성, 옹성과 馬面이 없음)·왕청현汪淸縣 천교령진(天橋嶺鎭, 일찍이 발해 시기 연화문 와당 출토)이 있고, 천교령진에서 북쪽으로 춘양향春陽鄕 광둔光屯 소재 소성자小城子에 이르고, 춘양향에서 서북쪽으로 곧바로 가면 발해진(동경성 서쪽), 즉 발해 시기의 상경용천부에 이른다. 이러한 발해고성은 모두 지금의 하천 유역이나 국도·철로 부근에 있어 고금古今의 교통노선이 기본적으로 서로 같음을 알 수 있다.

발해중경의 위치와 신주에서 현주를 거쳐 상경에 이르는 구간의 육상 조공도를 명확히 하는 것은, 당대발해와 그 이후 역대 각 민족의 역사연구에 모두 중요한 의의를 가진다.

2. 영주도營州道

이 도로는 당의 수도 장안에서 영주(지금의 요령성 조양시)에 이르고, 영주에서 다시 발해상경에 이르는 노선으로, 『신당서』지리지에 가탐의 『도리기』를 인용하였는데 다음과 같이 나온다. "영주에서 동쪽으로 180리를 가면 연군성燕郡城에 이른다. 또한 여라수착汝羅守捉을 거쳐 요수를 건너 500리를 가면 안동도호부에 이르는데 옛 한의 양평이다. (중략) 도호부에서 동북으로 옛 개모蓋牟·신성新城 그리고 발해 장령부長嶺府를 경유하여 1,500리를 가면 발해왕성渤海王城에 이른다."[18] 영주(지금

18.　[역자주] : 『新唐書』卷43下, 志 33下 地理7下, "營州東百八十里至燕郡城 又經汝羅守捉渡遼水 至安東都護府五百里 故漢襄平也 (중략) 自都護府東北經古蓋牟·新城 又經渤海長嶺府 千五百里至渤海王城".

의 조양)는 당이 동북 제번을 경략하는 중요한 요새로, 당 시기 평로절도사의 주둔지이다. 연군성은 한의 요서군으로 오늘날의 의현義縣 남쪽 칠리하향七里河鄕 개주성촌開州城村의 고성古城이다. "수는 영주의 경역에 있는 여라고성汝羅故城에 요서군을 두었다."[19] 요서군은 의현 동남쪽 대릉하 동안의 왕민둔王民屯에 있었고, 여라성은 지금의 대릉하 서안에 있어서[20] 여라성은 바로 요서군과 대릉하를 사이에 두고 마주보고 있었다.

영주에서 연군·여라를 지나 동쪽으로 요수를 건너 안동도호부에 이르는 도로는 수·당 시기의 남도南道이다.[21] 안동도호부(지금의 요양)에서 개모·신성·장령부를 거쳐 발해상경용천부에 이른다. 개모는 어떤 사람은 지금의 무순시撫順市 노동공원고성勞動公園古城이라 하고,[22] 어떤 이는 지금의 심양 진상둔陳相屯 탑산산성塔山山城이라 하는데[23] 여기서는 후자를 따른다. 장령부는 바로 지금의 길림성 화전시樺甸市 소밀성蘇密城이다. 산천지리형세 및 발해고성과 역대교통노선에 끼친 영향을 보면, 지금의 요양에서 혼하를 따라 동북으로 가서 분수령分水嶺을 지난 이후 다시 유하柳河 휘발하輝發河 연안을 따라 동북으로 간 이후에 목단강 동북으로 가서 구국舊國을 거쳐 상경용천부(지금의 흑룡강성 영안시 발해진)에 이른다.

영주도는 안사의 난 이전에는 동북지역을 통행하는 주요 교통로 가운데 하나였다. 그 후 안사의 난과 거란의 흥기로 인하여 영주도는 여

---

19. 『新唐書』卷43, 地理志 幽州條 注. "隋于營州之境汝羅故城置遼西郡".
20. 酈道元, 『水經注』卷14, [역자주] : "白狼水又東南 經故城東 俗曰汝羅城".
21. 王綿厚, 「唐營州至安東水陸交通地理考defesa定」, 『遼海文物學刊』1986年 창간호.
22. 陳連開, 「唐代遼東若干地名考實」, 『社會科學輯刊』1981年 3期.
23. 『遼寧史蹟資料』, 56쪽.

러 차례 막혀서, 대다수는 압록조공도 즉 등주에서 바다로 가는 수·륙 교통로를 이용하였다. 따라서 압록조공도는 발해와 당왕조 사이의 주요 교통로였다.

당대는 중국 봉건경제·문화가 발전한 시대로 당시의 장안[지금의 서안시西安市]은, 국내 정치·경제·문화의 중심이었을 뿐만 아니라 세계적으로 유명한 도시였다. 국내 변강 각 민족의 조공사절과 외국사절·상인들의 왕래가 끊이지 않았다. 당의 책봉사와 발해의 조공사는 바로 이 조공도를 통해 빈번히 왕래하였다.

당 현종. 개원開元 원년(713)에 낭장郎將 최흔을 보내어 대조영을 발해 군왕으로 책봉하였다. 아울러 이 통치지역에 홀한주忽汗州를 두고 대조영에게 홀한주도독忽汗州都督을 더해주어, "이로부터 말갈 호칭을 버리고 비로소 발해라고만 칭하였다."[24]하였고, 해마다 사절을 보내어 조공하였다. 당 중종中宗 신룡神龍 원년(705)에서 소종昭宗 건녕乾寧 원년(894)에 이르기까지, 당은 책봉사를 13차례나 파견하였다.[25] 발해가 사절을 보내 조공한 경우는, 현종 때 29차례, 대력大曆연간에 25차례, 건중建中·정원貞元 연간에 4차례, 원화元和 연간에 16차례, 장경長慶 연간에 4차례, 보력寶曆 연간에 두 차례, 태화太和·개성開成 연간에 12차례, 회창會昌 연간에 4차례, 함통咸通 연간에 3차례이다.[26] 그 사이에 "여러 차례 학생들을 경사京師의 태학에 보내, 고금의 제도를 익히게"[27]하였고, 어떤 학생은 당에서 시행하는 과거에 응시하여 진사로 급제한 자도 적

24.   『新唐書』渤海傳. "自是始去靺鞨號 傳稱渤海".
25.   金毓黻, 『渤海國志長編』 卷7, 大事表3.
26.   『新唐書』渤海傳.
27.   金毓黻, 『渤海國志長編』 卷10, 諸臣條. "數遣諸生詣京師太學 習識古今制度".

지 않았다.[28] 개원 26년(738)에 "발해에서 사절을 보내와 『당례唐禮』·『삼국지』·『진서』·『삼십육국춘추三十六國春秋』를 필사할 것을 요청해 허락하였다."[29] 이를 통해 당대唐代 중원문화가 이미 대량으로 여러 교통로를 통해 동북에 들어갔음을 알 수 있다.

발해와 당의 무역왕래도 비교적 빈번하였다. 당은 등주에 발해관을 두어 발해와의 무역을 전담하게 하였고, 평로치청절도사 이정기는 "발해渤海의 명마名馬를 거래하였는데 해마다 끊이지 않았다"고 하였다.[30] 발해가 당에 수출한 것은 마馬·호피虎皮·해표피海豹皮·웅피熊皮·초서피貂鼠皮와 인삼·사향 등 각종 약재였다. 당에서 수입한 것은 백帛·금錦·견絹·면綿·속粟·금은기명金銀器皿 등이었다. 빈번한 무역왕래는 국내 각 민족 구성원들의 생활을 풍부하게 하였고, 각 민족 사회경제문화발전을 가속화하였다.

발해 10대 선왕 대인수(820~830)가 해북제부海北諸部를 통일하기 전에, 흑룡강 하류에 거주하던 흑수말갈과, 발해북부와 지금의 우수리강 동서일대의 불열·철리·월희·우루 등의 부족은, 당에 대해 발해 경내의 조공도를 통해 조공하였다. 이른바 "흑수가 당에 갈 때 우리[발해]의 경역을 지나갔다."[31]는 것이 그것이다. 이것은 흑수말갈의 조공만을 가리키는 것이 아니라, 그 외 해북제부의 조공도 발해경내의 조당도를 경유했다는 것이다. 발해왕성은 "그 북쪽 경계는 덕리진德里鎭이며, 남쪽으로 천 리를 가면 흑수말갈에 이른다."[32]에 있었는데, 덕리진(지금의 목단강

---

28. 『新唐書』 渤海傳.
29. [역자주] : 『唐會要』 卷36. "渤海遣使求寫唐禮·三國志·晉書·三十六國春秋 許之".
30. 『舊唐書』 卷124, 李正己傳. "貨市渤海名馬 歲歲不絕".
31. 『五代史會要』 卷30 ; 『新唐書』 渤海傳. "黑水入唐 道由我(渤海)境".
32. 『新唐書』 渤海傳. [역자주] : "其北經德里鎭至南黑水靺鞨千里".

하류)은 발해와 흑수말갈이 왕래하는데 반드시 거치는 곳이었다. 그 노선은 당연히 발해왕성에서 지금의 목단강을 따라 북상하여 목단강구에 도달하고, 그 이후 송화강을 따라 흑룡강에 이르는 것이다. "개원 13년 (725) 발해 무왕 인안 6년(7년의 오류)정월에 흑수말갈이 장수인 오랑자五郎子를 보내 하정賀正하고 또 방물을 바쳤다. 이에 장군을 제수하고 자포紫袍·금대金帶·어대魚帶를 하사하여 돌려보냈다."[33] 개원 16년(728)에 "그 도독에게 이씨李氏 성과 헌성獻誠이라는 이름을 내리는 한편, 운휘장군 겸흑수경략사雲麾將軍兼黑水經畧使를 제수하고, 이어서 유주도독을 그의 압사押使로 삼았다. 이로부터 조공이 끊이지 않았다."[34] 그 외 "불열拂涅은 대불열大拂涅로도 일컬으며, 개원(713~741)·천보 연간(742~755)에 여덟 번 와서 경정鯨睛[35]·초서·백토피白兎皮를 바쳤다. 철리鐵利는 개원 연간에 여섯 번 왔다. 월희越喜는 (개원 연간에) 일곱 번 오고, 정원貞元 연간 (785~804)에 한번 왔다. 우루虞婁는 정관 연간(627~649)에 두 번 오고, 정원貞元 연간에 한번 왔다. 뒤에 발해가 강성해지자, 말갈은 모두 그들에게 복속되어 다시는 왕과 만나지 못하였다."고 하였다.[36] 고도로 발전한 당대 경제문화는 조공도를 통해 발해와 흑룡강 하류·우수리강 동서 각

---

33. 『册府元龜』 卷95, 外臣部 褒異3. [역자주] : "黑水靺鞨遣其將五郎子來賀正 且獻方物 授將軍 賜紫袍·金帶·魚帶 放還蕃".

34. 『舊唐書』 卷199下, 靺鞨傳. "其都督賜姓李氏 名獻誠 授雲麾將軍兼黑水經略使 仍以幽州都督爲其押使 自此朝貢不絶".

35. [역자주] 鯨睛 : 東海岸 오르크 지방에서 나는 큰 고기의 눈알인데, 明·淸代의 철갑상어의 일종인 鯨魚의 눈알은 좋은 술안주거리가 되기 때문에 漁夫들이 鯨魚를 잡으면 그 고기의 눈알은 高價에 판다고 한다. 『大明一統志』에 의하면 野人 女眞의 土貢 가운데 하나였다(『大明一統志』 卷89 「外夷」 女直條 및 卷106 「朝貢」 女直條 참조).

36. 『新唐書』 卷219, 黑水靺鞨傳. "拂涅亦稱大拂涅 開元·天寶間八來 獻鯨睛·貂鼠·白兎皮 鐵利 開元中六來 越喜 七來 貞元中一來 虞婁 貞觀間再來 貞元一來 後 渤海盛 靺鞨皆役屬之 不復與王會矣".

지역에 수입되어, 발해와 동북 말갈 각 부족의 발전에 매우 큰 영향을 끼쳤다.

발해는 동북지구에 건립한 지방민족정권으로 조공도상의 빈번한 왕래는, 당과 발해 그리고 해북제부로 하여금 정치·경제·문화 방면에서 긴밀한 연계를 갖도록 하였다.

3. 부여거란도扶餘契丹道

부여는 거란도이다. 부여부扶餘府는 발해 서부의 변방을 방어하는 중요 기지이자 교통 요충지로 항상 정예병을 두어 거란을 막게하였고 아울러 이를 통해 거란과 통행하였다. 발해의 부여부가 지금의 어느 곳인가에 대해 과거에는 대다수가 김육불 선생의 "지금의 농안성農安城 서남 100리 밖에서 찾으면 지금의 장춘현長春縣의 서남쪽 회덕(懷德, 지금의 공주령시)·이수梨樹 등의 현의 경내이다"를 따랐다. 아울러 "옛 부여국은 당연히 이곳에 있었다"고 인식하였다.[37] 다만 『요사』 지리지 동경도통주조東京道通州條와 용주황룡부조龍州黃龍府條의 기록을 대조해 보면, 요나라 초기 황룡부는 발해의 부여부로 부여국 후기의 왕성이다. 요나라 초의 황룡부는 지금의 농안農安으로, 요 경종景宗 보령保寧 7년(975)에 남쪽으로 옮기고, 이름은 여전히 황룡부라 하였다. 요遼 성종聖宗 개태開泰 9년(1020)에 또 원래 장소로 옮겼는데 지금의 농안이다. 황룡부가 원래 장소로 옮긴 뒤에, 남천南遷한 황룡부는 통주通州로 개명하였다. 이를 통해 부여왕국 후기의 왕성과 발해 시기 부여부는 모두 지금의 농안현성에 있었지, 지금의 농안 서남쪽에 있지 않았다는 것을 알 수 있다. 지

---

37. 『渤海國志長編』下卷30, 社會科學戰線雜誌社, 1978년.

금의 농안현성 서남쪽에는 남천한 후의 황룡부 즉 통주가 있었고, 요대 황룡부가 처음에 있던 곳은 아니다.[38]

발해의 부여부에서 거란으로 통하는 노선에 대해서는, 기록이 적어 추정하기 어렵다. 『요사』 태조본기에는, 천찬 4년(925) 거란 태조가 상경성을 출발하여 목엽산木葉山·조산鳥山·철갈산撤葛山에서 제사를 지낸 뒤에 발해를 공격하여 상령商嶺에 주둔하여 밤에 부여부를 포위하였다고 하였다.[39] 상령이 지금 어디인지는 잘 알 수 없다. 다만 산천지리형세와 고금의 교통도로 및 고성古城의 분포상황에 의해 추론을 할 수 있을 뿐이다. 지금의 농안 서남쪽에서 회덕(지금의 공주령시) 진가둔고성[秦家屯古城, 요대 신주]에 이른 후에, 동요하 북안을 서쪽으로 가서, 지금의 회덕현(공주령시) 팔옥오가자고성八屋五家子古城·십옥향고성十屋鄕古城을 거쳐, 다시 서요하를 따라 통요通遼·개노開魯·아로과이비기阿魯科尒沁旗를 거쳐 서쪽으로 가서, 마지막으로 조이길목윤하鳥尒吉木倫河를 따라 서쪽으로 가면 파림좌기(巴林左旗, 요의 상경)에 이른다.

4. 신라도新羅道

"남해는 신라도이다." 남해는 발해 남경남해부이다. 남해부의 위치에 대해서는 함흥·경성·북청이라는 세 주장이 있는데,[40] 지금은 함흥이 맞다고 한다. 남해부는 신라와 왕래하는 중요 거점 도시이다. 『삼국사기』권37에 인용된 가탐의 『고금군국지』에는 "신라 천정군泉井郡에

38.　李健才, 『東北史地考略』, 22~23쪽.

39.　『遼史』 卷2 太祖本紀, 天贊4년 閏12월.

40.　中央民族學院編寫組, 『中國歷史地圖集』 東北地區資料匯篇, 103쪽.

서 책성부柵城府에 까지 모두 39개 역이 있다"고 하였다.[41] 신라 천정군[42]은 지금의 함경남도 덕원으로, 남해부는 이 육로교통로상에 반드시 경유해야 하는 중요한 도시였다. 이 육로 교통로는 지금의 덕원에서 함흥에 이르고, 조선의 동해안을 따라 육로로 혼춘에 이르는 현재의 교통로와 기본적으로 일치한다.

5. 일본도日本道

"용원동남龍原東南의 바닷길은 일본도이다." 용원은 발해 동경용원부로 지금의 혼춘 팔련성에 있었다. 용원부는 일본과 왕래하는 중요한 요충지로, 발해 상경용천부에서 동경용원부에 이르고, 그 뒤에 동남쪽으로 가서 염주鹽州에 이르러 바다로 일본에 도착하였다. 이러한 일본에 왕래하는 육로·해로 교통로를 역사에서는 일본도라 칭한다.

발해 상경용천부에서 동경용원부와 염주에 이르는 도로는, 지금의 영안 발해진에서 혼춘 팔련성에 이르는 노선과 기본적으로 같다. 즉 지금의 영안시 발해진(상경)에서 상마하上馬河를 따라 남하하여 합이파령哈你巴嶺을 지나 길림성 왕청현 알아하嘎呀河 유역의 발해고성과 유적을 따라 남하하고, 왕청현 춘양진春陽鎭 석성촌石城村 서북의 석호고성石湖古城, 대흥구진大興溝鎭 묘령廟嶺 남쪽 8리의 반성半城·왕청진 동북 2리의 하북고성河北古城·신흥향新興鄉 용천평龍泉坪 고성을 지나, 도문시圖們市 석현향石峴鄉 동남쪽 2리에 있는 동흥촌東興村 발해유적·곡수채대曲水菜隊 발해유적·석현진石峴鎭 하북河北 발해유적·홍광향紅光鄉 벽수촌碧水村

---

41.   「三國史記」卷37, 雜志6, 引賈耽古今郡國志, "自新羅泉井郡至柵城府 凡三十九驛".

42.   「三國史記」卷35, 雜志4, "井泉郡 本高句麗泉井郡 文武王二十一年取之 景德王改名".

서쪽의 발해유적에 이른다. 도문시에서 두만강을 따라 동쪽으로 가서, 양수진凉水鎭 북쪽 20리에 있는 정암촌亭岩村 북산北山 위의 정암산성亭 岩山城·밀강고성密江古城을 지나 혼춘 팔련성에 이른다. 발해고성·유적 분포상황으로 보면, 고금의 도로는 서로 같다. 상경용천부에서 동경용 원부에 이르는 노선은, 현재의 철로·국도노선과 기본적으로 같다. 혼 춘 팔련성에서 석두하자石斗河子를 따라 동쪽으로 가서, 석두하자고성石 斗河子古城을 지나 다시 동쪽으로 가서, 장령자산長嶺子山 입구를 지나면 러시아 경내로 진입하고, 다시 거록하車鹿河를 따라 동쪽으로 가면 포시 에트만 북안의 암저하구岩杵河口의 모구외毛口歲에 도착하는데, 소련이 이름을 크라스키노로 바꾸었다. 이곳이 바로 발해동경용원부가 관할하 는 4개의 주 가운데 하나인 염주의 소재지이다. 이곳에서 바다로 나가 일본에 이른다.

염주에서 바다로 나가 일본 규슈 북단의 츠쿠시(지금의 일본 규슈 후쿠 오카)에서 상륙하여 남쪽 길을 따라 일본에 진입하였다. 일본은 대외사 무를 주관하는 대재부大宰府를 츠쿠시에 설치하였는데, 그 부근의 항 구 대진포大津浦는 바로 하카다로 이곳은 외래선박의 지정 정박 항구 였다. 다만 발해는 남도南道로 일본에 이르는 항로가 비교적 멀어, 북도 北道로 일본에 가는 것이 가깝기 때문에 발해 사절은 대다수가 북도로 갔다. 혼슈의 데와(出羽 : 지금의 야마가타·아키다현)·사도(佐渡 : 지금의 니가타)· 에치젠(越前 : 지금의 후쿠이)·가가(加賀 : 지금의 니가타)·노토(能登 : 지금의 이시카 와) 등지에 상륙하였다. 발해사절과 수행원은 적게는 수십 명에서 많게 는 2~3백 명이어서, 일본은 노토에 발해사절을 접대하는 객원을 만들 었다.

발해사절이 주로 동경용원부에서 일본으로 가는 것 이외에, 어떤 때 는 남해부 토호포吐號浦에서 출항하여 일본에 갔다. 문왕 대흠무 보력 3

년(776)에 사도몽史都蒙 등의 일행 166인이 일본에 사절로 갔는데, 바로 토호포에서 출발하였다. 12월에 풍랑을 만나 120인이 조난을 당하고 겨우 사도몽과 46인 만이 [조난을] 면하였다. 다음해 4월에 에치젠·가가에서 상륙하여 일본에 들어갔다.

발해와 일본은 "바다로 떨어져 있었지만 왕래가 끊이지 않았다."[43] 대무예 인안仁安 9년(727) 제1차 사절이 일본을 방문했고, 대인선 13년(919)에 배구裵璆가 마지막으로 갔는데,[44] 전후로 장장 200여 년간 발해는 일본을 34차례 방문했고 일본은 발해를 13차례 방문했다. 발해와 일본사절은 곤경을 겪었고 조난을 당하기도 했으나, 양국의 화목한 우호와 경제문화교류에 중요한 공헌을 하였다.

---

43. 『續日本紀』卷10.

44. 日本 醍醐天皇 延長 8년(930). 배구가 세 차례 일본을 방문했으나, 그 때는 이미 발해가 멸망하였기 때문에 계산에 넣지 않았다.

『동북고대교통』(심양출판사 1990)을 가까이 접하게 된 것은 중국 동북지역에 대한 답사를 시작하면서부터였다. 아직도 만주라는 표현이 익숙한 삼성三省(요령·길림·흑룡강성) 지역에 대한 답사는 중국사 전공자뿐만 아니라 한국고대사 전공자에게도 필수적인 과정일 것이다. 역사학도로서 문헌을 우선시해야 하겠지만 소략하고 단편적인 문헌의 내용은 전공자들에게 자료의 부족함에 대한 갈증을 갖도록 한다. 아기자기한 국내 답사와는 달리 만주지역의 답사는 지역의 광활함 때문에도 자칫 망연자실한 상태에 빠질 수도 있겠는데, 1990년대의 대륙 답사에서 가이드 역할을 톡톡히 해준 것은 바로 이 책이었다.

수차에 걸친 중국 답사를 통해 우리는 고대사를 이해하는 데 필요한 안목이랄까 새로운 깨달음을 얻을 수 있었다. 그것은 고대사와 현대사 사이에는 서로 일치할 수 없는 각기 다른 틀이 존재한다는 것이었다. 이러한 이유 때문에도 현재의 국가나 민족 그리고 영토 등에 의해 과거를 측량하거나 재단할 수 없다는 사실도 인지할 수 있었다. 현재의 인류는 천부적으로 주어지는 국가나 민족이라는 면面의 일원으로 생활하고 있지만, 과거 특히 고대로 소급할수록 면의 요소는 상대적으로 희박하다고 볼 수밖에 없다. 따라서 고대라는 시대의 역사에 대해선 현재와 같은 국가나 민족의 관점에서 이해하기보다 사람들 생활의 거점과 이들 거점을 연결하는 노선으로서의 교통로를 중시하는 자세가 필요할 것으로 판단하였다.

점點과 선線의 역사로서 교통로에 관한 공부가 필요할 것이라는 생각은 작은 공부모임으로 귀결되었다. 교섭사에 관심이 많은 중국사 전공자와 한국고대사 전공자를 주축으로 하는 10여 명의 학자들이 모여 만든 〈동아시아 교통로 연구모임〉이 그것이다. 연구모임에서는 국가나 종족 그리고 지역사이의 교섭이나 교류에 관한 세계 학계의 연구 동향을 검토하는 한편, 『동북고대교통』을 교재 삼아 읽기도 하였다. 2017년까지 이 책의 상권에 해당하는 당 왕조 말기까지의 내용을 연속으로 2회 윤독할 수 있었다. 비록 현대 중국어에 서툴고 번역 작업이 능숙하지 못하더라도 우리가 공부한 결과를 출판하여 학계에 안내서 역할을 하도록 만들면 좋겠다는 의견이 모아졌고, 그 결과로서 오늘 이 번역서가 세상에 모습을 보이게 되었다.

번역서의 출판에 대해 원저자인 왕멘허우王綿厚 선생은 흔쾌히 동의해 주었다. 저자의 허락을 받은 시점은 이 책의 개정판이라고 할 『中國東北與東北亞古代交通史』(遼寧人民出版社 2016)가 출간된 이후였다. 회원들이 개정판을 검토한 결과 그 요지는 이 책(舊本)에 충분히 담겨있고, 또한 안내서로서 이 책이 한결 간편하고 유용하다는 데 의견을 모았다. 이 점에 대해서도 왕 선생께서는 우리의 입장을 헤아려주었다. 이 기회를 빌어 원저자인 왕 선생께 거듭 감사의 마음을 전한다.

번역자의 의무라고 하면 연구성과를 전달하려는 저자의 의중과 독자들의 이해 사이에서 발생할 수 있는 간극을 최소화하는 것이겠는데 과연 그런 결과를 낳을 수 있을지 자신이 없다. 번역이란 작업에 전혀 익

숙하지 못한 연구자들의 의욕에 찬 습작으로 보아주신다면 더없이 고맙겠다. 이 정도의 형태이나마 선보일 수 있는 데에는 우리글 모임의 불침번이라고 할 김종완 선생의 도움이 컸다. 장절별로 주제가 바뀔 때마다 교통지도를 손수 제작하여 배부하거나, 강독을 통해 드러난 미숙함과 오류를 바로잡는 역할을 해주었다. 흔쾌히 출판을 맡아준 주류성 편집진에게는 2년여의 시간을 소모케 하였다. 미안함과 아울러 고마움의 인사를 전한다.

2020년 가을
동아시아교통사연구회 회원 일동

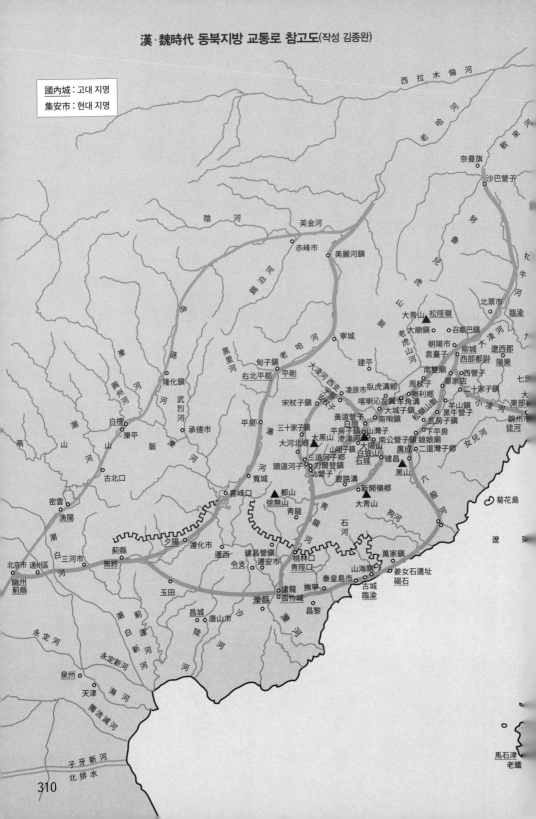

漢·魏時代 동북지방 교통로 참고도(작성 김종완)

國內城 : 고대 지명
集安市 : 현대 지명

310

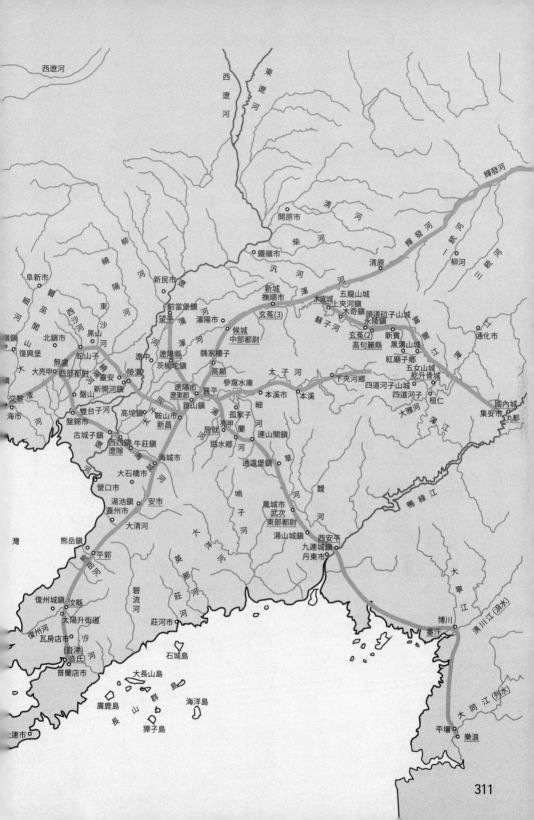

西遼河

東遼河

西遼河

輝發河

清 河

開原市

柴 河

鐵嶺市

清原

柳河

通化市

渾 河

沈 河

新城
撫順市

五龍山城

木底河

木奇鎮

頭道碴子山城

阜新市

繞 陽 河

柳河

新民市

蒲 河

玄菟(3)

上夾河鎮

蘇子河

永陵鎮

細

河

北鎮市

黑山

前當堡鎮

望平

潘陽市

候城
中部都尉

玄菟(2)
高句麗縣

新賓

黑溝山城

五女山城
紇升骨城

國內城
丸都

西沙河

東

東

沙 河

遼陽縣

茨榆坨鎮

魏家樓子

紅廟子鄉

復興堡

無慮

東部都尉

臺安

陰澀

高顯

參窩水庫

太 子 河

四道河子山城

四道河子

桓仁

集安市

交黎

大亮甲

盤山

新開河鎮

遼東郡

襄平

細

下夾河鄉

河

大雅河

海市

雙台子河

盤錦市

古城子鎮

高埡鎮

鞍山市

新昌

首山鎮

居就

亮甲

蘭

孤家子

渾

河

本溪市

本溪

大洋河

渾 江

西豐鎮

遼隊

牛莊鎮

海城市

哨水鄉

塔水鄉

草

連山關鎮

營口市

大石橋市

通遠堡鎮

河

河

鰺

湯池鎮

安市

蓋州市

大清河

哨

子

河

英

那

河

鳳城市

武次

東部都尉

湯山城鎮

鴨 綠 江

熊岳鎮

平郭

大

洋

河

西安平

九連城鎮

丹東市

大

寧

江

碧

流

河

復州城鎮

汶縣

莊

河

莊河市

博川

番汗

清川江 (溴水)

太陽升街道

復州河

瓦房店市

省津
省氏

石城島

沙

河

普蘭店市

大長山島

島

大 同 江 (列水)

連市

廣鹿島

長

山

群

島

獐子島

海洋島

平壤

樂浪

311

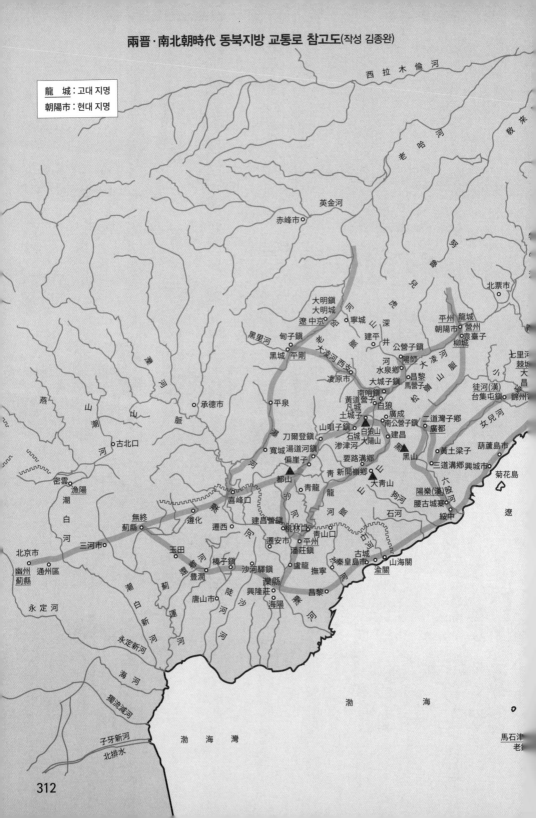

兩晋·南北朝時代 동북지방 교통로 참고도(작성 김종완)

龍　城 : 고대 지명
朝陽市 : 현대 지명

西拉木倫河

老哈河

敎來河

英金河

赤峰市

北票市

大明鎭
大明城
遼中京
寧城
建平
深井

平州　龍城
朝陽市　營州
　　　　喪臺子
　　　　柳城

七里河
棘城　大昌
　　　錦州

黑里河
旬子鎭
黑城　平剛

公營子鎭
陽師

昌黎
馬營子鎭

徒河(漢)
台集屯鎭

水泉鄉
大城子鎭

凌原市

平泉

燕
山
山
脈

承德市

潮
河

山
脈

古北口

大凌河 西支
南哨鎭
黃道營子
土城子
山咀子鎭
刀爾登鎭
寬城湯道河鎭
偏崖子
都山

白狼
廣成
南公營子鎭
廣都

二道灣子鄉

黃土梁子

葫蘆島市

松

石城
白狼山
滲津河　大陽山
要路溝鄉
青新閭嶺鄉
大青山
黑山

三道溝鄉
興城市

菊花島

女兒河

建昌

陽樂(漢)股
腰古城寨
綏中

遼

石河

喜峰口

密雲
漁陽

潮
白
河

無終
薊縣

遵化
遷西

建昌營鎭
桃林口

青山口

石河

淸秦皇島市
古城
撫寧
山海關
渝關

北京市
幽州
薊縣

通州區

三河市
玉田

榛子鎭
沙河驛鎭

遷安市
潘莊鎭
盧龍

永定河

豊潤

唐山市

陸沙河運河

興隆莊
灤縣

海陽

昌黎

渤

海

永定新河

海河

獨流減河

子牙新河
北排水

渤海灣

渤　　海

馬石津
老鐵

312

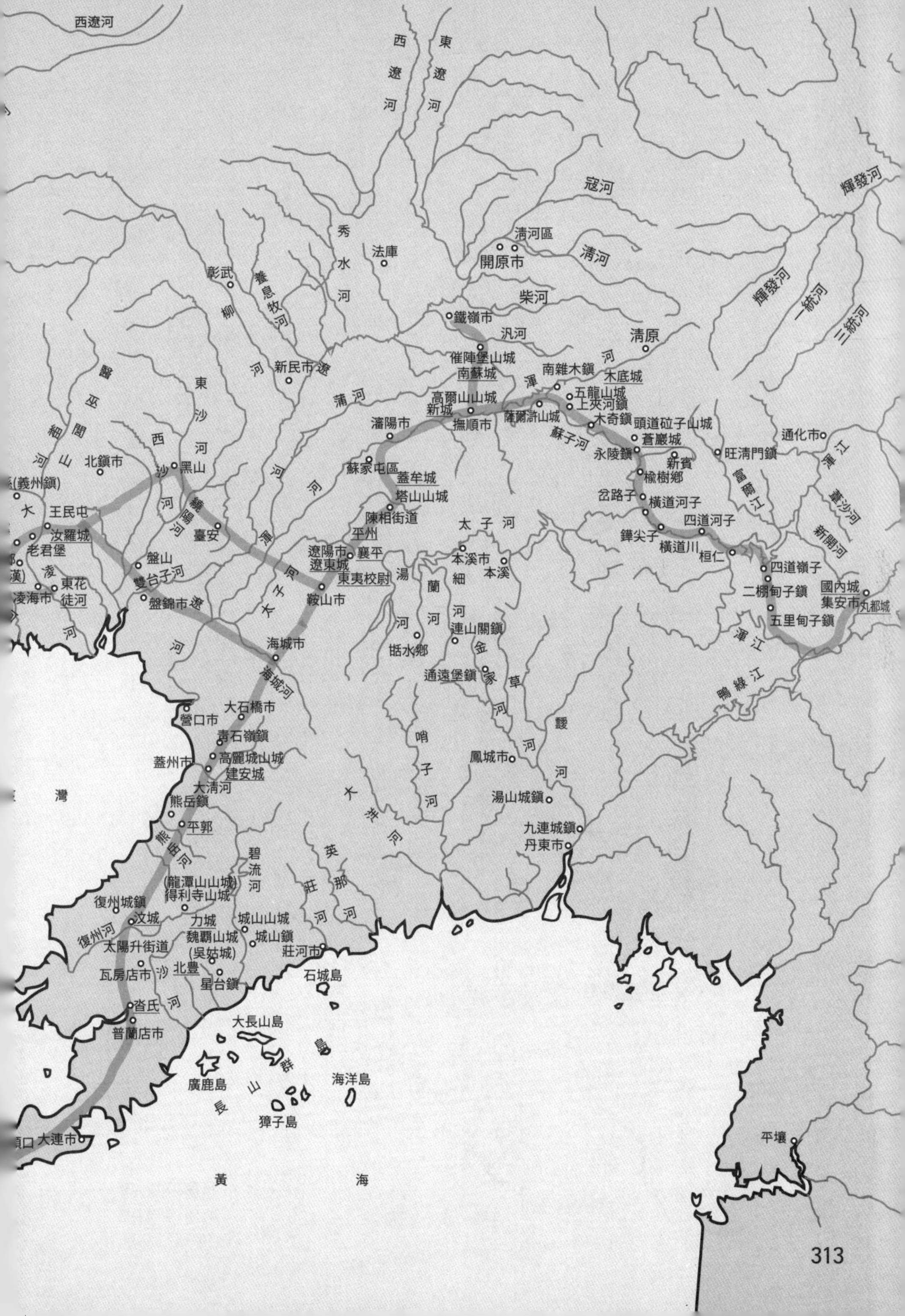
西遼河
西遼河
東遼河
寇河
輝發河
秀水河
法庫
清河區
開原市
清河
彰武
養息牧河
柳河
柴河
輝發河
一統河
三統河
鐵嶺市
汎河
清原
崔陣堡山城
南蘇城
渾河
南雜木鎮
木底城
醫巫閭山
東沙河
新民市
遼河
蒲河
高爾山山城
新城
五龍山城
上夾河鎮
薩爾滸山城
撫順市
木奇鎮
頭道砬子山城
瀋陽市
蘇子河
蒼巖城
通化市
細河
西沙河
北鎮市
黑山
永陵鎮
新賓
旺清門鎮
渾江
蘇家屯區
蓋牟城
榆樹鄉
富爾江
葦沙河
(義州鎮)
繞陽河
塔山山城
岔路子
橫道河子
大凌河
王民屯
陳相街道
太子河
四道河子
新開河
汝羅城
臺安
平州
鏵尖子
老君堡
遼陽市
襄平
遼東城
本溪市
本溪
橫道川
桓仁
四道嶺子
盤山
東夷校尉
湯河
細河
蘭河
二棚甸子鎮
國內城
集安市
丸都城
雙台子河
凌海市
東花
徒河
盤錦市
遼河
鞍山市
五里甸子鎮
連山關鎮
海城市
甜水鄉
金家河
草河
通遠堡鎮
渾江
鴨綠江
海城河
營口市
大石橋市
青石嶺鎮
高麗城山城
蓋州市
建安城
大清河
灣
熊岳鎮
平郭
熊岳河
哨子河
鳳城市
靉河
湯山城鎮
大洋河
九連城鎮
丹東市
碧流河
英那河
莊河
(龍潭山山城)
得利寺山城
復州城鎮
文城
力城
城山山城
復州河
魏霸山城
(吳姑城)
城山鎮
太陽升街道
莊河市
瓦房店市
沙河
北豐
星台鎮
石城島
沓氏
普蘭店市
大長山島
長山群島
海洋島
廣鹿島
獐子島
大連市
黃海
平壤

兩晉·南北朝時代 동북지방 주변 부족의 위치와 조공로 참고도(작성 김종완)

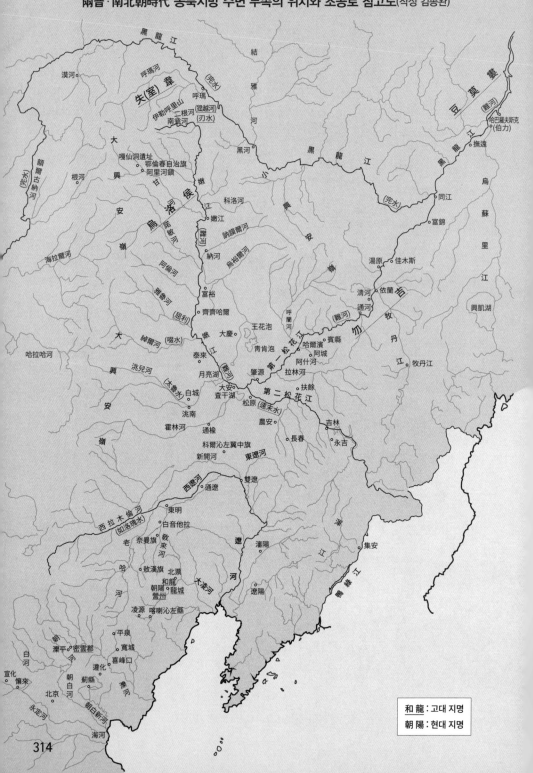

和龍 : 고대 지명
朝陽 : 현대 지명

314

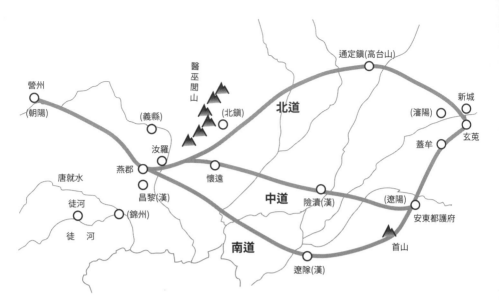

唐 營州에서 安東都護府에 이르는 교통로(원저)

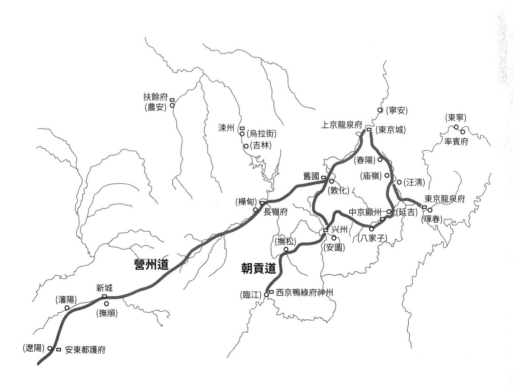

발해의 營州道와 朝貢道(원저) *이상 그래픽 지원 박인호

저자 소개

■ 왕멘허우王綿厚 (1945년생)

중국 北京大學에서 역사학과 고고학을 전공했고, 遼寧省博物館 館長을 역임했다.

2002, 『高句麗古城研究』, 文物出版社
1994, 『秦漢東北史』, 遼寧民族出版社
1989, 『東北歷史地理(一卷)』, 黑龍江人民出版社

■ 리젠차이李健才 (1920~2006)

중국 東北師範大學에서 역사학을 전공했고, 吉林省 文物考古研究所 研究員을 역임했다.

1990, 『東彊史略』, 吉林文史出版社
1986, 『東北史地考略』, 吉林文史出版社
1986, 『明代東北』, 遼寧人民出版社

역자 소개

■ 권오중 (영남대학교 사학과 명예교수)

2012, 『요동왕국과 동아시아』, 영남대학교 출판부
2010, 「點과 線의 고대사」『인문연구』 60, 영남대학교 인문과학연구소
1992, 『낙랑군연구』, 일조각

■ 김종완 (우석대학교 역사교육과 명예교수)

2001, 「梁職貢圖의 성립 배경」『중국고중세사연구』 8
1995, 『中國南北朝史研究』, 一潮閣
1989, 「南北朝時代의 冊封에 대한 檢討」『東亞研究』 19, 西江大學校 東亞研究所

■ 박선미 (동북아역사재단 한국고중세사연구소 연구위원)

2020, "Antenna-Style Daggers in Northeast Asia from the Perspective of Interregional
    Interaction", Asian Perspectives 59-1
2018, 『중국 산동지역의 동이』, 역사공간(공저)
2016, 『동서문화의 교류와 알타이』, 역학(공저)

■ 박장배 (동북아역사재단 북방사연구소 소장)

2019, 「20세기 만주의 농업개발과 생태환경의 변화」『동북아 문화연구』 1
2018, 「20세기 전반기 티베트의 민족 인식과 국가 형성」『東洋史學研究』 143
2017, 「1930년대 顧頡剛의 역사지리 인식과 변강학 연구」『중국근현대사연구』 76

■ 박준형 (해군사관학교 해군박물관장, 군사전략학과 부교수)

2020, 「리지린의 북경대학 박사학위논문『古朝鮮的研究』의 발견과 검토」『선사와 고대』 62
2019, 「고조선의 대외관계사 연구를 위한 새로운 모색」『한국고대사연구』 95
2018, 「濊·貊 관련 최근 논의의 비판적 검토」『백산학보』 112

■ 방향숙 (연세대학교 중국연구원 연구교수)

2019, 「唐太宗·高宗代 한반도 정책과 百濟의 위상」『百濟學報』 27
2018, 『중국 漢代 정치사 연구』, 서강대학교 출판부
2017, 「고대 '中國'과 '遼東'의 정치적 관계」『중국고중세사연구』 46

■ 윤재운 (대구대학교 역사교육과 교수)

2019, 「발해의 지방지배와 중개무역」『韓國史學報』 75
2018, 「동아시아 교통로 연구현황과 과제–고대 한중관계를 중심으로–」『전북사학』 53
2018, 「鴨淥道를 통해 본 발해사신의 여정」『高句麗渤海研究』 60

■ 이성제 (동북아역사재단 한국고중세사연구소 소장)

2020, 「중국계 流移民의 來投와 高句麗의 대응방식」『중국고중세사연구』 55
2019, 「唐 高宗의 泰山 封禪과 高句麗의 対應을 둘러싼 몇가지 문제」『高句麗渤海研究』 64
2018, 「褥薩의 大城·王都 5部 駐在와 그 職任」『한국고대사연구』 82

■ 이정빈 (충북대학교 역사교육과 조교수)

2020, 「웅진시기 백제의 약재 교역과 그 의미」『韓國古代史探究』 34
2019, 「임진강·한탄강 유역의 고구려 지명과 그 의미」『사학연구』 134
2019, 「양맥·숙신의 난(難), 변경에서 본 3세기 후반 동아시아와 고구려」『한국사연구』 187

■ 정면 (서강대학교 트랜스내셔널인문학연구소 조교수)

2020, 「역사적 영역과 경계의 지도화 문제」『史叢』 100
2018, 「하나의 국경, 두 장의 역사지도」『서강인문논총』 53
2016, 「중국적 세계질서'와 古代 雲南」『東洋史學研究』 135

본 역서는 동아시아교통사연구회에서 공동으로 번역한 것으로, 최종 교정은 위와 같이 분담하였음.

고대 동북아시아 교통사